# A VOZ

FRANÇOIS LE HUCHE
Phoniatre, ex-enseignant en orthophonie et ex-chargé de consultation à l'Institut Arthur Vernes de Paris.

ANDRÉ ALLALI
Orthophoniste, enseignant en orthophonie et attaché à la consultation de phoniatrie de l'Institut Arthur Vernes de Paris.



L524v Le Huche, François
A voz / François Le Huche e André Allali; trad. Sandra Loguercio. – Porto Alegre : Artmed, 2005.
(Patologia vocal de origem funcional, 2.ed.; v.2.)

1. Voz – Patologia – Funcional. I. Allali, André. II. Título.

CDU 612.78/.789

Catalogação na publicação: Mônica Ballejo Canto – CRB 10/1023

ISBN 85-363-0269-0

Volume 2

# A VOZ

## Patologia Vocal de Origem Funcional

François Le Huche
André Allali

Tradução:
SANDRA LOGUERCIO

Consultoria, supervisão e revisão técnica desta edição:
EDA MARIZA FRANCO DA COSTA
Fonoaudióloga clínica.
Especialista em Voz pelo Conselho Federal de Fonoaudiologia.
Mestre em Letras – Teorias do Texto e do Discurso – pela UFRGS.
Professora da Disciplina de Fonoaudiologia Estética e
Supervisora do Estágio de Fonoaudiologia Estética da ULBRA.

2ª Edição

ARTMED
EDITORA

2005

Obra originalmente publicada sob o título:
*La voix – Pathologie vocale d'origine fonctionnelle*



ISBN 2-294-00608-9

*Capa:*
Mário Röhnelt

*Preparação de originais:*
Manoel Weinheimer

*Leitura final:*
Sandra G. Câmara

*Supervisão editorial:*
Letícia Bispo de Lima

*Editoração eletrônica:*
AGE – Assessoria Gráfica e Editorial Ltda.


ARTMED® EDITORA S.A.
Av. Jerônimo de Ornelas, 670 – Santana
90040-340 – Porto Alegre, RS, Brasil
Fone: (51) 3027-7000 Fax: (51) 3027-7070



SÃO PAULO
Av. Angélica, 1091
01227-100 – São Paulo, SP, Brasil
Fone: (11) 3667-1100 Fax: (11) 3667-1333

SAC 0800 703-3444

IMPRESSO NO BRASIL
*PRINTED IN BRAZIL*

## AGRADECIMENTOS

*Agradecemos primeiramente a A. Castoriano, M. P. Dernis, R. Houdin, F. Montjol, M. Paperman, N. Robert e E. Varette, ortofonistas de nossa equipe que estudaram os dossiês de inúmeras doenças a fim de proporcionar uma base sólida a certos capítulos desta obra.*

*Agradecemos igualmente ao Doutor Lichtenberg, radiologista, e a Srta. C. Arabia-Guidet, pesquisadora do Inserm*, por sua ajuda na redação e na ilustração das páginas referentes à análise acústica do sinal vocal.*

* N. de T. Instituto Nacional da Saúde e da Pesquisa Médica.

# Sumário

## II. DISFONIAS DISFUNCIONAIS

# Introdução

## PATOLOGIA VOCAL OU FONIATRIA?

A patologia vocal constitui apenas uma parte da área de foniatria. De fato, o termo foniatria significa oficialmente "medicina dos distúrbios da voz, da fala, da linguagem e da função auditiva". Isso explica por que este volume se intitula Patologia Vocal, e não Tratado de Foniatria.

A área da foniatria cobre, pois, com efeito, exatamente o campo de ortofonia. Se recorremos à etimologia simplesmente, o termo foniatria (do grego *phoné*: vox, fala e *iatros*: médico) evidencia o aspecto médico dos distúrbios, ao passo que o termo ortofonia (do grego *ortho*: direito e *phoné*: voz, fala) evidencia o aspecto reeducativo desses mesmos distúrbios.

O termo foniatria é freqüentemente empregado, entretanto, com o sentido restrito de medicina dos distúrbios da voz. Isso pode ser explicado historicamente na medida em que o foniatra era inicialmente um otorrinolaringologista que estava interessado nos problemas dos profissionais da voz. É impossível, porém, manter atualmente essa restrição relacionando à área de foniatria. Há várias décadas, além da voz, o foniatra se interessa pelos distúrbios da fala e da linguagem. A gagueira, os retardos de linguagem, as disfonias, os distúrbios relacionados à surdez, as afasias integram a foniatria do mesmo modo que as disfonias.

Felizmente é assim, uma vez que não se poderia separar os distúrbios da voz sem que houvesse danos da fala e da linguagem, muitas vezes, intimamente associados em certas afecções. Como veremos, freqüentemente se encontram distúrbios vocais acompanhados por gagueira, afasia, disartria, dislexia, etc., constituindo o distúrbio vocal apenas um aspecto sintomático suplementar e não uma afecção paralela.

## EVOLUÇÃO DAS IDÉIAS EM PATOLOGIA VOCAL

Os médicos que se interessaram pela patologia vocal, no final do século XIX, por serem otorrinolaringologistas, tentaram compreender e classificar os distúrbios vocais segundo o aspecto da laringe que a descoberta da laringoscopia (1854) permitia observar. Foi a mobilidade e a tonicidade das estruturas desse órgão, de interesse particularmente desses médicos, o que os levou a interpretar toda a patologia vocal como distúrbios da fisiologia dos músculos da laringe, da mucosa, das articulações, etc.

É preciso esperar Tarneaud, em 1933, para que seja dada atenção a um outro elemento da mecânica fonatória constituído pelos foles. Tarneaud define o que chama de "atrelagem pneumofônica", destacando assim a coordenação necessária entre voz e respiração. Tal noção continua sendo fundamental, como veremos, especialmente no que diz respeito à terapêutica reeducativa.

Após 1945, alguns autores, como Garde, atribuem uma importância especial ao sistema nervoso na gênese dos distúrbios vocais. É nessa mesma época que nasce, aliás, a teoria neurocronáxica de Husson, e a patologia vocal é então concebida conforme o modelo da patologia nervosa.

Fala-se assim em disfonia por disfunção bulbar, cerebelar, cortical ou dos núcleos cinza centrais. É preciso reconhecer que, dessas tentativas de compreensão de todos os problemas vocais analogicamente aos distúrbios neurológicos, não ficou nada de significativo. A neurofoniatria, com certeza, existe, mas constitui somente um capítulo particular da foniatria.

Dez anos mais tarde, é o aspecto psicológico de tais distúrbios vocais que começa a ter papel de destaque na cena. Descobre-se que a voz, com a qual estabelecemos contato com o outro, pode ser prejudicada por dificuldades de relacionamento. Daí a noção, por exemplo, de inibição psicológica que impede mais ou menos o ato de projeção vocal.

Essa evolução para a psiquiatria é bem-ilustrada pela seguinte resolução tomada no Congresso Internacional de Fonoaudiologia e Foniatria, em Viena, em 1965, por Deso Weiss, foniatra americano: "Antes, eu era ENT; depois me tornei neurologista; atualmente, sou psiquiatra e acho que estou no caminho certo".

A partir daí estávamos a um passo de pensar que todos os distúrbios vocais eram de origem psicológica; alguns autores, evidentemente, não resistiram à tentação de pular etapas, tentação obviamente natural, mas de qualquer modo abusiva.

Finalmente, nos anos 1980, com o progresso da microcirurgia laríngea, houve um novo interesse manifestado pelas alterações orgânicas imperceptíveis (ou pouco perceptíveis) da laringe. Dessa forma, completava-se o ciclo. Segundo os autores, essas lesões mínimas eram consideradas a causa ou, ao contrário, a conseqüência do distúrbio vocal. Veremos o que podemos refletir acerca desse problema. De qualquer forma, porém, não conviria que, com esse retorno à laringe, perdêssemos de vista tudo o que há de válido nas etapas precedentes.

Paralelamente, graças ao avanço da eletrônica, a análise acústica da voz adquiriu uma importância crescente. Ela apresenta, evidentemente, o mérito de tentar objetivar a perturbação fonatória; ao nos determos, entretanto, nessa análise do sinal vocal, corremos o risco, como será visto adiante, de deixar de lado o essencial da patologia que está, de fato, mais na subjetividade do sofrimento do paciente.

Na verdade, a compreensão de um distúrbio vocal exige também uma ampla visão que considere todas as hipóteses etiológicas e todos os meios possíveis de investigação sem esquecer de devolvê-lo ao contexto da vida do sujeito.

**Parte I**

# Semiologia

# Exame da voz e do comportamento fonatório

# 1

## TRÊS OBSERVAÇÕES PRELIMINARES FUNDAMENTAIS

### A terapia inicia-se já no exame

Trata-se evidentemente de verificar o resultado (a avaliação) das perdas e das perturbações do comportamento fonatório, procurar compreender o mecanismo e avaliar os diversos fatores etiológicos envolvidos de maneira que se possa organizar uma terapêutica e estabelecer um prognóstico.

No entanto, a importância do exame da voz e do comportamento fonatório não se limita a esse primeiro processo. Esse exame proporcionará igualmente informar ao paciente, levando-o a uma melhor compreensão de seus distúrbios. Para aceitar a necessidade de um tratamento, às vezes longo e que demanda um envolvimento pessoal, é preciso, desde o início, ter uma idéia clara dos mecanismos patológicos em questão.

O exame permitirá também definir a vontade do paciente: que tipo de melhora ele deseja de sua função vocal e o que está disposto a fazer para obtê-la? A terapêutica, deverá adaptar-se a essa demanda, se não corre o risco de fracassar.

Na realidade, como o sentimos, o contato estabelecido por ocasião desse exame tem uma importância capital no plano psicológico: dele depende, para uma grande maioria, o envolvimento do paciente com o tratamento e, conseqüentemente, o sucesso deste.

### Os critérios de normalidade são aleatórios

Determinar objetivamente em que e em qual medida uma voz é patológica não é tão fácil como se poderia imaginar. Há obviamente normas estabelecidas, considerando a idade, o sexo e o tipo de voz, mas estas se referem mais à tonalidade (altura da voz) e pouco ou nada aos outros caracteres acústicos desta (intensidade, timbre).

Para se avaliar de modo eficaz as qualidades de uma voz, é necessário, por outro lado, levar em consideração as circunstâncias nas quais a voz é emitida. A qualidade da voz varia, às vezes, de maneira significativa conforme emitida nesta ou naquela situação. O ideal seria examinar o comportamento vocal nas diversas ocasiões da vida. Se isso não é possível, é preciso ao menos evitar contentar-se, como muito freqüentemente se faz, com a avaliação da voz conversacional, tal como ocorre na situação do exame clínico. Deve-se examinar, mesmo que isso pareça um tanto artificial, a voz "projetada" (e particularmente a voz de chamamento), bem como a voz cantada.

Tal estudo, além disso, deve ser "dinâmico" e considerar não apenas as performances realizadas, mas ainda a facilidade relativa com que foram realizadas:

uma voz aparentemente normal pode, no exame, revelar-se patológica pelo único fato de não ser maneável, mostrando a impossibilidade da função vocal em adaptar-se a circunstâncias um pouco incomuns.

### O comportamento vocal é mais importante do que a qualidade acústica da voz

Considerando, por outro lado, como sugere o título deste capítulo, um estudo da voz que não leve em conta o comportamento geral do sujeito (comportamento fonatório), pode-se não obter muitas conclusões válidas quanto à compreensão de uma disfonia. Assim, o estudo dos caracteres acústicos da voz, seja ele direto – pelo ouvido – ou com o auxílio de instrumentos, não seria suficiente para avaliar de modo eficaz o caráter patológico ou não de uma voz. É necessário analisar correlativamente o comportamento físico do indivíduo (mecânica da respiração, comportamento eventual de esforço), bem como sua maneira de ser, global, em relação à fonação (importância da voz na vida profissional do indivíduo, nível de exigência quanto à qualidade de sua voz, significação da voz em sua vida). Em suma, convém compreender como o paciente "vive" sua fonação, sem ignorar a subjetividade deste: uma voz bastante particular, que se afaste notavelmente da norma pode ser muito bem aceita e tolerada, não provocando nenhum incômodo ao indivíduo nem a seu meio de convívio; uma voz que se afaste pouco ou mesmo que não se afaste da norma pode, em compensação, mostrar-se patológica simplesmente pelo fato de não ser aceita por seu proprietário.

É por isso que, em matéria de patologia vocal, os sintomas mais importantes a ser considerados não dizem respeito à acústica da voz. É o incômodo sentido pelo indivíduo ou pelas pessoas que convivem com ele que se torna o dado primordial. Seu incômodo ou seu pesar, é isso que convém ser avaliado com mais cuidado.

## INTERROGATÓRIO

O exame inicia naturalmente pela exposição do paciente dos distúrbios que apresenta. Algumas vezes, é interessante deixá-lo expor espontaneamente o que sente. O que ocorre com mais freqüência, porém – e isso é bastante compreensível –, é o paciente misturar os fatos e as hipóteses explicativas. Nesse caso, questões precisas o ajudariam a esclarecer bem as coisas. Não importa o que aconteça, toda essa consulta deve ser registrada no gravador. Dessa forma, além das proposições do paciente, será possível estudar os caracteres acústicos da voz e fazer com que o paciente os constate.

O *software Phoniprint*[1] que criamos constitui uma ajuda bastante válida na realização da avaliação da voz e do comportamento fonatório do indivíduo. Esse programa integra todos os dados deste capítulo, além de comportar inúmeras informações audio e videográficas referentes às disfonias disfuncionais simples e complicadas.

### História da doença (anamnese)

As primeiras questões tratam da história dos distúrbios apresentados pelo paciente. Poderemos formulá-las, por exemplo, da seguinte maneira:

[1] Phoniprint. Sismed Formation, Paris.

*a) Desde quando você tem problemas com a voz?* Às vezes, é necessário precisar: você já apresentou problemas semelhantes antes? Sua voz era completamente normal até então?

*b) Em que ocasião esses problemas surgiram?* Após uma gripe? Uma constipação? Durante um período de sobrecarga no trabalho ou de grande fadiga? Após problemas profissionais ou familiares? Depois de uma intervenção cirúrgica? Após um acidente? etc. No contexto de uma afecção neurológica ou de uma depressão nervosa?

*c) Como o distúrbio evolui?* Agrava-se regularmente? É inconstante? Intermitente? Cada vez mais constante?

*d) A quais tratamentos você se submeteu?* Medicamentos? Intervenções? Reeducação? Tratamentos psicológicos? Quais foram aparentemente os resultados de tais tratamentos?

## Sinais subjetivos

São estes os de maior interesse para o paciente, devendo ser, portanto anotados com bastante atenção. É no momento em que desaparecerem que o paciente notará sua cura. Eles dizem respeito, de um lado, à própria fonação e, de outro, às sensações experimentadas com relação ao órgão vocal.

### Sensações subjetivas referentes à fonação

É importante saber o que pensa o indivíduo a respeito de sua voz e de suas possibilidades vocais. Freqüentemente, será observada uma discordância entre suas impressões e a realidade.

Uma primeira série de averiguações trata do *timbre*: o paciente acha sua voz roufenha, rouca, cansativa, desagradável, inestética, diferente, parecendo estranha?

Uma outra série refere-se à potência e à *resistência* da voz:

– a conversação prolongada leva a uma fadiga vocal?
– parece faltar potência à sua voz?
– chamar alguém a distância é um problema?
– falar em meio a ruídos é complicado?
– o telefone representa uma situação particularmente difícil?
– a emissão vocal é irregular, incerta?

Por fim, uma terceira série trata da regulagem da *altura*:

– a voz, segundo o paciente, é alta demais, extremamente baixa, irregular, incontrolável?
– é possível (ou considerável) cantar?
– o paciente acha-se desafinado?
– o canto, se habitual, apresenta dificuldades particulares?

### Sensações subjetivas experimentadas no nível do órgão vocal

Serão observadas sensações tais como:

– sensação de corpo estranho na garganta;
– falhas, irritação, queimação na laringe;
– dores ou contrações no pescoço, no manúbrio esternal, nas apófises mastóides, na nuca;
– opressão respiratória;
– fadiga geral ou sensação de vertigem após fonação prolongada.

Devem ser observadas ainda as reticências em utilizar a voz e o medo da obrigação (cansativa ou desagradável) de falar.

### *Variação dos sinais subjetivos*

Observar-se-á como os distúrbios variam e em qual situação:

- com o uso da voz?
- conforme a hora do dia?
- com as rinofaringites próprias de determinada estação?
- conforme o clima?
- com a fadiga, o excesso de trabalho?
- com as preocupações, os problemas, as contrariedades?

### Outras informações importantes

O problema vocal não poderia ser avaliado eficazmente, como dissemos, sem considerar a pessoa em sua totalidade: tipo de vida, temperamento, problema de saúde. Poderemos, assim, procurar informarmo-nos dos seguintes pontos:

- Quais as condições de utilização da voz do paciente em sua profissão?
- Qual é o grau de consumo de tabaco, de álcool?
- Está exposto a barulho, à poeira, à vapores tóxicos, a sobrecarga de trabalho?
- Considera-se uma pessoa de temperamento nervoso, ansioso, "preocupado"?
- Dorme bem?
- Apresenta antecedentes médicos, como depressão nervosa, alguma doença grave que tenha deixado seqüelas, intervenções cirúrgicas, afecções que tenham acarretado tratamentos hormonais ou por anabolizantes sintéticos (cuja ação é evidente na voz); distúrbios ginecológicos, reumatismo, distúrbios de alimentação?
- apresenta distúrbios médicos atuais que estejam passando por um tratamento ou por um cuidado médico?

## EXAME FÍSICO

Integra essencialmente os exames laringoscópico e com estroboscopia (que descreveremos no Capítulo 2 juntamente com outros tipos de exame da laringe).

Esses dois exames são complementados por um exame ORL aprofundado, bem como eventualmente por um exame audiométrico.

Na criança, o exame da parede abdominal buscará a deiscência da linha branca, freqüentemente associada à disfonia (cf. p. 120).

Outros exames médicos poderão ser igualmente realizados conforme o caso: tomada da tensão arterial, auscultação cardíaca, exame neurológico, etc.

## EXAME DO COMPORTAMENTO VOCAL

A partir do interrogatório, poderá-se-á ter uma idéia da voz conversacional. Mas, como dissemos, convém não ficar limitado ao estudo desta e examinar também o comportamento vocal em voz projetada e o que consideramos mais distante possível.

### Voz conversacional espontânea

Serão observadas suas características acústicas.

### Intensidade

A voz pode ser:

– forte, fraca, irregular, abafada (reduzida à voz sussurrada);

– os "finais" podem eventualmente ser alterados (abafados ou falhos).

### Altura

Pode ser determinada objetivamente com a ajuda de um diapasão, de um medidor de nível de som ou de um sonograma, desconfiando sempre das impressões subjetivas que podem ser enganosas.

A voz pode ser aguda, grave ou instável, modulada ou monótona.

É comum, determinar a nota mais freqüentemente empregada durante a emissão da voz conversacional, definida como *fundamental habitual da fala*.

Na realidade, essa nota varia consideravelmente conforme as circunstâncias e é mais interessante determinar as notas extremas entre as quais a voz é modulada. Se utilizarmos o diapasão (quando não se trata de um músico, um diapasão em *dó* pode ser mais cômodo), começaremos determinando uma sílaba que tenha sido emitida na nota mais alta. Em seguida, essa sílaba deverá ser reproduzida de modo prolongado (isso facilitará a determinação de sua altura em relação à nota fornecida pelo diapasão). O mesmo processo será realizado com a sílaba emitida na nota mais grave.

Na fala conversacional tranqüila, a voz feminina modula normalmente entre *sol2* e *sol3*. Mas podem ser produzidos picos expressivos que correspondem a tonalidades bem mais elevadas (até o *dó4*, por exemplo) (cf. Quadro 1.1, p. 26).

A voz masculina, na fala conversacional tranqüila, permanece normalmente na oitava nº 1, às vezes, inteiramente. Picos expressivos podem, entretanto, atingir o *dó3*. Apesar do caráter habitual do uso da oitava nº 1 na fala conversacional do homem, podemos observar vozes situadas constantemente mais acima, sem que tal fato possa ser considerado anormal.

Essa determinação da tonalidade da voz conversacional é, muitas vezes, uma surpresa para o paciente que não imaginava poder haver uma aproximação entre a voz falada e a voz cantada. De modo geral, subestima-se imensamente a amplitude das modulações da voz conversacional. As pessoas pensam normalmente que falam em duas ou três notas, ao passo que modulações acima de uma oitava são bastante freqüentes.

### Timbre

A descrição do timbre de uma voz é uma tarefa complicada: o ouvido é muito sensível aos timbres (muito mais sensível do que os aparelhos de medição), mas fornece impressões subjetivas sobre as quais é difícil entrar em acordo. Parece, porém, que se pode distinguir três categorias de anomalias do timbre vocal.

As que correspondem a *mecanismos de acoplamento*:

– timbre rouco: a voz faz parecer que as pregas vocais são espessas e secas (impressão de atrito de couro);

– roufenho: impressão de vibrações parasitas em guiso;

– crepitado: pequenos ruídos de bolhas borbulhantes são acrescentados à voz, produzidos pelo excesso de secreção da laringe;

– gutural: dá a impressão de fechamento e de esforço, "na parte de baixo" na garganta;

– estridente: impressão de estreitamento laríngeo;

– nazalisada: fechamento da faringe, produzindo um timbre mais agudo e uma impressão de voz comprimida no nariz, mesmo que a cavidade nasal não esteja nesse caso implicada.

As que correspondem a uma *atenuação* e a uma *retenção* da mecânica vocal:

– timbre abafado[2] : impressão de voz "atenuada" e sem timbre, sem ressonância;

– surdo: impressão de voz "para dentro", que ressoa no "interior";

– velado: um ruído de sopro acompanha a voz que fica sem timbre; parece uma saída de ar que faz com que a voz perca seu vigor;

– nasalado: o não-fechamento do véu durante as vogais orais representa uma perda de energia sonora e um timbre, de certa forma, característico.

As que correspondem a *mudanças súbitas de registro* vocal e que constituem os "quacs", ou seja, sabe-se que há dois registros vocais principais, chamados registro de peito e registro de cabeça (cf. p. 24). O primeiro resulta do funcionamento das pregas vocais (cf. p. 32), apresentando-se na forma de lábios espessos. O segundo corresponde a um estreitamento das pregas vocais, opondo então sua borda livre a lâminas finas.

O *quac* resulta da mudança brusca de apresentação da prega vocal, passando da forma de "lábio espesso" à de "lâmina fina".

## Variabilidade do distúrbio vocal

Quase sempre, a escuta da voz conversacional demonstra uma variabilidade, às vezes, considerável das qualidades da voz durante uma mesma conversa: de um momento a outro, às vezes, de uma palavra a outra, os caracteres patológicos acentuam-se ou atenuam-se e, algumas vezes desaparecem completamente.

É interessante observar os possíveis fatores que podem provocar essas variações, tais como:

– a emoção (acentuando em geral as anomalias da voz);

– a ativação psicológica (ao contrário, esta atenua mais freqüentemente os distúrbios da voz);

– a atenção dada à voz (a ação desta é tanto favorável quanto desfavorável para a voz; a influência positiva ou negativa da atenção com relação à qualidade da voz é extremamente importante para a compreensão do mecanismo do distúrbio vocal e da orientação do tratamento).

No primeiro caso (o mais comum), estamos diante de uma simples falha dos mecanismos subconscientes de controle da voz. No segundo caso, importantes fatores psicológicos estão certamente implicados e, neste caso, o tratamento será mais delicado: "a ação desorganizadora da consciência" apresenta problemas mais complicados.

## Existência ou não de um comportamento de esforço

Estudaremos mais adiante as características do comportamento vocal de esforço que pode estar presente mesmo na voz conversacional: uso intensivo da respiração torácica superior, flexão da parte superior do tronco, protraimento do mento (atitude característica da voz conhecida como "de alerta") e crispação geral no momento da fala (cf. p. 63).

## Distúrbios associados da articulação e do fluxo da fala

Notaremos a existência eventual de um banal distúrbio de articulação ou do fluxo, como o ceceio, a nasalização, a taquilalia, suscetível de representar, no entanto, uma afecção mais preocupante, tal como a insuficiência velar, o balbucio, a gagueira, um distúrbio neurológico ou psicológico.

[2] Ou "baixo", "surdo".

## Testes de leitura

Podem ser propostos três testes diferentes: leitura simples, projetada e abafada.

Para maior comodidade, poderá ser utilizado o mesmo texto para os três testes. É interessante que se utilize um texto bastante dinâmico, como, por exemplo, um texto de discurso. No nosso caso, gostamos de utilizar o primeiro parágrafo do discurso de Creonte, da *Antígona* de Sófocles (adaptação J. Cocteau) que reproduzimos a seguir:

*Citoyens,*
*Les dieux ont sauvé cette ville du naufrage.*
*Je vous ai tous réunis,*
*Sachant votre respect pour la maison de Laïos,*
*votre fidélité à Oedipe*
*et à ses fils.*
*Les fils se sont entre-tués.*
*Tout le pouvoir passe entre mes mains.*[3]

### Leitura simples

TÉCNICA

O paciente, sentado, é solicitado para ler o texto com uma voz bem natural.

RESULTADOS

As características da voz quanto à intensidade, à altura, ao timbre, à variabilidade, ao comportamento de esforço serão então anotadas da mesma forma como foi feito para a voz conversacional.

Na leitura simples, a tonalidade nas mulheres fica entre *sol2* e *sol3*. Nos homens, entre *sol1* e *sol2*. A modulação freqüentemente é de uma oitava inteira (cf. Quadro 1.1, p. 26).

Pode-se pensar que a modulação seja insuficiente quando não ultrapassa três tons.

### Leitura projetada em voz forte[4]

TÉCNICA

O paciente fica, a princípio, em pé. Pede-se para que imagine que está na presença de 500 pessoas em um lugar público e que repita esse texto com um certo dinamismo de modo convincente. Caso necessário, dá-se um exemplo com uma ou duas frases.

[3] Cidadãos,/Os deuses salvaram esta cidade do naufrágio./Reuni todos aqui,/ conhecendo seu respeito pela casa de Laios,/sua fidelidade a Édipo/e a seus filhos./Os filhos mataram-se uns aos outros./Todo poder passa por minhas mãos.

[4] Observemos que uma projeção vocal eficaz não necessita obrigatoriamente da intensidade vocal exigida aqui. A projeção vocal pode até mesmo ser exercida com força com uma voz quase sussurrada. O exame da voz projetada em voz baixa seria possível, mas difícil de realizar. Lembremos que a voz projetada é produzida no contexto da *atitude de projeção vocal* (cf. *A voz*, Volume 1) constituída pelos seguintes componentes: 1) a certeza de ser eficaz; 2) o olhar de frente; 3) o soerguimento do corpo; 4) a produção da respiração abdominal. Ao contrário da voz de expressão simples, a voz projetada solicita obrigatoriamente a atenção do interlocutor, mas a *intensidade vocal não faz parte necessariamente do programa*.

Esse teste é geralmente bem-aceito garantindo-se ao indivíduo que não se trata de julgar suas qualidades de ator. Em alguns casos, entretanto, reticências significativas são manifestadas e observáveis sem que haja uma insistência maior.

RESULTADOS

É possível observar nesse teste como variam as características da voz em relação ao precedente.

*Na mulher*, a altura tonal da voz na leitura projetada atinge normalmente no mínimo o *sol3*, não importa o tipo de voz. A impossibilidade de uma projeção da leitura para além de *fá3* corresponde a um desempenho fraco.

Se a voz não ultrapassa o *dó3*, trata-se de um desempenho completamente insuficiente, demonstrando uma dificuldade significativa na manutenção da projeção vocal.

No homem, a altura tonal da voz atinge normalmente, no mesmo teste, no mínimo o *lá2*. O *sol2* corresponde a uma atuação fraca.

A impossibilidade de ultrapassar o *ré2* corresponde a um problema relevante.

Mesmo no caso em que não há hesitação significativa, será possível observar, no momento desse teste, as reações psicológicas do indivíduo em relação à projeção vocal. Poderá ser notado igualmente com atenção um comportamento forçado.

#### ***Leitura com mascaramento (teste de Lombard-Tarneaud)***

TÉCNICA

O paciente sentado começa a ler, em seguida é submetido a um ruído brando que lhe chega aos ouvidos por intermédio de auscultadores que lhe mascaram a própria voz.

RESULTADOS

Normalmente, produz-se então um aumento da intensidade vocal (completamente inconsciente aliás)[5]. No caso de uma voz patológica, nota-se freqüentemente uma melhora momentânea, às vezes, extraordinária da qualidade da voz.

Esse teste, quando positivo, apresenta a vantagem de demonstrar de forma surpreendente a existência de um fator funcional na origem do distúrbio vocal, porém, quando negativo, não permite com que esse fator funcional seja excluído.

### Teste da contagem projetada

Esse teste permite evidenciar particularmente o comportamento forçado do disfônico. De realização mais fácil, permite estudar o comportamento de projeção vocal mesmo quando a leitura projetada não foi realizada de forma válida.

TÉCNICA

O paciente fica, a princípio, em pé. É solicitado para "contar até vinte como se estivesse dando ordens a pessoas situadas a 10 metros de distância". É dado-lhe o exemplo: E um! E dois! E três!... de forma convincente e o mais natural possível.

[5] Cf. *A voz*, Volume 1, Capítulo 7: Fenômeno de Lombard.

RESULTADOS

Deverão ser comparados aos do teste de leitura projetada. As alturas de referência são as mesmas. O esforço vocal, quando há, é nesta prova particularmente evidente devido à brevidade de cada emissão que leva o paciente a se esforçar ao máximo.

## Voz de chamamento

Essa importante modalidade da voz projetada não deve ser esquecida durante o exame do comportamento vocal. Seu estudo é fácil, rápido e permite ao paciente descobrir que suas possibilidades vocais não são tão restritas quanto pensava.

TÉCNICA

Pede-se ao paciente para que imagine uma pessoa distante de 50 a 100 metros que precisa chamar. Também aqui, dá-se o exemplo.

Tratando-se de um homem, esse chamamento será feito com o som Ô! ou Eô! No caso de uma mulher, o chamamento dar-se-á em voz de cabeça, com o som Hou! Hou! Para algumas mulheres, porém, o grito será emitido como o de um homem, em voz de peito, com Ô! ou Eô! Para uma criança, poderá ser solicitado que chame seu melhor amigo. Será sugerido a ela, após uma primeira tentativa, que o amigo em questão não a escutou, devendo repetir de maneira mais forte.

RESULTADOS

É possível perceber principalmente a altura tonal empregada (cf. Quadro 1.1, p. 26).

*Na mulher*, a tonalidade mais habitualmente empregada em voz de cabeça (Hou! Hou!) é *fá4/mi4* ou *mi b4*. *Ré4/dó4* é um desempenho fraco. A impossibilidade de ultrapassar o *dó4* indica sérias dificuldades. Em voz de peito (Eô!), a tonalidade fica normalmente em torno do *sol3*.

*No homem*, a altura tonal comum é *mi3* (Ô!). *Dó3* é um desempenho fraco e a impossibilidade de ultrapassar o *lá2* indica sérias dificuldades.

*Na criança*, a altura é muito variável segundo a idade. Poderá ser verificada, entretanto, fazendo-se comparações com resultados posteriores.

## Exame da voz cantada

Tratamos aqui do exame da voz cantada realizado mais habitualmente. Não pode ser efetuado se houver alterações grandes demais, tornando a voz cantada quase impossível. Por outro lado, é insuficiente quando se trata de explorar as dificuldades específicas dos cantores líricos que demandam um exame mais minucioso.

TÉCNICA

Se o indivíduo pensa cantar de maneira correta, solicita-se para que reproduza o som *dó2* (homem) ou *dó3* (mulher) que é dado a eles.

Se esse som foi bem reproduzido, pede-se para que suba a escala por etapas sucessivas, dando-lhe primeiramente as três notas iniciais *dó, ré, mi*; depois, as cinco primeiras *dó, ré, mi, fá, sol* e, por fim, as quatro últimas *sol, lá, si, dó*.

Passa-se então à oitava superior, procedendo-se da mesma forma e insistindo um pouco (mesmo se o som não for "bonito") para que suba realmente "até o limite". Depois, deve descer à oitava inferior (também por etapas sucessivas) até o limite extremo, devendo repetir eventualmente várias vezes.

Parece-nos preferível fazer o paciente cantar contando ("um, dois, três, etc.") do que repetir o nome das notas. Isso é uma das maneiras de evitar-se certos constrangimentos (ou repulsão) referentes ao solfejo.

Para explorar o limite inferior, pode ser interessante, às vezes, descer pronunciando "bam, bam, bam...".

### RESULTADOS

Os resultados serão comparados aos dados apresentados no Quadro 1.2. Esse quadro representa as possibilidades de voz cantada normal para o homem e para a mulher.

*No homem*, qualquer que seja o tipo vocal (tenor, barítono, baixo), *a voz sobe obrigatoriamente até o mi3* em voz de peito e *desce obrigatoriamente ao lá1* no mesmo registro de peito. Em compensação, o limite máximo agudo em voz de peito é o *dó4* (contra-dó dos tenores), e o limite máximo possível para os graves é o *dó1* (*dó* grave dos baixos).

Essas possibilidades vocais não-obrigatórias figuram na tabela pontilhada. A voz de cabeça figura igualmente na tabela pontilhada, pois sua utilização pelo sexo masculino, durante a voz cantada, ainda é excepcional: não se poderia, portanto (em nossa civilização ocidental!) exigir de um homem que cante em voz de cabeça, embora esta seja tão fisiológica quanto a voz de peito.

*Na mulher*, percebe-se que a *voz de cabeça sobe obrigatoriamente até o sol4* e que a *voz de peito desce obrigatoriamente até o sol2*. Poderá ser notado o *mi2* das contraltos, considerado o limite inferior possível para as vozes femininas mais graves.

No entanto, algumas vozes femininas podem descer ainda mais na escala, isto é até o *dó2*. A possibilidade para uma mulher cantar *abaixo desse dó2* (portanto, na oitava 1) indica, a princípio, *patologia* (voz tornada grave por deterioração da mucosa das pregas vocais ou por virilização da laringe).

Notemos ainda que o *dó5* (o contra-dó das sopranos) é o limite freqüentemente encontrado para as vozes de cabeça femininas mais agudas. Algumas vozes femininas, porém, podem subir à oitava 5 (contra-mi e mesmo contra-lá, excepcionalmente mais alto); trata-se de vozes muito agudas: sopranos ligeiras, registro de assobio.

Observemos que não notamos limites precisos para cima na voz de peito, nem para baixo na voz de cabeça. Tais limites são, de fato, muito difíceis de ser determinados para uma voz feminina não-educada devido à passagem automática em voz de peito, a partir do momento em que se quer descer a voz de cabeça, e da passagem automática para a voz de cabeça (talvez isso seja menos comum), quando se quer subir a voz de peito.

O exame da voz cantada, mesmo para quem não é cantor, não se limita obviamente ao estudo da tessitura. Avaliam-se simultaneamente as possibilidades de ajuste, as eventuais alterações do timbre, a facilidade relativa da emissão (flexibilidade ou esforço), os eventuais problemas de passagens e de registros, a homogeneidade do timbre em relação àquele da voz falada, etc.

## Tempo fonatório (ou tempo máximo de fonação – TMF)

### TÉCNICA

Dá-se ao paciente uma nota "confortável" para ele, isto é, tomada da metade de sua extensão vocal, e solicita-se para que cante essa nota o máximo de tempo possível.

RESULTADOS

O tempo máximo de fonação normal é classicamente de 15 segundos, mas um tempo de 10 segundos, na nossa opinião, deve ser considerado normal.

Esse teste do tempo fonatório não apresenta um interesse considerável, apesar das esperanças que pudemos depositar nele. Alguns autores chegaram a pensar, de fato, que esse teste sozinho podia permitir que se avaliasse a qualidade funcional da voz. Na realidade, o tempo máximo de fonação é, às vezes, excelente, apesar de uma fonação bastante defeituosa (particularmente prolongada nos parkinsonianos).

## Escuta do registro

A escuta total ou parcial das diversas seqüências do registro da sessão de avaliação no gravador certamente permite ao examinador tornar mais precisas suas observações, mas ela interessa sobretudo ao paciente, ajudando-o a compreender melhor o mecanismo de suas dificuldades.

Trata-se aqui já do início do tratamento. Em outras palavras, a ação diagnóstica e terapêutica estão implicadas.

OBSERVAÇÃO

Algumas vezes há uma certa dificuldade por parte do paciente em admitir que o registro é fiel[6] e que a voz que ele escuta é comparável à que emite. Todos sabemos, na verdade, que *não se reconhece a própria voz* no gravador. Será preciso explicar ao paciente que isso é normal e ocorre pelo fato de ele não ter o hábito de escutá-lo do exterior, mas do interior, ou seja, as vibrações vocais são transmitidas até seu ouvido não somente por via aérea, mas também por via óssea.

A demonstração pode ser complementada por um exercício simples: pede-se ao paciente para que coloque uma mão em concha atrás da orelha e a outra a alguns centímetros na frente da boca de modo que reflita diretamente o som de sua boca em seu ouvido (auto-escuta). O paciente constatará então que a voz escutada dessa maneira se parece muito mais com àquela emitida pelo gravador.

## Tentativa de correção instantânea

Em certos casos, pode-se tentar levar a uma melhora instantânea (mas momentânea) dos caracteres da voz por meio dos seguintes mecanismos:

– mobilização manual da laringe com uma ação na altura do pomo-de-adão (abaixamento, pressão lateral, elevação de um lado e abaixamento do outro, etc.);
– correção da postura geral (particularmente quanto à verticalização da cabeça);
– instruções referentes à mecânica da respiração;
– auto-escuta.

## Exame do domínio da respiração abdominal

O paciente é solicitado a reproduzir uma série de pequenas respirações abdominais que será executada antes para ele. Quando essa reprodução é realizada com facilidade, pode-se pensar que o fator funcional não é muito significativo. Em caso contrário, o indivíduo terá muita dificuldade em reproduzir o movimento abdomi-

[6] Daí a importância em se utilizar um material de registro de boa qualidade, numérico de preferência.

➤ **Quadro 1.1 Normas aproximativas[7] da altura tonal da voz falada**

| Modo fonatório | Mulher | Homem |
|---|---|---|
| Voz conversacional "tranqüila" | Sol 2 a Sol 3 | Na oitava 1 |
| Leitura simples | Sol 2 a Sol 3 | Entre Sol 1 e Sol 2<br>(mínimo Lá 1 - Mi 2) |
| Leitura projetada (máximo atingido) | Dó 3 : insuficiente<br>Fá 3 : fraco<br>Sol 3 ou mais : satisfatório | Ré 2 : insuficiente<br>Sol 2 : fraco<br>Lá 2 ou mais : satisfatório |
| Chamamento | **Voz de cabeça** (Hou! Hou!)<br>Acima de Dó 4 : insuficiente<br>Dó 4 a Ré 4 : fraco<br>Mi 4 a Fá 4 : satisfatório<br>Fá 4 a Lá 4 : máximo<br><br>**Voz de peito** (Ô!)<br>Por volta de Sol 3 (menos empregada) | Mi 3: chamamento normal (20-30 m)<br>Dó 3: fraco (10-15 m)<br>Lá 2: insuficiente<br>Fá 3 ou mesmo Sol 3: chamamento insistente |

➤ **Quadro 1.2 Extensão vocal e principais registros conforme o sexo e o tipo vocal**

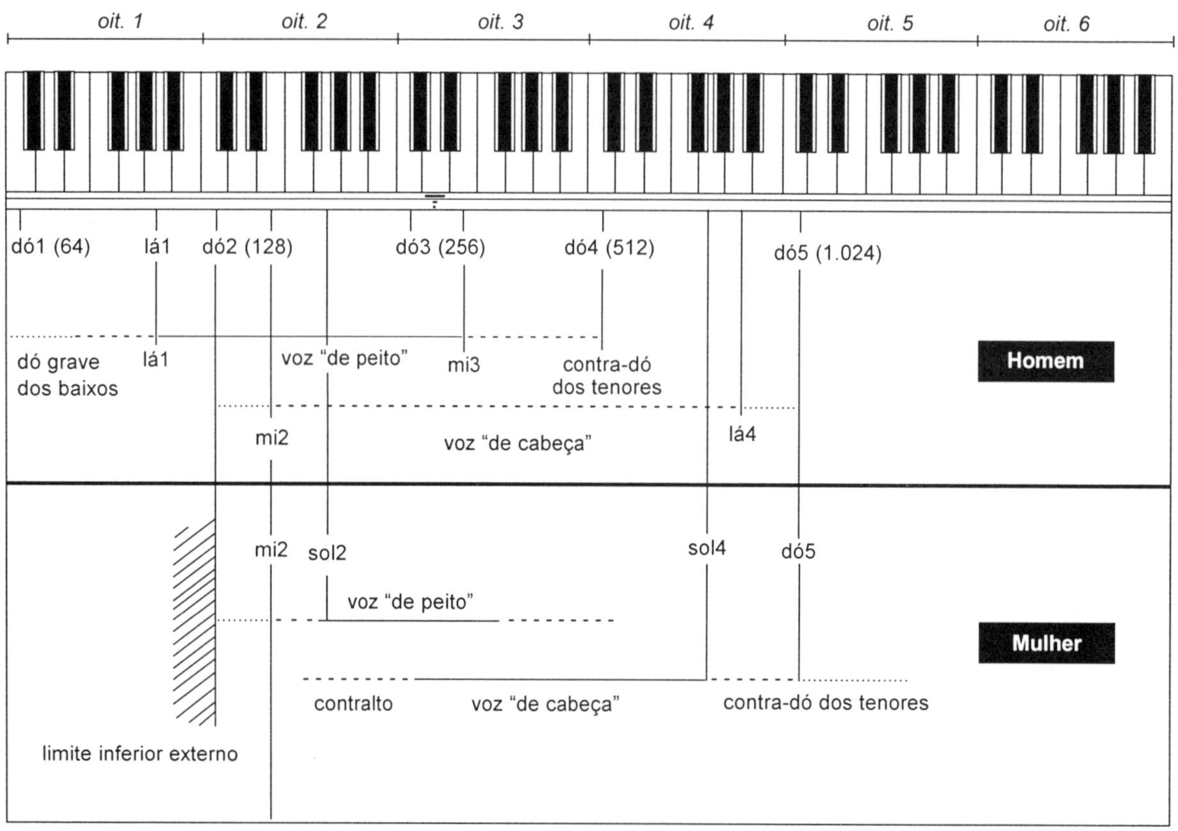


——— extensão obrigatória qualquer que seja o tipo de voz
- - - - - - possibilidades particulares segundo o tipo de voz
............ possibilidades excepcionais

[7] Na verdade, a altura varia não somente com o modo fonatório, o registro e o sexo, mas também conforme o tipo vocal (tenor, barítono, etc.), o lugar da emissão e as circunstâncias.

nal do examinador, agitando sua caixa torácica em todos os sentidos, sem conseguir mobilizar seu abdome corretamente.

### Escala GRBAS

Durante esse exame, será interessante resumir em uma fórmula as principais características da alteração vocal observada.

A escala GRBAS, proposta por Hirano, em 1981, é, desse ponto de vista, um instrumento freqüentemente utilizado e relativamente confiável apesar do modo de avaliação muito subjetivo de cada um dos cinco parâmetros simbolizados pelas letras de seu nome.

Para cada parâmetro, essa avaliação será estimada conforme quatro níveis. Marca-se: "0", quando não há nenhuma alteração; "1", quando a alteração é mínima; "2", quando é moderada, e "3" quando é severa.

– "G" (*grade*), referente à impressão geral que se tem da alteração vocal;

– "R" (*roughness*), o caráter eventualmente rouco, roufenho, chiado, irregular, etc., da alteração do timbre vocal;

– "B" (*breathiness*), marca o caráter de soproasidade desse mesmo timbre;

– "A" (*asthenicity*), denota a falta de potência vocal;

– "S" (*strain*), marca a impressão de esforço.

Deve ficar claro que se trata aqui de uma avaliação mais sucinta que deverá ser completada em todos os casos pelos resultados do exame da laringe que abordaremos no Capítulo 2 e, sobretudo, quando se trata de uma disfonia de origem orgânica, por alguns procedimentos de avaliação objetiva da função vocal, tratada no Capítulo 3.

## SIGNIFICAÇÃO PRÁTICA DO EXAME DA VOZ

Com um pouco de prática, o diagnóstico propriamente dito de um distúrbio da voz é uma coisa relativamente simples. Alguns minutos podem ser suficientes na maioria dos casos para determinar a natureza dos distúrbios apresentados, compreender superficialmente seu mecanismo, avaliar a influência relativa dos fatores implicados e prever as modalidades de tratamento.

O exame da voz, porém, tal como havíamos descrito (isto é, relativamente longo), permite muito mais do que essa primeira abordagem diagnóstica.

Dessa forma, a anotação precisa dos distúrbios subjetivos, sem maior utilidade para o diagnóstico propriamente dito, apresenta um duplo interesse:

– Por um lado, permite constatar, à medida que o tratamento avança, o desaparecimento dos motivos de queixas do paciente quanto à sua fonação. O esquecimento do que não ocorria é algo freqüente (e sem dúvida desejável). A lembrança das dificuldades passadas permite, no entanto, ao indivíduo avaliar a trajetória percorrida, o que pode lhe trazer confiança.

– Por outro lado, e sobretudo, o fato de submeter o paciente aos diversos testes que descrevemos possibilita-o ter uma idéia mais exata do mecanismo dos problemas que apresenta, perceber a realidade de seu eventual comportamento de esforço vocal, conceber a possibilidade de haver vários fatores conjugados que contribuem para a ação nociva em sua fonação e considerar fatores orgânicos e reacionais. Isso o levará a compreender o fundamento da terapêutica proposta. O envolvimento é importante se sabemos que o tratamento reeducativo – muitas vezes o principal elemento dessa terapêutica – é eficaz somente na medida em que o paciente está convencido de sua necessidade.

Isso reforça ainda a idéia de que *essa primeira sessão*, a princípio dedicada ao diagnóstico, *já é terapêutica*. Provavelmente, em certos casos, ela constitua a parte mais importante do tratamento.

## LEITURAS SUGERIDAS


CORNUT G. *Étude clinique de la voix dans le cadre du bilan phoniatrique.* Paris: EMC ORL, 1991; 20-753-A10.

DEMARD D. Le bilan vocal. *Rev Laryngol* 1988; 109, 4: 361-366.

GACHES L. Le bilan fonctionnel de la voix. *Rééducation orthophonique* 1980; 112: 127-137.

HEUILLET-MARTIN G. Le protocole de bilan vocal. *Bull Audiophonol* 1988; 4, 1-2: 122-155.

HEUILLET G *et al. Une Voix pour tous.* Marseille: Solal, 1995.

HIRANO M. Objective évaluation of human voice: clinical aspect. *Folia Phoniatrica* 1989; 41: 89-144.

LE HUCHE F. *L'examen de la voix et du comportement phonatoire.* Compte rendu du 76e congrès ORL français (octobre 1979). Paris: Arnette, p. 435-446.

LE HUCHE F, ALLALI A. *Logiciel Phoniprint. Module dysphonies, dysfonctionnelles.* Formation Sismed, Paris, 1999.

# Modalidades de exame da laringe e de seu funcionamento

# 2

O exame da laringe é indispensável para o estabelecimento do diagnóstico em patologia vocal. Não se poderia, conseqüentemente, dar início a nenhum tratamento e, particularmente, a nenhuma reeducação vocal, sem que um exame laringoscópico tenha sido realizado ou, no mínimo, considerado.

Descreveremos inicialmente os exames sistematicamente praticados pelo foniatra ou, na falta do ENT, diante de qualquer problema vocal: trata-se da *laringoscopia no espelho* (dita indireta), da *laringoscopia por ótica de fibras* e da *laringoscopia com estroboscopia*.

Depois, passaremos a descrever a *laringoscopia em decúbito*, praticável somente em internação hospitalar, após a qual abordaremos brevemente diversos exames paraclínicos complementares: glotografia, eletromiografia laríngea (EML), exames radiológicos, RMN e, para terminar, o exame por cinematografia ultra-rápida.

## LARINGOSCOPIA

O exame laringoscópico pode ser praticado ou no espelho, ou por meio de fibras óticas (fibroscopia). Como vimos no Capítulo 1, esse exame é realizado após a sessão de perguntas e antes do exame da voz.

### Laringoscopia no espelho (ou indireta)

#### *Histórico*

A primeira laringoscopia no espelho foi realizada com a ajuda deste instrumento mesmo, em 1854, pelo cantor Emmanuel Garcia, que utilizou a luz solar (Figura 2.1). Empregou para isso um espelho "de dentista" colocado obliquamente no fundo de sua boca e um outro espelho de mão que mantinha à distância na frente deste. Posicionado de costas para o sol, ficou de um modo que o sol refletisse sucessivamente em um espelho, depois no outro e conseguisse assim iluminar sua laringe. A imagem desta lhe apareceu então no espelho de mão.

Quatro anos mais tarde, Czermack aplicou ao exame clínico da laringe a descoberta de Garcia, substituindo a utilização da luz solar pela da luz artificial.

➤ Fig. 2.1

**Autolaringoscopia de Emmanuel Garcia, em 1854.**

Observe que o caricaturista Axel cometeu um pequeno erro neste desenho. Garcia deveria, na verdade, ter levantado bem o cotovelo direito para que o espelho da laringe refletisse corretamente a luz na laringe.

#### *Instrumentos*

A laringoscopia no espelho necessita dos seguintes instrumentos (Figuras 2.2 e 2.3):

– um espelho laringoscópico de 1 a 2 cm de diâmetro, análogo ao pequeno espelho de dentista de Garcia;

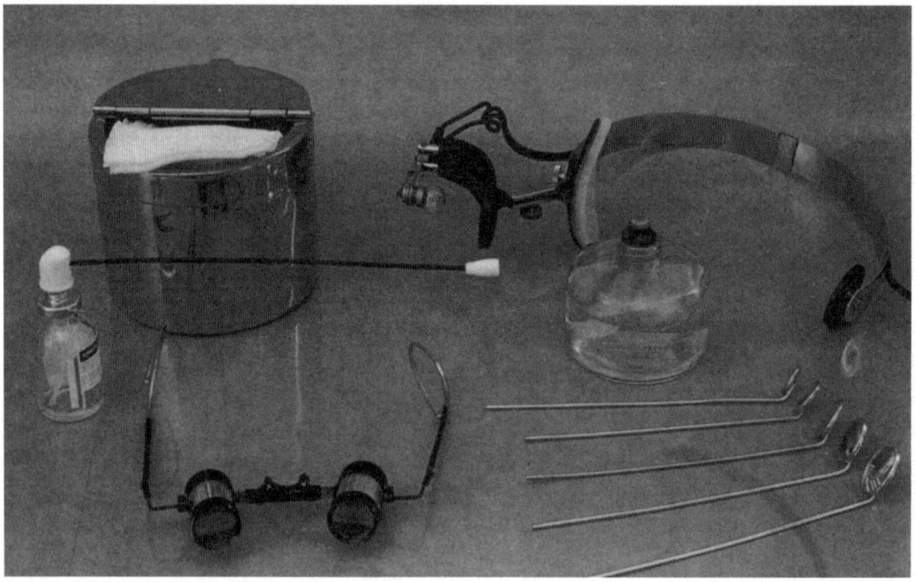

➤ **Fig. 2.2**

**Material necessário à laringoscopia com espelho (ou indireta).**

Observe acima e à direita da foto o espelho de Chardon que substitui aqui o de Clar, representado na Figura 2.3.

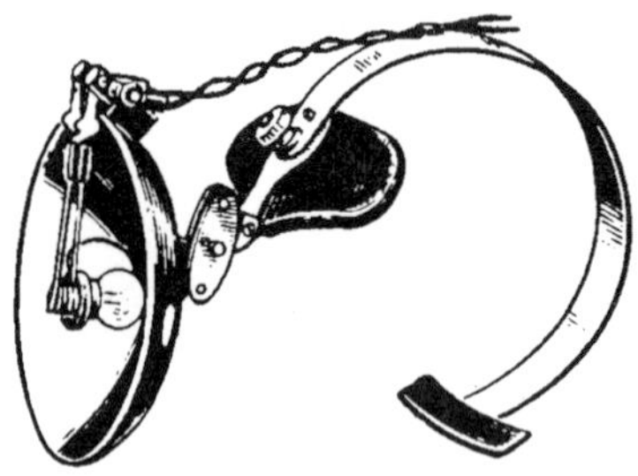

➤ Fig. 2.3

Espelho de Clar.

– um aparelho para aquecer o espelho ou uma lâmpada a álcool;

– uma compressa para a língua;

– um espelho de Clar: este é constituído por uma superfície refletora côncava, no centro da qual é colocada uma pequena ampola elétrica. Esse espelho é colocado verticalmente na testa do observador. Dois orifícios feitos na superfície refletora permitem a este observar o que será iluminado pelo feixe convergente emitido pelo aparelho. Um sistema de regulagem permite obter um feixe luminoso adequado por meio de afastamento ou aproximação da ampola elétrica em relação à superfície refletrora.

O espelho de Clar pode favoravelmente ser substituído pelo espelho de Chardon, cujo diâmetro é inferior, o que possibilita a utilização de um binóculo.

### *Exame passo a passo*

O indivíduo, sentado, é posicionado frente ao observador, com a boca aberta e a língua estendida.

O observador segura com a mão esquerda a língua do indivíduo com a ajuda de uma compressa. Com a mão direita, segura o espelho da laringe previamente aquecido (para evitar a formação de vapor respiratório). Pede então ao paciente para que pronuncie o som "e", o que faz com que suba o véu do palato e a laringe (Figuras 2.4 e 2.5).

Em seguida, o espelho laringoscópico é colocado na parte inferior do véu (empurrando a úvula para cima e para trás). Esse espelho é colocado então a 45º obliquamente ao plano vertical. O observador ilumina esse espelho como melhor lhe convém, orientando o feixe luminoso produzido pelo espelho de Clar (ou de Chardon). Devido à posição inclinada do espelho laringoscópico, o feixe luminoso reflete para baixo, na laringe. Pode-se, com isso, visualizar no espelho a imagem da laringe assim iluminada.

Após dois ou três segundos de emissão, o examinador solicita ao paciente respirar pela boca "sem pressa, sem barulho e sem movimento" como se devesse retomar tranqüilamente pela boca o ar que lhe permitiu emitir esse "e". A laringe, desse modo, pode ser observada em respiração.

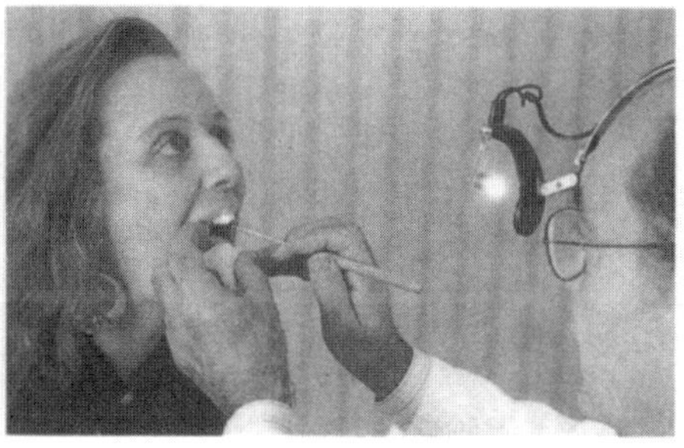

➤ Fig. 2.4

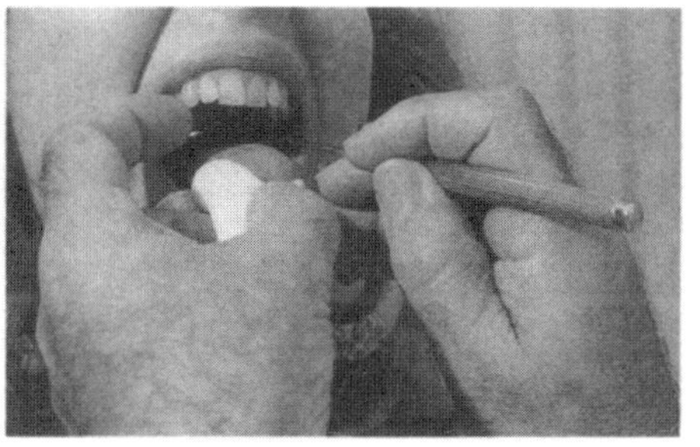

➤ Fig. 2.5

➤ **Fig. 2.4 e 2.5**

**Laringoscopia com espelho (ou indireta).**

Evidentemente tais instruções terão sido explicadas ao paciente antes do exame ao mesmo tempo em que lhe será dada uma informação sucinta referente à anatomia do órgão vocal.

OBSERVAÇÕES

É possível mostrar ao paciente suas próprias pregas vocais, fornecendo a ele um pequeno espelho de mão que, posicionado diante da boca (um pouco lateralmente para não atrapalhar a iluminação), lhe permitirá observar sua própria laringe no espelho laringoscópico realizado pelo operador (Figura 2.6).

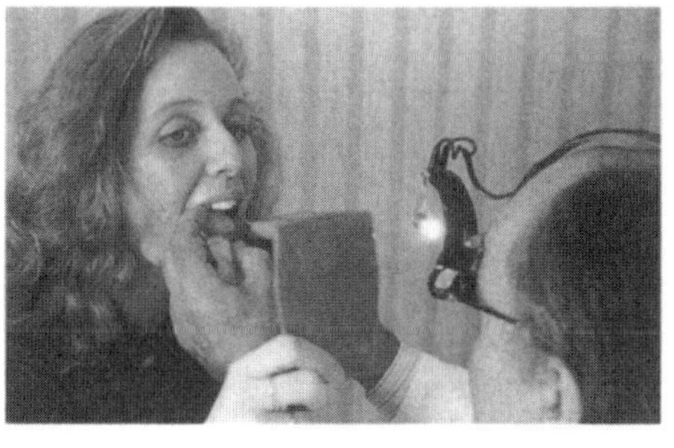

➤ **Fig. 2.6**

**O próprio paciente observa suas pregas vocais ao mesmo tempo que o examinador.**

Às vezes é difícil realizar o exame laringoscópico na criança, freqüentemente amedrontada com a lâmpada a álcool que esquenta o espelho laringoscópico. Porém, com algumas precauções, consegue-se examinar corretamente a laringe de uma criança de 5 ou 6 anos. Basta explicar-lhe exatamente o porquê do exame e detalhadamente como será realizado.

No caso de o exame no espalho ser realmente impossível, poder-se-á recorrer à fibroscopia por via nasal (fibroscopia flexível) que descreveremos mais adiante.

### *Resultados*

A imagem laringoscópica[1] é avaliada, por um lado, durante a fonação, quando é emitido o som "e" laringoscópico e, por outro, durante a respiração (glote aberta), no momento em que o indivíduo toma o ar. Avaliam-se igualmente as características do movimento que permite a passagem de uma a outra posição.

[1] Cf. p.179.

➤ **Fig. 2.7**
**Laringe em fonação.**

EM FONAÇÃO: **glote fechada** (Figura 2.7)

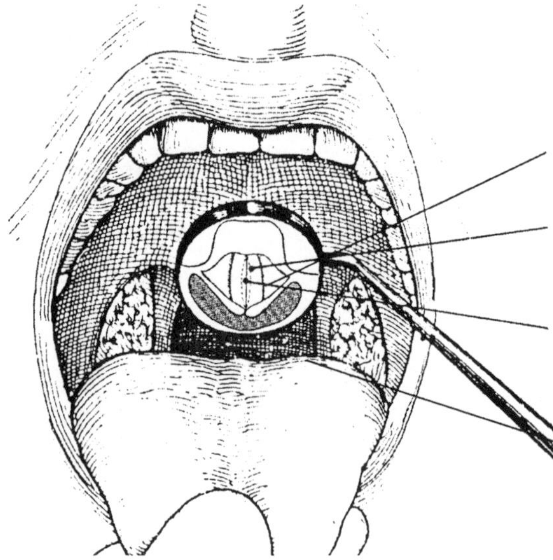


As pregas vocais (cordas vocais[2]) aparecem como duas fitas de cor branca nacarada, paralelas, coladas uma à outra (em adução).

Devido à inclinação de 45º do espelho laringoscópico, a extremidade anterior das pregas vocais reflete sua imagem na parte alta do espelho, bem abaixo da imagem em "chapéu de soldado" que corresponde à face posterior da epiglote. Considerando que o paciente está de frente para o examinador, será possível perceber que é a prega vocal esquerda que aparece à direita na imagem e reciprocamente.

As *pregas vestibulares* (bandas ventriculares segundo a antiga nomenclatura), situadas de cada lado das pregas vocais (no plano superior), são normalmente de cor rosada.

Os *topos das cartilagens aritenóides* são aproximados um do outro na extremidade posterior das pregas vocais; sua imagem reflete-se na parte baixa do espelho laringoscópico.

Os *ligamentos ariepiglóticos* contornam externamente a imagem da laringe.

Os *recessos piriformes* (ou sinus piriformes, ou ainda condutos laringofaríngeos), situados do lado de fora da laringe, depois do ligamento ariepiglótico, são abertos devido à adução das pregas vocais, o que permite perceber quase completamente o conduto oblíquo embaixo, atrás e dentro que constitui a parte baixa.

EM RESPIRAÇÃO: **glote aberta**

Observa-se as mesmas estruturas mostradas anteriormente, porém (Figura 2.8):

– as pirâmides aritenóides estão afastadas uma da outra;

– as pregas vocais, devido a isso, estão igualmente afastadas uma da outra (em abdução) em sua parte posterior, unindo-se em sua extremidade anterior;

[2] Adotamos aqui a denominação da Nova Nomenclatura Anatômica Francesa. No que diz respeito ao termo "prega vocal", é preciso salientar que é muito mais satisfatório do que "corda vocal", responsável por interpretações errôneas na mente de muitos pacientes.

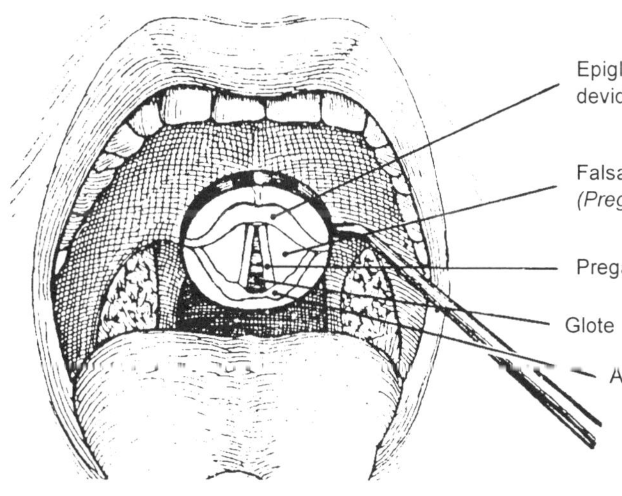


**➤ Fig. 2.8**
**Laringe em respiração.**

– a glote (espaço compreendido entre as pregas vocais) aparece, assim, como um triângulo isósceles de base posterior e de topo anterior; esse topo anterior (a ponta do triângulo) aparece na parte alta do espelho laringoscópico.

Na inspiração viva e ampla (inspiração forçada), observa-se um afastamento mais marcado das apófises vocais, criando uma angulação na união do terceiro meio e do terceiro posterior de cada prega vocal. A glote aparece assim, não mais triangular, mas pentagonal (Figura 2.9).

Os fundo dos recessos piriformes encontra-se fechado pelo movimento de abdução das pregas vocais, deixando para fora as aritenóides, bem como a parte posterior dos ligamentos ariepiglóticos.

Pode-se ver, além disso, embaixo da comissura anterior, os primeiros anéis da traquéia sobre os quais se molda a mucosa traqueal. Às vezes, ao longe, dá para visualizar a bifurcação brônquica.

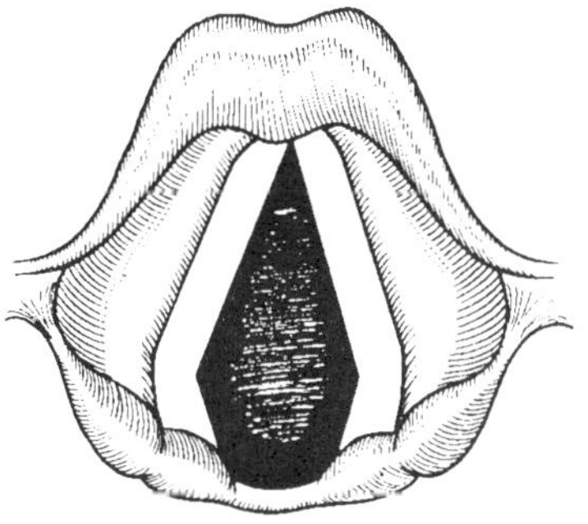

**➤ Fig. 2.9**
**Abertura pentagonal da glote durante inspiração viva.**

PASSAGEM DE UMA POSIÇÃO À OUTRA

Na passagem da posição de fonação para a de respiração e vice-versa, o observador avalia a mobilidade das pregas vocais que devem se deslocar normalmente de forma simétrica. No esquema, essa mobilidade normal está representada por duas setas duplas (Figura 2.10).

## Fibroscopia laríngea

O exame laríngeo ganhou novas possibilidades nos anos 1970 com o surgimento das fibras óticas. Um feixe de fibras óticas (realizado com um vidro muito fino) permite conduzir a luz a partir de uma fonte até o objeto a ser iluminado e desse objeto até o olho, sem que haja interferências resultantes da propagação em linha direta da luz. O raio luminoso fica, de algum modo, contido entre as paredes da fibra que ele percorre de uma extremidade à outra, apesar das curvas apresentadas por esta.

Há dois tipos de fibroscópio laríngeo: o fibroscópio *de endoscópio bucal rígido* e o fibroscópio *de endoscópio nasal flexível*.

O *fibroscópio de endoscópio bucal rígido*, chamado mais freqüentemente "tubo direito" (Figura 2.11), é constituído por um tubo de 1 cm de diâmetro e 20 cm de comprimento aproximadamente. Um feixe de fibras flexíveis ligado a uma fonte de luz fria penetra lateralmente o tubo e, tornando-se rígido, prolonga-se até sua

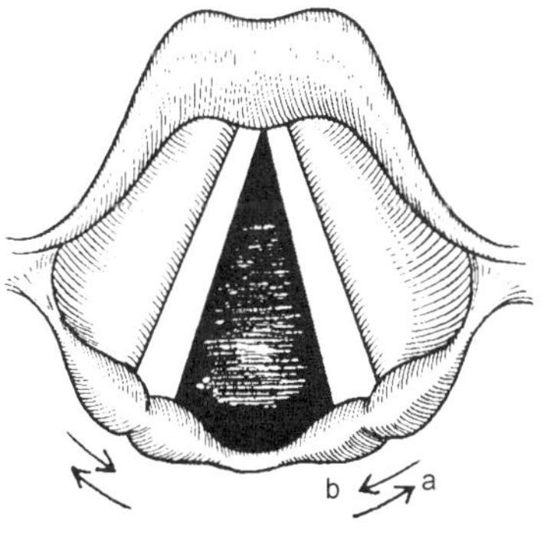


**➤ Fig. 2.10**
**Movimento de abdução (a) e de adução (b) das pregas vocais.**

extremidade. Uma ótica de 90° é colocada nessa extremidade, permitindo, no momento em que o tubo é introduzido horizontalmente na boca do paciente, iluminar a laringe no sentido vertical para baixo. Esta pode então ser observada através de um olho mágico colocado na outra extremidade do aparelho (Figura 2.12).

➤ **Fig. 2.11**

**Fibroscópio com endoscópio bucal rígido (tubo reto).**

➤ **Fig. 2.12**

**Exame fibrolaringoscópico com o "tubo reto".**

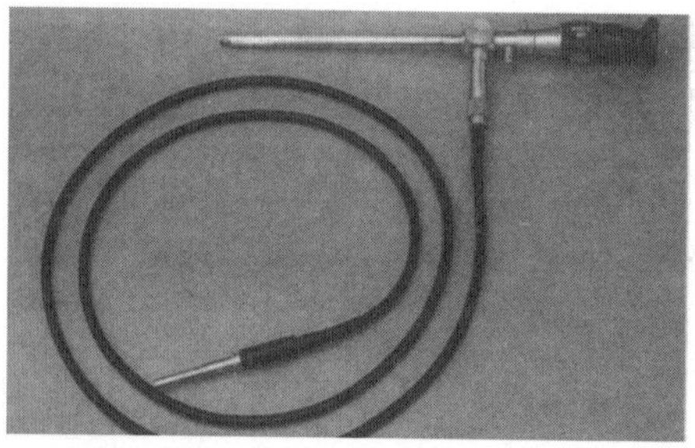

➤ **Fig. 2.11**

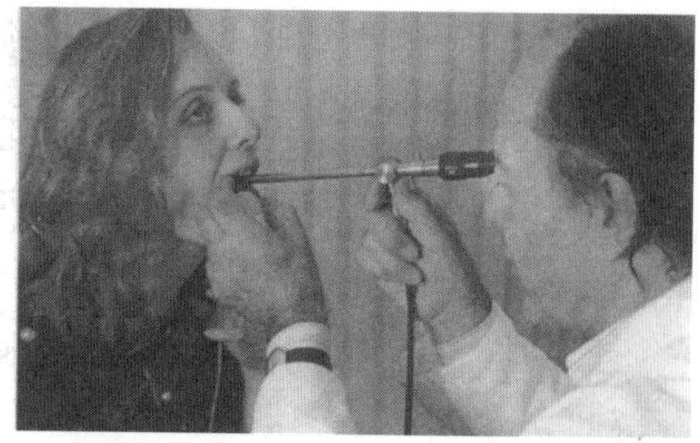

➤ **Fig. 2.12**

O tubo é introduzido na boca do paciente, que está sentado em frente ao operador, após uma eventual anestesia fraca no véu do palato.

Pode-se proceder do mesmo modo que para a laringoscopia com espelho, segurando a língua do paciente e pedindo-lhe para emitir o som "e", abrindo minimamente a boca – sem entretanto morder o tubo – o que, na maioria das vezes, permite evitar o reflexo de náusea. Pode-se ainda solicitar ao paciente que pronuncie o som "i", permanecendo com a língua para dentro da boca.

Da mesma forma que no exame com espalho, o paciente deve respirar em seguida *pela boca* "sem pressa, sem barulho e sem movimento", possibilitando que se examine a laringe durante a respiração.

A vantagem do endoscópio bucal é que ele dá uma imagem de boa qualidade devido ao grande número de fibras contidas no tubo. Além disso, o olho mágico do fibroscópio pode ser ligado a um aparelho que permita fazer cópias fotográficas de excelente qualidade.

### *Registro no vídeo*

Na prática, o endoscópio vem com uma câmara de vídeo que permite ao operador ver a imagem na tela do monitor (Figura 2.13). As imagens podem então ser registradas graças a um videogravador.

➤ **Fig. 2.13**

**Exame fibrolaringoscópico com controle no vídeo.**

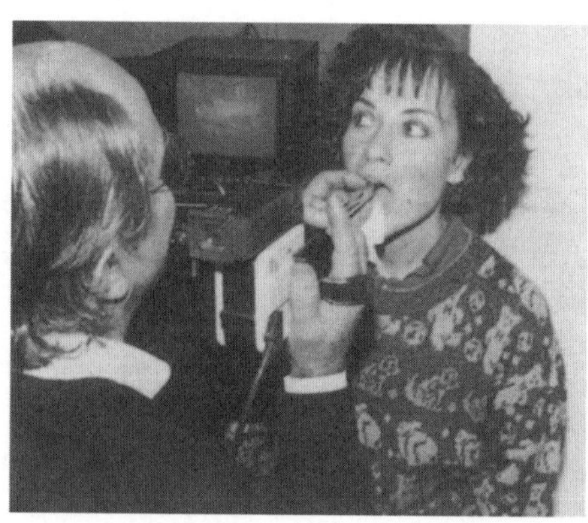

Em tais condições, é possível, após o exame, passar várias vezes a fita de vídeo para estudá-la atentamente com o paciente, recorrendo, por vezes, à imagem mais lenta ou ao congelamento desta.

Fotografias de qualidade razoável podem ser obtidas por meio de uma impressora ligada ao videogravador.

Observe, na tela, que a parte anterior da laringe (e portanto a epiglote) aparece embaixo na imagem, ao contrário do que ocorre no exame com espelho. É assim também que aparece a laringe quando visualizada no visor do fibroscópio seja da "fibra flexível" seja do "tubo direito".

Na seqüência dessa operação, as imagens laringoscópicas serão apresentadas preferencialmente dessa maneira, a epiglote para baixo.

O *fibroscópio de endoscópio nasal com fibras flexíveis*, chamado comumente "fibra flexível", é constituído por uma sonda que contém um feixe de fibras óticas. Seu diâmetro é de aproximadamente 3 mm (Figura 2.14).

A luz é emitida no eixo da sonda em sua extremidade. Essa extremidade comporta um pequeno segmento cuja orientação pode ser modificada durante o exame pelo operador por meio de um comando à distância.

A sonda é introduzida em uma narina com ou sem anestesia local leve (Figura 2.15). Ela é empurrada delicadamente em direção à rinofaringe, depois verticalmente para baixo na faringe e é então dirigida para a laringe graças à mobilidade do segmento terminal.

A vantagem da sonda nasal é que ela permite o exame do comportamento laríngeo durante a fala normal ou o canto sem bloquear o comportamento natural do indivíduo, ao passo que com o "tubo direito", o exame fica reduzido ao da emissão daquelas vogais já referidas. Uma outra vantagem é que seu uso permite uma cooperação menos precisa do paciente.

Com uma certa habilidade, é possível chegar muito perto das pregas vocais. O problema é cuidar para não provocar reflexos de tosse ao tocar a epiglote ou as dobras ariepiglóticas. Solicitando ao paciente para que estenda a língua, a epiglote movimenta-se para frente e pode-se ter uma melhor visão da comissura anterior. Seu inconveniente é que, no estado atual da técnica, a imagem continua apresentando uma definição ruim devido ao número de fibras limitado pelo pequeno diâmetro da sonda.

Da mesma forma que com o "tubo direito", o registro no vídeo é possível, mas necessita de um material de tomada de vista e de registro de alta qualidade.

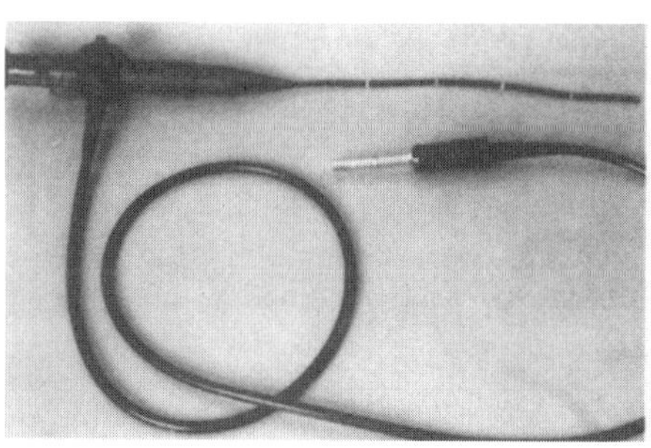

➤ **Fig. 2.14**

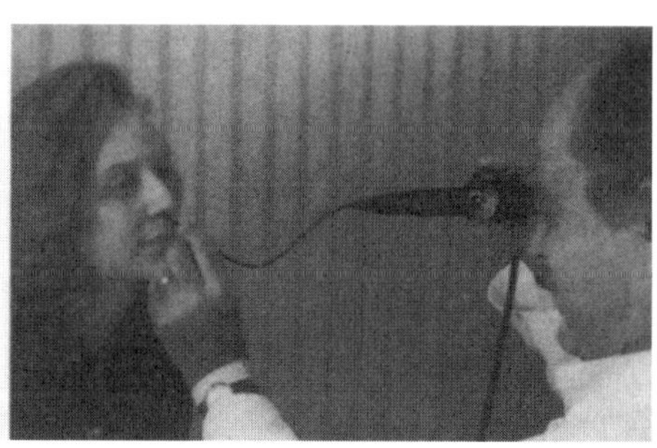

➤ **Fig. 2.15**

➤ **Fig. 2.14**

**Fibroscópio com endoscópio nasal de fibras flexíveis.**

➤ **Fig. 2.15**

**Exame fibrolaringoscópico com a "fibra flexível".**

## LEITURAS SUGERIDAS

BOISON P, HOUDIN-GUYOT M. *Voir son larynx pour mieux comprendre sa voix?* Paris: Mémoire d'orthophonie, 1984.

DANOY, HEUILLET, SERMET. Hypopharyngoscopie en Valsalva. *Bull Audiophonol* 1991; 7, 4: 473-479.
FRÈCHE Ch, ROUVIER P, PIQUET JJ, HAGUENAUER JP, TRAISSAC L *et al.* *L'endoscopie diagnostique et thérapeutique en ORL.* Paris: Arnette, 1989.
GARCIA-TAPIA R, VERHULST J. Apport des optiques modernes dans l'examen du larynx et des cordes vocales, *Rev Laryngol* 1987; 108, 4.
HILLARD C. *La vidéofibrolaryngoscopie: son utilisation en rééducation vocale.* Paris: Mémoire d'orthophonie, 1985.

## LARINGOESTROBOSCOPIA

Quando os exames precedentes são realizados com uma luz normal, a borda livre das pregas vocais apresenta, durante a fonação, um aspecto fluido devido a seu rápido movimento vibratório.

É possível ter-se uma visão clara das pregas vocais e da ondulação de sua mucosa durante a emissão vocal com a utilização de uma luz estroboscópica que permite um efeito relentado.

Esta luz é descontínua, constituída por uma sucessão de *flashes* muito curtos (40 milionésimos de segundo), cuja freqüência de emissão na segunda será adaptada à freqüência do som emitido pelo paciente.

Vamos supor que o paciente emita um *dó2* (125 vibrações por segundo), se regularmos a freqüência das luzes precisamente em 125 por segundo, as pregas vocais serão vistas imóveis. Cada *flash* luminoso, com efeito, os iluminará no mesmo instante preciso de seu movimento de afastamento ou de aproximação.

Suporemos agora que a freqüência dos *flashes* seja levemente aumentada (ou diminuída), as pregas vocais não serão mais vistas imóveis, mas em movimentação lenta. De fato, cada *flash* luminoso alcançará as pregas vocais, não mais no instante preciso de seu movimento, mas cada vez com uma tal defasagem que serão vistas sucessivamente em todas as posições do movimento. A freqüência aparente do movimento relentado dependerá da diferença das duas freqüências em jogo: freqüência do som emitido pelo paciente e freqüência dos *flashes*.

Os estroboscópios modernos (Figura 2.16) permitem uma regulagem direta da freqüência dos *flashes* em relação à freqüência do movimento da laringe graças a um capacitor (laringofone) colocado no pescoço do paciente. A sincronização precisa das freqüências permite então observar a laringe em estado de aparente imobilidade. O descompasso (regulável) da freqüência dos *flashes* em relação à do movimento laríngeo permite a obtenção de um efeito relentado variável conforme a necessidade.

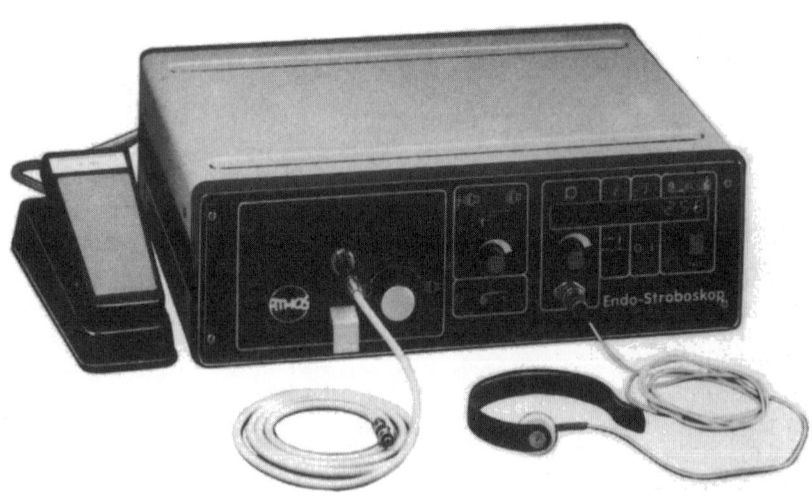


➤ **Fig. 2.16**
**Estroboscópio (cópia Atmos).**

A luz estroboscópica pode também ser utilizada tanto no exame realizado com espelho quanto pela fibroscopia. Notemos, entretanto, que, atualmente pelo menos, a fibroscopia por via nasal não é muito vantajosa devido à falta de definição da imagem.

A laringoestroboscopia (mais comumente chamada estroboscopia) fornece informações importantes sobre o comportamento das pregas vocais durante a fonação. É um exame indispensável antes de qualquer iniciativa reeducativa. Observemos, porém, que tal exame só pode ser realizado se o paciente está capacitado a produzir sons de caráter musical e preferencialmente em registro de peito durante, no mínimo, alguns segundos.

Quanto à pesquisa, foi o exame estroboscópico que permitiu distinguir o movimento de vibração lateral da massa da prega vocal do movimento ondulatório de seu revestimento mucoso, ondulação propagada de baixo para cima, desde a subglote até o ventrículo.

Na clínica, a estroboscopia possibilita a avaliação:

– *da qualidade do atrito* das pregas vocais e da localização exata do eventual problema referente a esse atrito;

– *da assimetria* ou da ausência eventuais dos movimentos vibratórios e ondulatórios; poderá ser observado, às vezes, um descompasso de fase entre os movimentos das duas pregas vocais (uma aproximando-se da linha mediana enquanto a outra dá início a seu afastamento), tendo consciência de que esse descompasso de fase não é necessariamente patológico;

– *da amplitude da vibração lateral:* essa amplitude normalmente é grande na emissão de um som grave e intenso; a redução dessa amplitude indica no caso um hiperfuncionamento vocal. Se essa redução é unilateral, indica a rigidez da prega vocal. Aumentada unilateralmente, pode significar o sintoma, por exemplo, de um choque paralítico da prega vocal;

– *da qualidade da ondulação da mucosa:* quando a mucosa é vista em seu movimento ondulatório, pode-se avaliar de forma muita clara a gravidade de seu eventual caráter inflamatório ou edematoso.

Pode-se supor ainda a existência de zonas de aderência da mucosa no plano profundo quando, porventura, notar-se a parada do movimento ondulatório nesse nível.

Igualmente, é possível perceber a provável existência de uma lesão no corpo da prega vocal, seja um cisto ou um câncer.

A presença da ondulação da mucosa após a microcirurgia laríngea é um bom sinal de próxima recuperação funcional.

Da mesma forma que no exame realizado com fibroscópio em luz normal, o exame estroboscópico também pode ser registrado em vídeo com uma vantagem ainda mais evidente. Análises sucessivas da fita são, de fato, um ótimo meio para se ter uma idéia mais exata da cinética das pregas vocais.

## LEITURAS SUGERIDAS

BLESS D, HIRANO M, FEDER R. Videostroboscopy. Evaluation of the larynx. *ENT Journal* 1987; 66, 7: 48-58.

CORNUT G, BOUCHAYER M, PARENT F. Apport de la vidéostroboscopie dans les indications de la phonochirurgie. *Acta Otol Rhinol Laryngolog Belg* 1986; 40: 436-442.

COSTAMAGNA D. La vidéolaryngostroboscopie. *Bull Audiophonol* 1990; 6, 5: 491-545.

KITZING P. Stroboscopy: A pertinent laryngological examination. Suède: *J Otol Laryngol* 1985; 14, 3.

TARNEAUD J. *La Stroboscopie du larynx. Sémiologie stroboscopique des maladies du larynx et de la voix*. Paris: Maloine, 1937.

## LARINGOSCOPIA EM DECÚBITO (OU LARINGOSCOPIA DIRETA)

Esse exame é realizado quando a laringoscopia, em suas modalidades apresentadas anteriormente (em posição sentada), é impossibilitada por razões diversas (epiglote oculta, criança pequena demais, reflexos de defesa excessivos, etc.). Ele permite, por sua vez, observar a laringe de modo mais minucioso.

A laringoscopia em decúbito é efetuada na sala operatória e com anestesia geral ou local bem forte.

O paciente é deitado de costas, a cabeça deve estar bem virada para trás de modo a deixar reta a curva faringobucal.

O exame é realizado com a ajuda de um aparelho chamado laringoscópio. Trata-se de um tubo com aproximadamente 2 cm de diâmetro. O médico introduz esse tubo na boca, depois na faringe e, com o bisel que está na ponta do tubo, levanta a epiglote para cima (isto é, para frente, se considerarmos o paciente). Pode-se então observar diretamente a laringe. A iluminação é, na maioria das vezes, conduzida até a laringe por fibras óticas incorporadas ao laringoscópio.

Originalmente, o laringoscópio era segurado pelo cirurgião com a mão esquerda, o que exigia um esforço significativo. Em seguida, optou-se pela suspensão do laringoscópio a uma potência que possibilitava a liberação das duas mãos do cirurgião. Atualmente, essa suspensão é realizada por uma aparelhagem que é apoiada sobre o tórax do próprio paciente (Figura 2.17). A visão da laringe é garantida pela utilização de uma lente de aumento.

A laringoscopia em suspensão com lente de aumento é utilizada particularmente em cirurgia laríngea (cf. *A voz*, Volume 4).

## GLOTOGRAFIA

Trata-se de uma técnica de exame do funcionamento laríngeo elaborada por Fabre, em 1957, com o nome de eletroglotografia (EGG).

➤ **Fig. 2.17**

**Laringoscópio em decúbito (laringoscópio direto).**

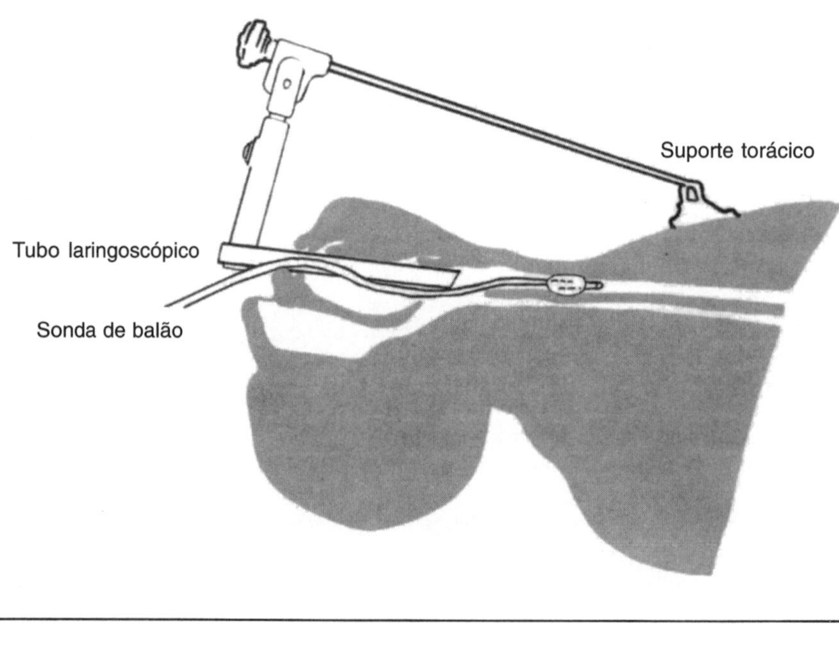

Graças a dois eletrodos colocados no pescoço de um lado e de outro da cartilagem tireóide, faz-se passar pela laringe uma corrente de alta freqüência (mais de 50 mil períodos por segundo). Sabe-se que tal corrente pode atravessar o corpo sem provocar lesões.

Quando o indivíduo emite um som, a corrente é modulada pelas variações de impedância que resultam da sucessão de fases de união e de separação das pregas vocais: em outras palavras, a corrente passa mais facilmente quando as pregas vocais estão unidas e com maior dificuldade quando estão afastadas.

Esse exame permite que se estude o funcionamento laríngeo nas condições fisiológicas da fala espontânea, sem que nenhum aparelho incomode o paciente.

O registro oscilográfico simultâneo do próprio som (sonograma) propicia comparações interessantes. Tal registro combinado com o glotograma e com o fonograma é chamado exame *eletrologográfico*. É utilizado principalmente no estudo dos distúrbios da fala neurológica ou psiquiátrica.

É possível projetar em uma mesma tela o fonograma, o glotograma e a imagem laríngea laringoestroboscópica. Após o registro no vídeo, pode-se estabelecer correspondências entre essas duas curvas e a imagem da laringe.

O traçado colhido por glotografia apresenta-se como uma seqüência de ondas cujo aspecto depende da velocidade de saída do papel ou do *scanning* eletrônico.

Se o processo for lento, será possível observar as variações de amplitude e de freqüência do movimento glótico; se for rápido, será visualizada a forma da onda glótica.

A onda glótica apresenta seis pontos ou zonas significativas (Figura 2.18).

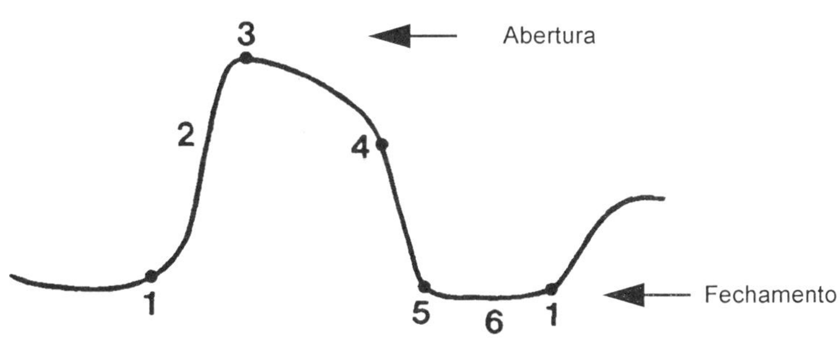


➤ **Fig. 2.18**

**Traçado da onda glótica (registro glotográfico).**

No **ponto 1**, a laringe está aberta e inicia-se a fase de aproximação. A **zona 2** corresponde ao processo de fechamento com um declive variável conforme a velocidade deste. O **ponto 3** corresponde ao fechamento máximo. O **ponto 4** corresponde a um acidente (normal) que marca o declive da abertura laríngea. O **ponto 5** marca a abertura máxima. A **zona 6** corresponde à permanência desta.

Patologicamente, podem-se observar, por exemplo, irregularidades nessa curva, um alongamento da fase de fechamento cuja inclinação diminui ou uma redução da relação entre a fase de fechamento e a de abertura.

Esse exame não permite a realização de um diagnóstico, mas possibilita seguir os progressos da recuperação vocal após o tratamento.

## LEITURAS SUGERIDAS

ARABIA-GUIDET C. *Algorithme du traitement du signal électroglottographique dans la parole.* Paris: Thèse de doctorat d'université, 1985.

CHEVRIE-MULLER C. Contribution à l'étude des tracés glottographiques chez l'adulte normal. Bordeaux: *Rev Laryng* 1967; 88: 227-244.

FABRE PH. Un procédé électrique percutané d'inscription au cours de la phonation. Glotographie de haute fréquence. *Bull Acad Nat Med* 1957; 141: 66-69.

FABRE PH. Sphygmographie par simple contact d'electrodes cutanées. *Comptes-rendus Séances Soc Biol* 1940; 133: 633-640.
MICHEL CL, VON PFISTER KA, LUCHSINGER R. Elecroglottographie et cinématographie laryngée ultra-rapide. *Folia phoniat* 1970; 22: 81-91.
ROCH JB *et al.* Apport de l'électroglottographie aux troubles de la mobilité laryngé. *Revue de laryngol* 1995; 116, 4: 285-288.
YANA M, FRÈCHE C. La glottographie en pratique de clientèle. *Les cahiers d'ORL* 1986; 21, 1: 37-41.

## ELETROMIOGRAFIA DA LARINGE

Esse exame tem como objetivo registrar diretamente os "potenciais de ação" que testemunham a atividade muscular, por meio de eletrodos em forma de agulha colocados nos músculos da laringe (Figura 2.19).

O eletrodo pode ser introduzido pelas vias naturais com a ajuda de uma longa pinça curva com eletrodo (Guerrier).

➤ **Fig. 2.19**

**Acesso eletromiográfico dos músculos da laringe (segundo Dejonckère).**

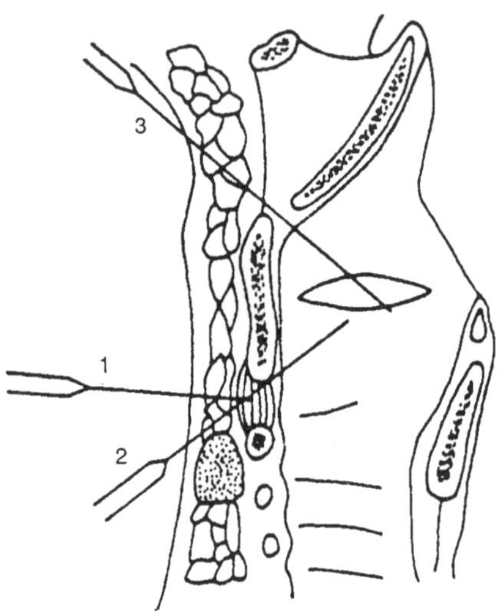


1. Cricotireóide
2. Prega vocal por via intercricotireóidea
3. Prega vocal por via subtireóidea

O músculo vocal pode ser alcançado também por via transcutânea: na verdade, passando através da membrana cricotireóidea, pode-se alcançar a prega vocal por baixo. Pelo exame laringoscópico, verificamos se a agulha está bem posicionada.

Para o músculo cricotireóideo, o acesso é sempre transcutâneo.

Os eletrodos, uma vez posicionados, permitem registrar um traçado que corresponde à atividade muscular que ocorre durante a emissão de um som (Figura 2.20).

➤ **Fig. 2.20**

**Traçado eletromiográfico do músculo tiroaritenóideo (músculo da prega vocal) durante a fonação.**

A amplitude maior dos potenciais de ação, no início do traçado, marca a fase pré-fonatória.

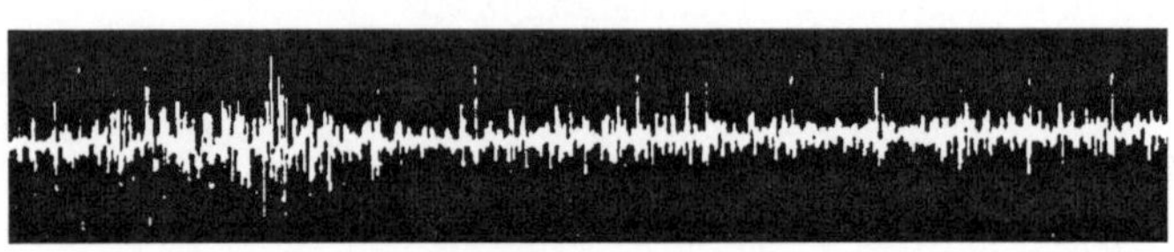

Por meio desse exame, pode-se estudar também as crises neurológicas periféricas ou centrais da motricidade laríngea. Ele é especialmente indicado nas paralisias recorrenciais para a avaliação de uma eventual recuperação.

## LEITURAS SUGERIDAS

BLITZER A. *Laryngeal Electromyography in Diagnosis and Treatment of Voice Disorders.* New York, Tokyo: lgaku-Shoin, 1999, 316-326.

DEJONCKÈRE Ph. *EMG of the Larynx.* Liège: Press Productions, 1987.

FAABORG-ANDERSEN K. Electromyograph of laryngeal muscles in humans. Technics and results. *Curr Probl Phoniat Logoped.* Bâle, Karger, 1965.

GRENIER GF *et al.* L'électromyographie appliquée à la pathologic du larynx. *Acta Otol Laryngol* 1960; 51: 319-331.

KOTBY N. Percutancous laryngeal electromyography. *Folia Phoniatrica* 1975; 27: 116-127.

## EXAMES RADIOLÓGICOS

O exame radiológico da laringe pode recorrer a diversas técnicas.

### Radiografia simples

Tratam-se principalmente de cópias do perfil que permitem ter uma imagem dos diferentes elementos da laringe (Figura 2.21).

Nessas radiografias, observam-se a epiglote, as cartilagens tireóide e cricóide onde, às vezes, são notados pontos de ossificação.

### Radiografia com provas especiais

A forma dos elementos constitutivos da laringe aparece mais claramente utilizando-se o procedimento de Valsalva. Este consiste em pedir ao paciente para que encha as bochechas por meio de um esforço expiratório durante a tomada da radiografia, dilatando, desse modo, a laringe.

Pode-se recorrer também a tomadas radiográficas durante a emissão das vogais "e" e "u", o que resulta em uma posição particular da laringe.

A ingestão prévia de contraste baritado permite definir melhor os contornos: trata-se de um líquido opaco aos raios X que forram as paredes da faringe.

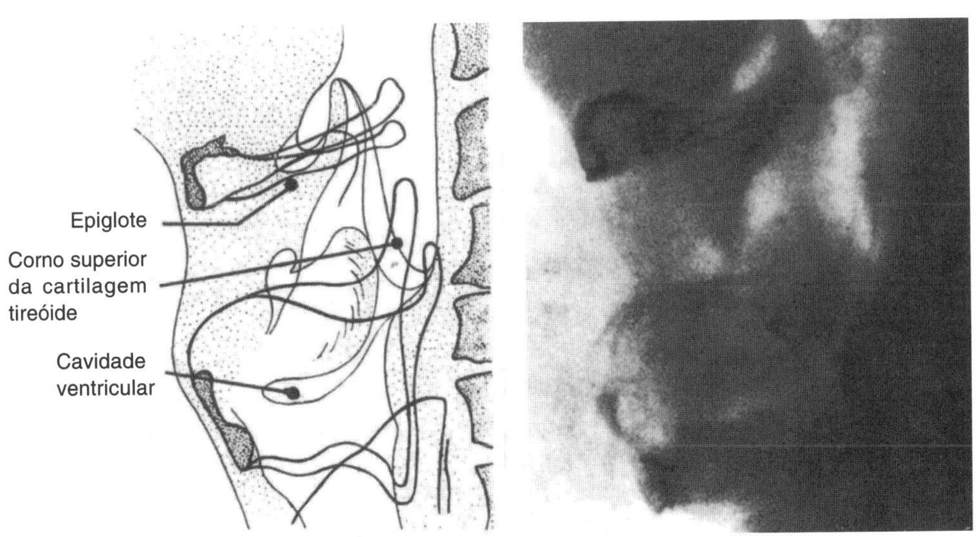


➤ **Fig. 2.21**

**Radiografia da laringe de perfil.**

Vê-se a imagem dos ventrículos (zona clara em forma de nave horizontal).

## Tomografia

É um procedimento radiológico que permite, graças a um artifício técnico, eliminar da radiografia os elementos situados na frente e atrás da região que se deseja estudar.

Isso é obtido deslocando-se simultaneamente e em sentido inverso a placa sensível e o tubo de emissão de raios X.

Regulando convenientemente os deslocamentos do tubo em relação aos da placa, obtém-se uma imagem segundo o plano de corte mais ou menos afastado ou aproximado dessa placa.

Por esse procedimento, realiza-se uma série de radiografias da laringe de frente, o que corresponde a planos de corte sucessivos de meio a meio centímetro.

Nas reproduções tomográficas, vêem-se claramente a espessura das pregas vocais e pregas vestibulares que podem ser seguidas de frente para trás, de uma cópia à outra. Vêem-se igualmente os sinus piriformes, a traquéia, a cartilagem tireóide (Figura 2.22).

As fotos tomográficas são realizadas seja durante a respiração, a fonação ou o procedimento de Valsalva.

## Radioscopia

O exame radioscópico possibilita o estudo dos movimentos da laringe durante a fonação. Esse exame é feito através de um amplificador de brilho que permite uma visão satisfatória com uma irradiação mínima. A imagem obtida pode ser transmitida à distância em uma tela de televisão.

## Cinerradiografia

Esse procedimento consiste no registro em vídeo ou cinematográfico do exame comentado anteriormente. Permite o estudo da cinética faringolaríngea durante atos como a fonação, a deglutição, com ou sem ingestão prévia de contraste baritado.

**➤ Fig. 2.22**
**Radiografia tomográfica da laringe (vista de frente).**

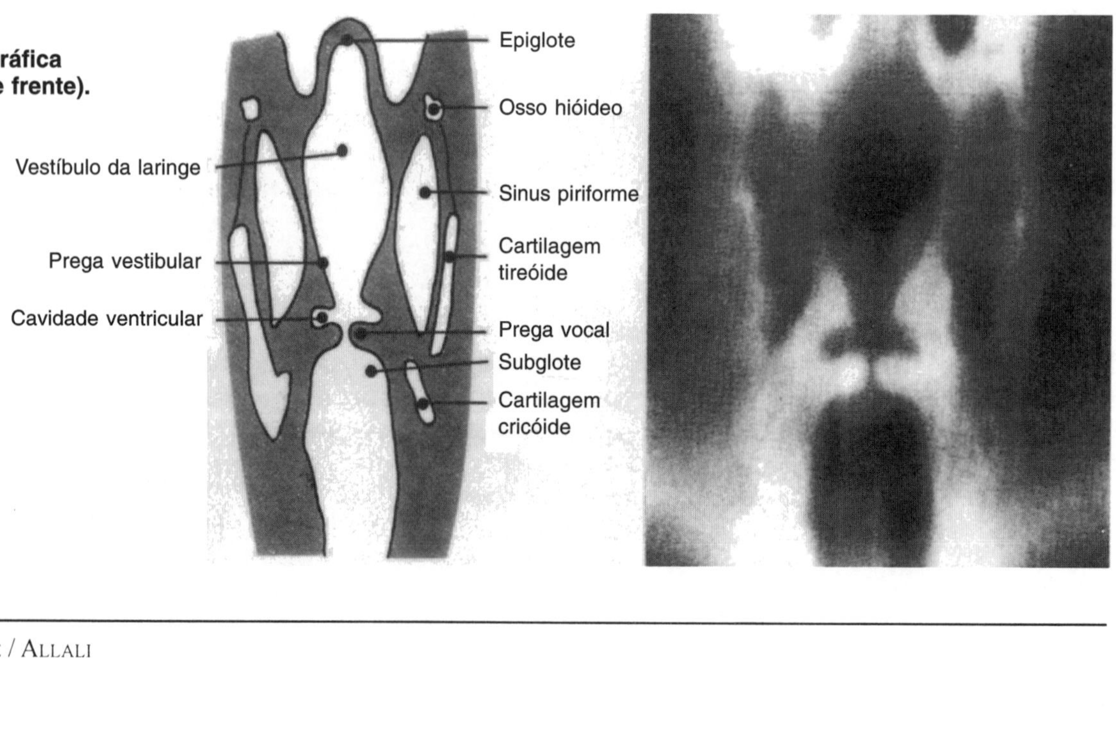

## TOMODENSITOMETRIA

A tomodensitometria (TDM), mais comumente chamada de *scanner*, é um procedimento fotográfico que dá, como a tomografia, imagens em cortes das estruturas anatômicas. No entanto, a gama das densidades registradas é incomparavelmente maior do que na tomografia clássica, o que torna o método muito eficiente.

De maneira bastante simplificada, pode-se dizer que é utilizado um tubo de raio X (cujo feixe é bem *colimatado*[3]) conectado a detectores ultra-sensíveis que medem o grau de absorção do feixe através do indivíduo examinado. Várias medidas são assim tomadas em vista dos deslocamentos do conjunto tubo-detectores. Essas medidas são, em seguida, numeradas e tratadas no computador. Ao cabo do tratamento da informação, obtêm-se imagens do indivíduo comparáveis a verdadeiros cortes anatômicos (Figuras 2.23, 2.24 e 2.25). Duas observações essenciais devem ser feitas: primeiro, os cortes são realizados em um plano perpendicular ao grande eixo do corpo (cortes axiais transversos, geralmente inacessíveis à radiografia convencional); segundo, graças a um dispositivo eletrônico, é possível efetuar um *fenêtrage*[4], realizando um estudo ou do osso, ou das partes moles, por exemplo, a partir de uma única seqüência de exploração. *Softwares* especiais permitem a obtenção de imagens frontais e sagitais a partir das imagens axiais, mas perdendo significativamente na definição das imagens. O *scanner* permite, pois, fornecer informações precisas desta ou daquela região do corpo, completando, desse modo, o exame radiográfico clássico. No nível da laringe, o *scanner* possibilita particularmente de forma notável o estudo da comissura anterior e dos tecidos periféricos.

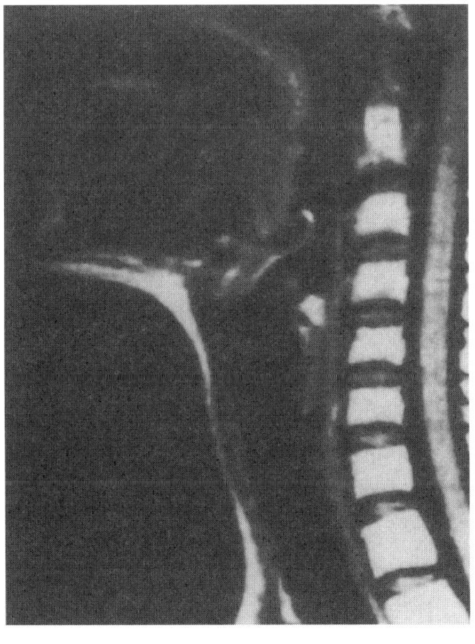

➤ **Fig. 2.23**

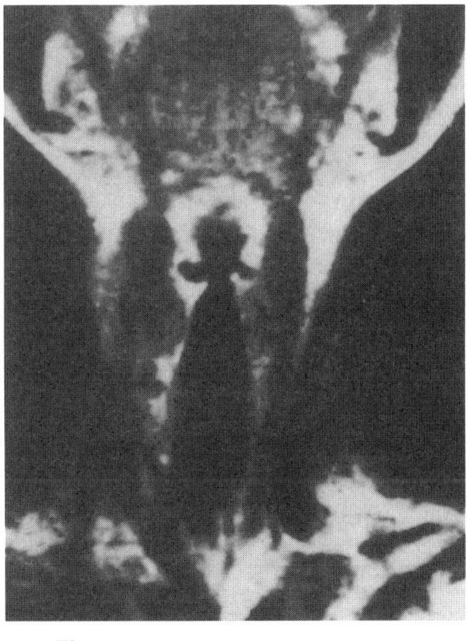

➤ **Fig. 2.24**

➤ **Fig. 2.23**

Nesta imagem escanográfica de perfil, vê-se, da direita para a esquerda, o corpo das vértebras cervicais, depois, a iluminação traqueal acima da epiglote, e, por fim, a base da língua e a cavidade bucal.

➤ **Fig. 2.24**

Esta imagem representa um corte frontal da traquéia e da laringe. As pregas vocais e o ventrículo da laringe estão particularmente visíveis. À direita, uma sombra vertical corresponde à carótida esquerda.

[3] Colimar significa realizar um feixe preciso de radiações, evitando ao máximo a difusão.
[4] *Fenêtrage* é uma manipulação que permite escolher uma densidade de cinza específico conforme o tipo de órgão a ser estudado.

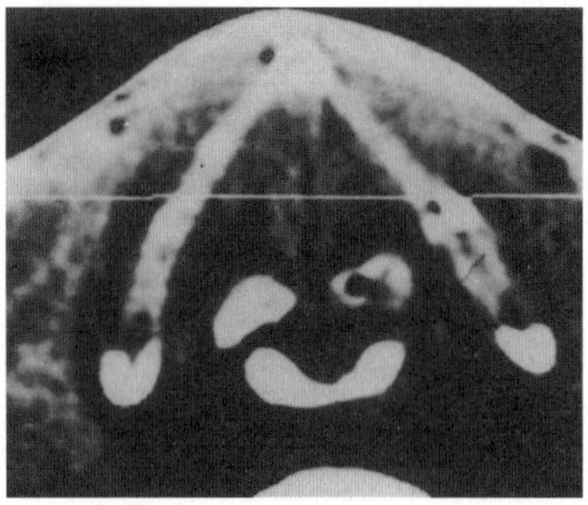

➤ **Fig. 2.25**

Esta imagem representa um corte horizontal da laringe. Observe o traçado em V com a ponta anterior da cartilagem tireóide em contato com a pele do pescoço. Atrás, as aritenóides e a saliência cricóide. As pregas vocais, em posição de fechamento, deixam entrever a fenda glótica na forma de uma linha escura, um pouco irregular, passando entre as duas aritenóides.

## RESSONÂNCIA MAGNÉTICA NUCLEAR

A imagiologia por meio de ressonância magnética (IRM), ao contrário do *scanner*, não utiliza radiações ionizantes. O indivíduo examinado é exposto a um campo magnético muito potente e lhe é aplicada uma onda eletromagnética de tipo radiofreqüência que provocará uma orientação particular dos átomos, retornando depois ao estado de repouso quando cessa a emissão radioelétrica. É esse "relaxamento" dos átomos que dará o sinal IRM e permitirá, com um potente computador, obter cortes anatômicos do indivíduo. Diferentemente do *scanner*, cujos cortes são quase fixos em relação ao eixo do corpo, o IRM é muito mais flexível e permite cortes em todas as direções do espaço, os cortes podem até mesmo não ser paralelos entre eles. A partir de uma série sagital, pode-se obter cortes no plano frontal sem degradação da qualidade das imagens. A existência de potentes *softwares* permite progressos constantes no refinamento das imagens. O fato de que o IRM atua essencialmente nos núcleos de hidrogênio (ou prótons) explica a eficiência dessa técnica para o estudo das partes moles. Além das informações de natureza morfológica, ele traz informações de ordem qualitativa e, se a espectometria IRM ainda não entrou para a prática corrente, pode-se aguardar que ela revelará distúrbios do metabolismo local como podem ser encontrados nos tumores, particularmente cancerígenos.

## ENDOSCOPIA VIRTUAL

A partir de uma imagem em duas dimensões, fornecida mais freqüentemente por TDM espiral, ou por IRM, essa técnica, chamada ainda de endoimagiologia, permite obter imagens em 3D. É possível, pois, explorar uma cavidade como a laringe sem a introdução física de nenhum instrumento, navegando por ela conforme necessário em todos os planos do espaço.

## CINEMATOGRAFIA ULTRA-RÁPIDA

Embora relativamente antigo, esse exame refere-se unicamente ao domínio da pesquisa.

Graças a uma aparelhagem complexa, é possível filmar a laringe durante a fonação, observada em laringoscopia no espelho ou por fibroscopia. No entanto, há um interesse em filmar a laringe, não em 24 imagens/segundo (como ocorre com a cinematografia comum), mas a uma velocidade bem mais considerável, que permita, por exemplo, obter 2 mil, e até mesmo 4 ou 5 mil imagens por segundo. Na projeção, o filme será passado a uma velocidade normal (24 imagens/segundo). Isso dará um efeito relentado muito grande e, conseqüentemente, permitirá um estudo bastante completo do movimento das pregas vocais durante sua vibração.

Tal exame é particularmente interessante no plano experimental. Ele dá, de fato, a imagem da totalidade do movimento das pregas vocais e de sua mucosa.

O exame estroboscópico, embora bastante satisfatório para as necessidades clínicas, não pode fornecer a mesma segurança de observação completa do fenômeno, já que, ao contrário do que ocorre com este, é através da eliminação ótica da maior parte do movimento a ser estudado que ele dá a ilusão de lentidão.

## LEITURAS SUGERIDAS

CHAVANNE G *et al.* *Examen radiologique du pharynx et du larynx à l'étal normal.* EMC ORL, 1966; 20491 A10: 1-13.

PRADES *JM et al.* Endoscopie virtuelle laryngo-trachéale de l'adulte. *J Fr ORL* 2000 ; 49, 1: 7-12.

# Avaliação objetiva da função vocal

# 3

Avaliar a função vocal da forma mais objetiva possível é um projeto absolutamente necessário se, na presença de distúrbios vocais, quer se dar conta de modo indiscutível dos resultados do tratamento, comparar a eficácia dos diversos tratamentos propostos ou estudar os pacientes à risca.

Como veremos, esse objetivo não é fácil de ser atingido. Para se ter uma idéia mais clara, convém, primeiramente, perguntar-se o que, conforme o caso, é interessante ser avaliado. Seria a competência dos órgãos vocais – a da laringe particularmente –, a habilidade do paciente em utilizá-los, ou as duas coisas ao mesmo tempo? Veremos que, por essa ótica, os diferentes procedimentos utilizáveis não apresentam a mesma utilidade tratando-se de distúrbios vocais de origem orgânica ou de distúrbios nos quais predomina o fator disfuncional.

Os procedimentos de avaliação em questão são muito variados. O fonetograma explora a extensão e a potência vocal. O *teste S/Z* e o *cálculo do quociente fonatório* são úteis essencialmente quanto à dinâmica do sopro fonotário. Vários outros procedimentos baseiam-se na *análise do sinal acústico*. Quanto aos *procedimentos multiparamétricos*, sua ambição é a síntese dos danos ou das desordens que ficam implícitas no distúrbio vocal e o fornecimento de uma imagem global disso.

## FONETOGRAMA[1]

Descrito em 1953, por Calvet com o nome de curva vocal, o fonetograma é uma figura que fornece uma avaliação da função vocal sob a forma de uma área realizada a partir do valor das intensidades vocais máximas e mínimas que podem ser produzidas pelo indivíduo (Figura 3.1).

A idéia de seu criador e de muitos de seus usuários era de que o fonetograma deveria ser para a fonação o que o audiograma é para a audição. Na realidade, isto não acontece. Com efeito, para se avaliar a audição do indivíduo, sons de várias gamas de freqüências e de intensidades cada vez menores são propostos a seus ouvidos, sendo solicitado para levantar o dedo quando escuta o som. Para avaliar sua função vocal, pede-se para que produza som. Isso apresenta algumas diferenças.

Exceto se se trata de uma criança, levantar o dedo não apresenta nenhum problema. O indivíduo talvez possa hesitar, não sabendo muito bem se escuta realmente ou se imagina somente que escuta. Para vencer tal dificuldade eventual, basta que o examinador diga a seu paciente que não hesite em levantar o dedo, mesmo que não esteja certo de escutar ainda e que se engane, há uma técnica propícia para detectá-lo. Produzir som com sua voz é uma outra história.

Não mostramos nossa voz integralmente sem que estejamos devidamente estimulados, o que introduz, sem dúvida, um outro viés na avaliação. Os sons colo-

[1] Também chamado de Voice Range Profile (VRP).

cados para o indivíduo ouvir são perfeitamente determinados quanto à sua altura tonal e à sua intensidade. Os sons produzidos pelo indivíduo dependem da forma como se diz o que deve fazer, de sua motivação, de seu estado de espírito, etc.

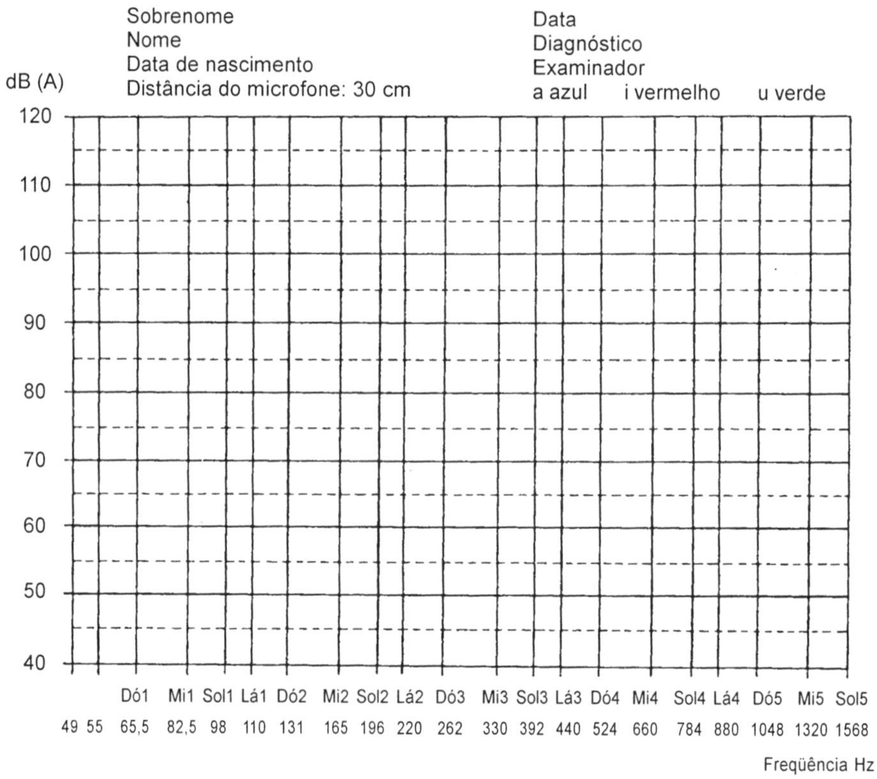


**➤ Fig. 3.1**

**Padronização do fonetograma proposta pela União Européia dos Fonoaudiólogos (UEP).**

Na prática, pede-se para que o indivíduo emita a vogal [a] a 30 cm de um microfone, primeiramente, em uma nota média com a intensidade mais fraca possível, depois, com intensidade a mais forte possível. Essas intensidades máximas e mínimas são representadas ordenadamente em um gráfico em que as alturas tonais são anotadas conforme ordenadas, como pode ser observado nas Figuras 3.2 e 3.3. Procede-se, em seguida, com a mesma medida de intensidades mínimas e máximas, descendo, no início, nota por nota até a freqüência mais grave que o indivíduo possa emitir, depois subindo até o extremo agudo, não importando a qualidade do timbre. Para o cantor, as medidas são refeitas em relação aos agudos com as vogais [u] e [i].

Obtém-se, desse modo, uma curva fechada que delimita uma área conforme a qualidade da voz: quanto melhor a qualidade maior a extensão. Em vozes não-educadas, observa-se um ou dois estrangulamentos que correspondem às notas de mudança de registro 1, dito de peito, para o 2, dito de cabeça.

Apesar das reservas mencionadas anteriormente, o fonetograma ainda é um bom instrumento de avaliação global das possibilidades vocais do paciente na medida em que produzir vogais em um determinado som não requer geralmente um grande esforço. Sua principal desvantagem é que ele exige um tempo de transição, mais ou menos longo, que dificilmente dura menos de 15 minutos.

Atualmente, há *softwares* que permitem a realização automática do fonetograma. Este pode ser fornecido conforme o *modo dirigido* (Figura 3.4) em que o paciente é solicitado, como no exame clássico, para produzir sucessivamente cada

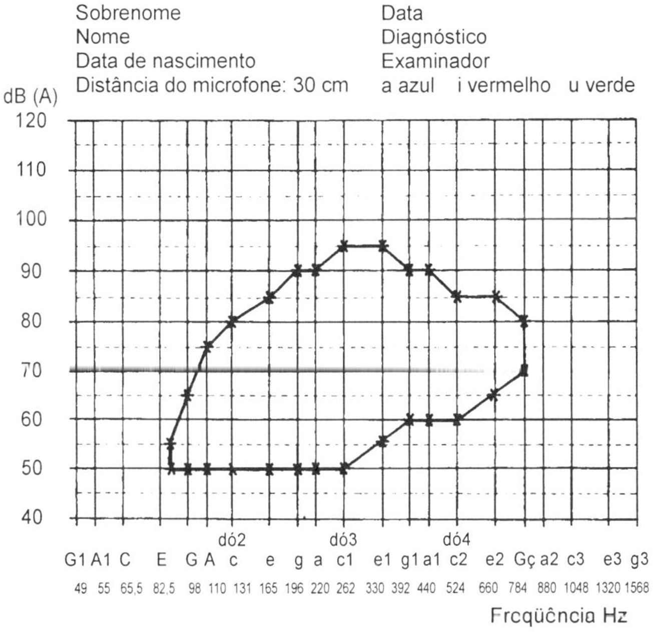


➤ **Fig. 3.2**

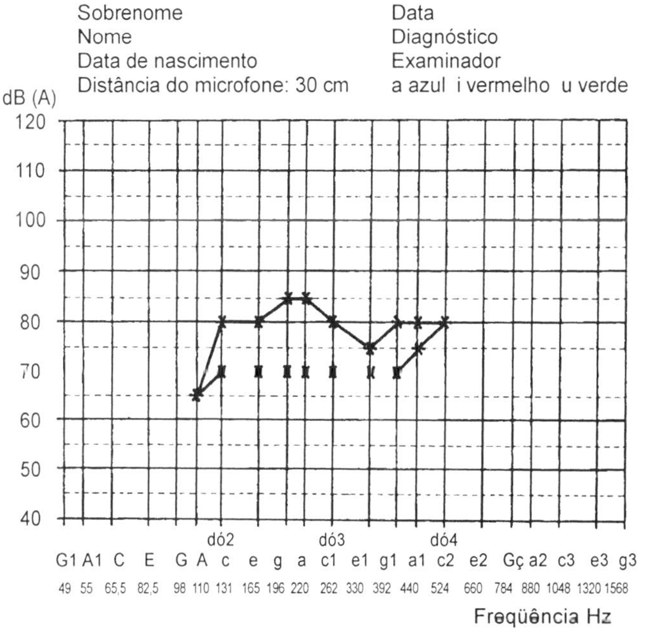


➤ **Fig. 3.3**

➤ **Fig. 3.2**

**Fonetograma de um cantor profissional (barítono).**

➤ **Fig. 3.3**

**Fonetograma de uma voz não-educada (homem).**

nota com uma intensidade máxima, depois mínima. Pode igualmente ser fornecido segundo o *modo livre* em que o paciente deve executar um glissando do grave ao agudo em diferentes intensidades.

Nada garante que os resultados assim obtidos sejam equivalentes aos obtidos pelo método tradicional.

## QUOCIENTE FONATÓRIO

O quociente fonatório (QF) é definido como a relação da capacidade vital (CV), expressa em centímetros cúbicos, e o tempo fonatório – ou tempo máximo da fonação (TMF) –, expresso em segundos conforme a fórmula:

$$QF = CV/TMF$$

Na prática, mede-se primeiramente o tempo fonatório (TMF), pedindo ao indivíduo para que emita a vogal [a] a uma altura média e em uma intensidade confortável, prolongando essa vogal o máximo de tempo possível. Isso é realizado três vezes sucessivas. O valor normal do tempo fonatório no adulto é de 15 a 20 segundos. Em seguida, mede-se a capacidade vital com um espirômetro, o que permite calcular o quociente fonatório segundo a fórmula acima.

O valor normal do quociente fonatório fica entre 120 e 190 cc por segundo. Um número mais alto indica uma fonação defeituosa, com desperdício de ar (até 1.000 centímetros cúbicos por segundo em certas paralisias recorrentes).

## TESTE S/Z

O teste S/Z é definido como o quociente do tempo de emissão do fonema constritivo surdo "S" pelo tempo de emissão do fonema constritivo sonoro "Z".

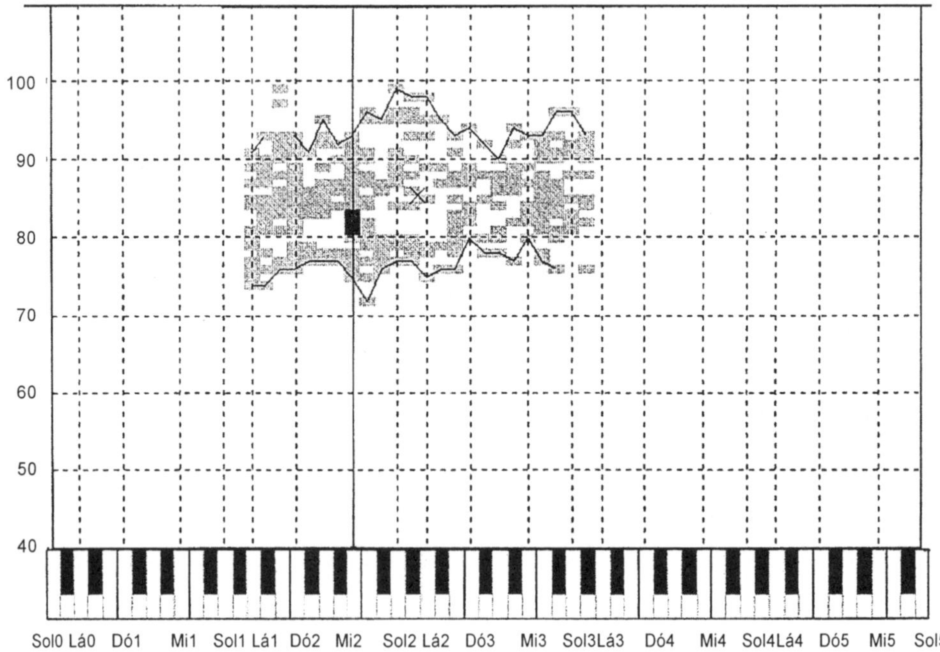


➤ **Fig. 3.4**

**Fonetograma automático com o *software* Sésane** (com a amável autorização de SQLab Instrumentation, Aix-en-Provence).

No indivíduo normal, esse quociente é igual a 1; no indivíduo disfônico, o tempo de emissão do "Z" é mais ou menos reduzido, por isso, um quociente S/Z maior.

Esse teste equivale aproximadamente à medida do quociente fonatório, porém, com a vantagem de ser muito mais fácil de ser realizado. Trata-se de um bom teste de averiguação.

## INFORMAÇÕES FORNECIDAS PELA ANÁLISE DO SINAL VOCAL

A análise acústica do sinal vocal apresentou recentemente avanços consideráveis, que permitiram um estudo objetivo da voz e de suas variações normais e patológicas. Não se deve esquecer com isso, no entanto, que a emissão vocal é avaliada subjetivamente pelo ouvido de um modo particularmente adequado. A emissão vocal de um indivíduo representa, para o ouvinte, uma fonte de indícios a partir dos quais ele pode interpretar as particularidades, as intenções e mesmo a vivência do sujeito que fala. O aparelho auditivo humano é provido de um computador cerebral, muito competente, decodifica diretamente os indícios acústicos, em termos de comportamento, que chegam aos seus ouvidos. *Além da voz, o ouvido escuta uma pessoa inteira*. O instrumento mais sofisticado escuta somente sons. Convém ter atenção para que a análise acústica, envolvida por uma certa aura científica, não tire o interesse insubstituível da escuta. Além disso, a análise acústica corre o risco de servir de base a certos empreendimentos, mais ou menos deliberados, de mistificação do paciente, afastando-o de uma compreensão simples e concreta de seu problema que diz respeito, em geral, muito mais ao seu comportamento fonatório do que ao caráter acústico de sua voz.

Apesar dessas considerações, a análise acústica representa indiscutivelmente um elemento importante na avaliação da função vocal. Na medida em que abordamos procedimentos de análise padronizados, percebemos que seu interesse aumenta e que a análise passa a permitir não somente um acompanhamento da evolução de um caso patológico, mas a realização de comparações úteis entre casos distintos.

A análise acústica de um sinal vocal é freqüentemente analisada a partir de um [a] em uma tonalidade confortável para o paciente. Ela é praticada também a partir da emissão de palavras ou da leitura em voz alta de um texto.

Evidentemente seria possível realizar essa análise a partir da fala espontânea, mas isso tornaria difícil qualquer comparação com as amostras posteriores ou provenientes de outros indivíduos, devido à grande variabilidade da voz nesse tipo de emissão.

A análise acústica permite medir com precisão a altura da voz, explorando sua extensão, localizando o *fundamental habitual* (FH) e verificando sua estabilidade. A medida da irregularidade da freqüência, ou *jitter*, calculada automaticamente, constitui um bom indicador da competência laríngea. O *jitter* normal situa-se acima de 1%.

A intensidade pode igualmente ser medida, com a condição de que as normas de recolhimento do sinal sejam respeitadas. A medida da irregularidade da intensidade, ou *shimmer*, constitui também um dado importante no que diz respeito ao bom funcionamento laríngeo.

Quanto ao timbre, sua análise resulta em representações gráficas diversas, fornecendo a cada instante, ou a cada intervalo de tempo dado, a distribuição de freqüência do sinal sonoro.

## Traçado eletrologográfico

Na Figura 3.5, observa-se dois traçados superpostos que correspondem à palavra *chasseur* (caçador).

Na linha superior, correspondente ao fonograma, vê-se que as constritivas se traduzem por um traçado dito de "ruído", caracterizado por freqüências aleatórias de mais de 3 mil Hertz.

A linha inferior corresponde ao glotograma. Pode-se notar que nenhuma vibração laríngea aparece no momento das constritivas. Percebe-se ainda, nesse traçado glotográfico, um acidente inicial que representa o golpe de glote.

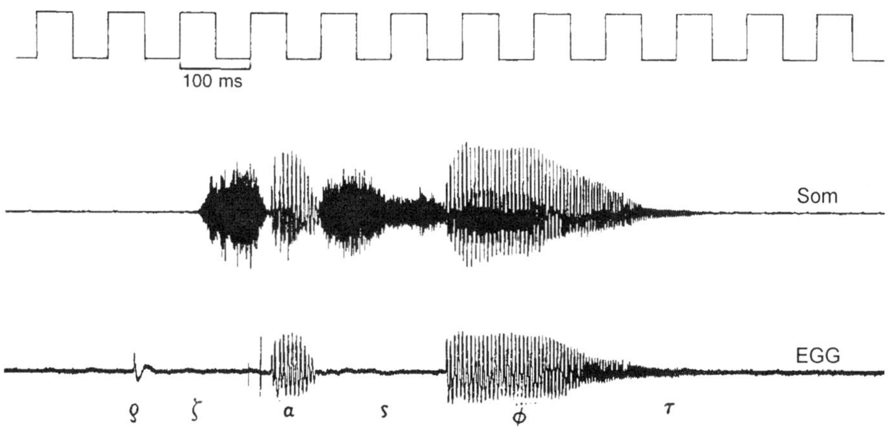


CHASSEUR (CAÇADOR)

➤ **Fig. 3.5**
**Traçados eletrologográficos.**
Laboratório Voz e Fala Inserm.

## Exame espectográfico (sonográfico)

O *sonograma clássico* (analógico) resulta da filtragem sucessiva do grave ao agudo de uma curta frase registrada (2 segundos, 4 milésimos). O traçado é realizado em uma folha de papel enrolada em torno de um cilindro vertical. Uma ponta inscritora horizontal colocada embaixo no momento da filtragem das freqüências mais graves. A cada volta do cilindro, ela sobe um nível para corresponder no alto às freqüências mais agudas.

A parte escura do traçado é proporcional à quantidade de energia obtida na saída do filtro.

No sonograma da Figura 3.6, a filtragem foi realizada por largas faixas (*filtrage wide*). Esse tipo de filtragem evidencia melhor os formantes.

No registro, é possível ler a variação do fundamental (linha melódica) e sobretudo avaliar a qualidade do timbre: a alteração deste daria ao traçado um aspecto acinzentado característico. Pode-se, desse modo, seguir a evolução de uma disfonia, sendo que a retomada de um timbre normal resulta em um traçado de aspecto dito "limpo".

No sonograma da Figura 3.7, a filtragem é realizada por faixas estreitas (*narrow*), o que permite distinguir claramente os harmônicos.

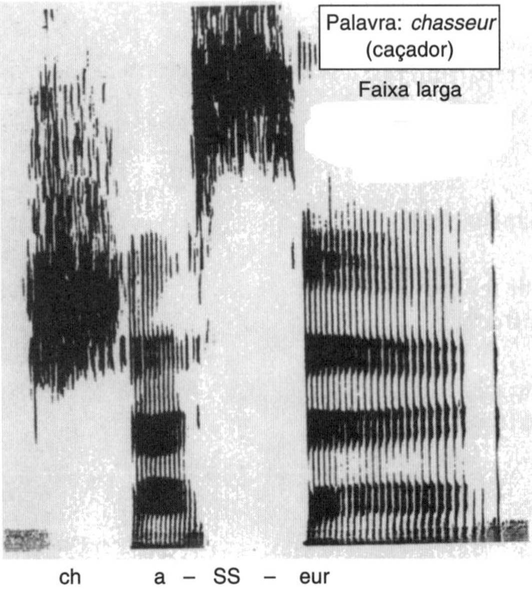


➤ **Fig. 3.6**

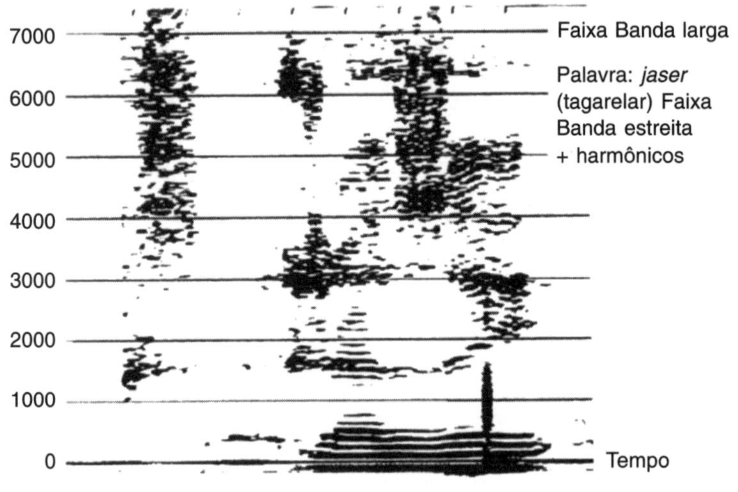


➤ **Fig. 3.7**

➤ **Fig. 3.6**

**Sonograma clássico, filtragem ampla.**

Sonograma analógico (Laboratório de Fonética DRL – Charles Foix).

➤ **Fig. 3.7**

**Sonograma clássico, filtragem estreita.**

Sonograma analógico (Laboratório de Fonética DRL – Charles Foix).

O traçado da Figura 3.8 corresponde a um sonograma numérico. Esse procedimento é muito mais preciso, possibilitando fazer estatísticas sobre os valores obtidos. Além dos formantes e dos harmônicos, ele permite estudar as transições (passagens de um fenômeno a outro). Vê-se o r, por exemplo, da palavra *chasseur* (caçador) que sobe ao final do traçado. O sonograma numérico evita os artefatos resultantes dos efeitos de faixas verticais presentes no sonograma analógico. Esses artefatos provêm do fato de que os filtros fornecem apenas informações na parte central de cada faixa de freqüência.

O *sonograma tridimencional* (Figura 3.9) permite uma avaliação mais precisa das regiões nas quais se exprime a energia da emissão vocal.

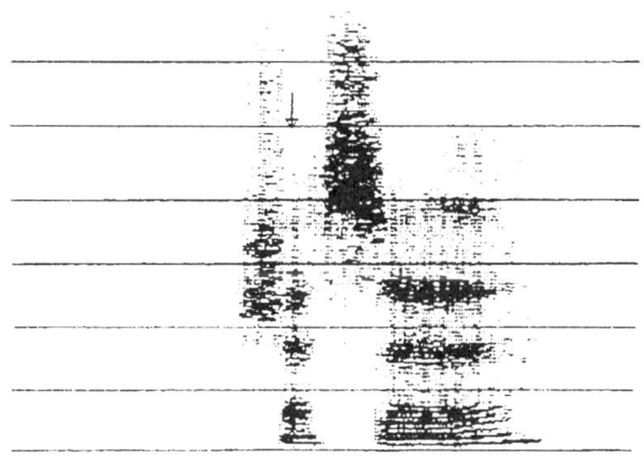


➤ Fig. 3.8

**Sonograma numérico da palavra chasseur (compará-lo com o sonograma analógico da Figura 3.7).**

Observe que o tempo está marcado aqui no eixo vertical, facilitando a leitura do traçado. Entretanto, para compará-lo aos outros traçados, é preciso fazê-lo rotar um quarto de círculo.

## Espectro médio a longo prazo

O espectro médio a longo prazo é obtido a partir de uma emissão de fala de um minuto no máximo de duração, somando ao conjunto da emissão as quantidades de energia produzida no nível de cada faixa de freqüência. Obtém-se, assim, a soma dos formantes e do ruído emitido. Disso resulta uma curva de envelope, característica do indivíduo, que constitui um tipo de marca pessoal (Figura 3.10).

## Análise informatizada da voz: o voiscope de Fourcin

Trata-se de um aparelho que, a partir principalmente do registro eletroglotográfico numérico, permite realizar a análise da distribuição freqüencial na voz durante a leitura de um texto-padrão.

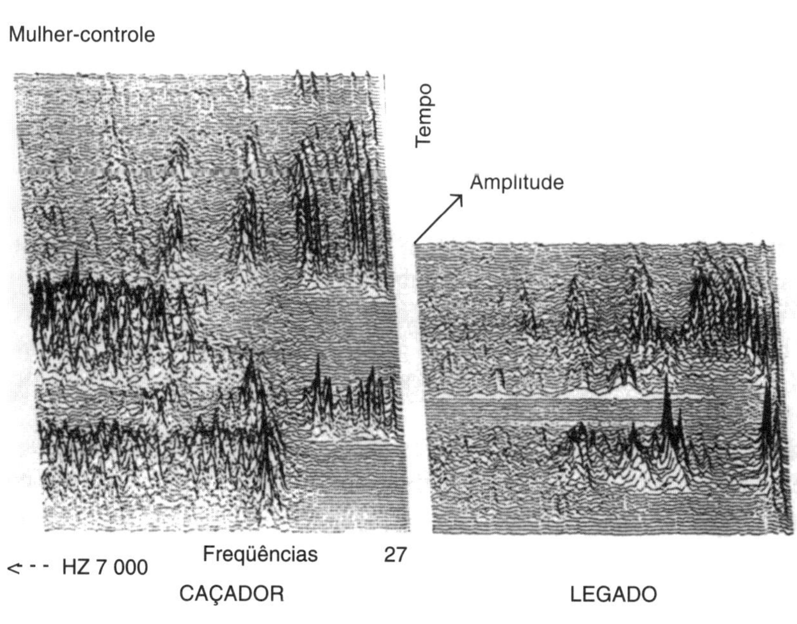


➤ **Fig. 3.9**

**Sonograma tridimensional. Laboratório Voz e Fala Inserm (C.A. *software*).**

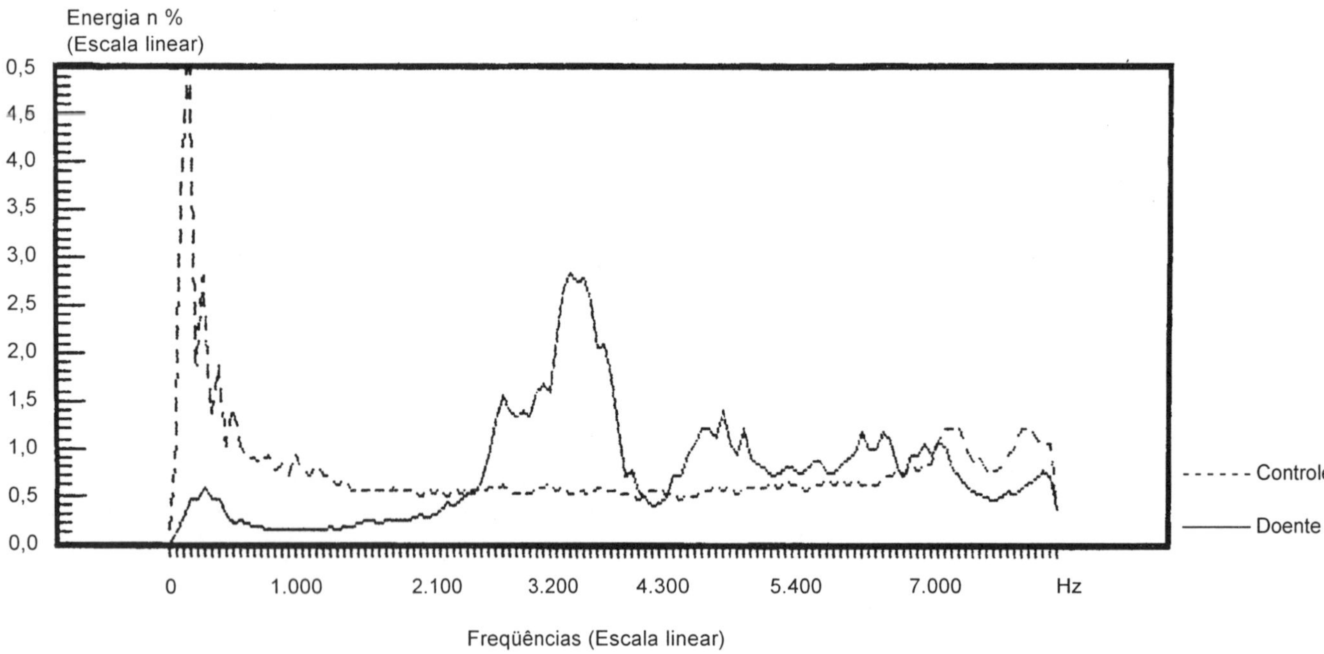


➤ **Fig. 3.10**

**Esse traçado corresponde à emissão da palavra "pipi" repetida várias vezes.**

Percebe-se no traçado do doente (traço cheio) uma defasagem em relação ao grave dos formantes do i. No paciente-controle (traço descontínuo), a fundamental está marcado no grave, em contraste com o do doente, que quase inexiste. (Inserm u3. Hospital Salpétrière).

Essa análise resulta na realização de histogramas sobre os quais estão representadas graficamente as freqüências de vibração das pregas vocais e na ordenada, a percentagem do surgimento de cada freqüência na amostragem considerada.

O histograma normal apresenta a forma de um prédio regular, sem variações em relação aos graves e aos agudos. Seu ápice representa o fundamental habitual (Figura 3.11).

Tal análise permite ainda a realização de um *diagrama bidimensional*, possibilitando o estudo dois a dois dos ciclos laríngeos consecutivos. No gráfico, aparece a freqüência do primeiro ciclo e, em ordenada, a do segundo. Para uma voz normal, o aspecto da curva obtida é uma diagonal cujo comprimento corresponde à gama das freqüências presentes na amostragem (Figura 3.12). Uma voz irregular é caracterizada pela dispersão dos pontos para fora dessa diagonal.

## AVALIAÇÃO MULTIPARAMÉTRICA E PERFIL VOCAL

A reunião instrumental simultânea de informações de fontes acústicas, glotográficas e aerodinâmicas permite atualmente, graças a *softwares* específicos, a realização automática de fonetogramas e o cálculo de múltiplos parâmetros relativos à produção vocal. Torna-se possível assim uma síntese visando tanto quanto possível à avaliação objetiva da voz e da fala ou, ao menos, da competência dos órgãos dessas funções.

A avaliação multiparamétrica conduz naturalmente a representações gráficas, chamadas perfis vocais, que podem ser executadas de modo manual ou calculadas automaticamente pelo computador.

Um certo número de modelos manuais desses perfis foram propostos, especialmente por Wilson, Perellò e Dejonckère. Descrevemos mais adiante o *odeograma*, perfil vocal descrito por Perellò. Quanto aos sistemas realizados por computador, citaremos EVA, Dr. Speech, Diana, Signalize, Kay.

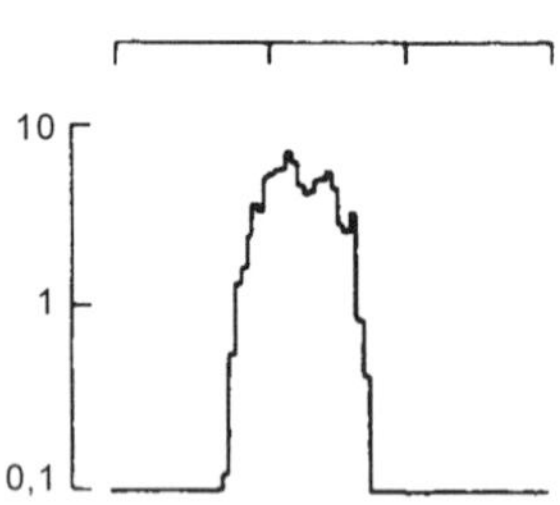


➤ **Fig. 3.11**

**Histograma de uma voz normal.**

Em um futuro próximo, provavelmente, acrescentaremos informações posturales que permitirão integrar a esses perfis dados referentes à atitude física do indivíduo durante a fonação, dados cuja importância parecem-nos primordial. Essa avaliação multiparamétrica realizada por computador constitui evidentemente um avanço significativo que pode resultar em uma melhor avaliação da eficácia dos tratamentos propostos. Porém, não se pode esquecer que os aparelhos percebem somente fenômenos físicos, ao passo que o ouvido humano escuta pessoas.

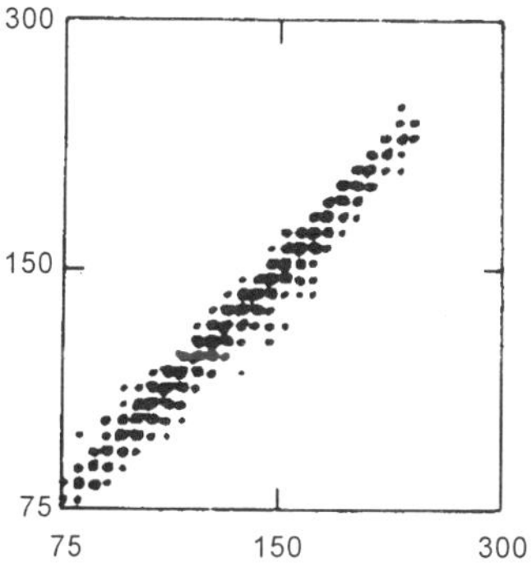


➤ **Fig. 3.12**

**Diagrama de dispersão normal.**

## Odeograma

O odeograma corresponde a uma tabela comportando seis linhas horizontais que representam os diversos parâmetros estudados e cinco linhas verticais que representam o grau de alteração de cada um desses parâmetros. A normalidade aparece na linha da direita, sendo que quanto mais à esquerda a notação mais defeituoso é o parâmetro (Figuras 3.13 e 3.14).

➤ **Fig. 3.13**

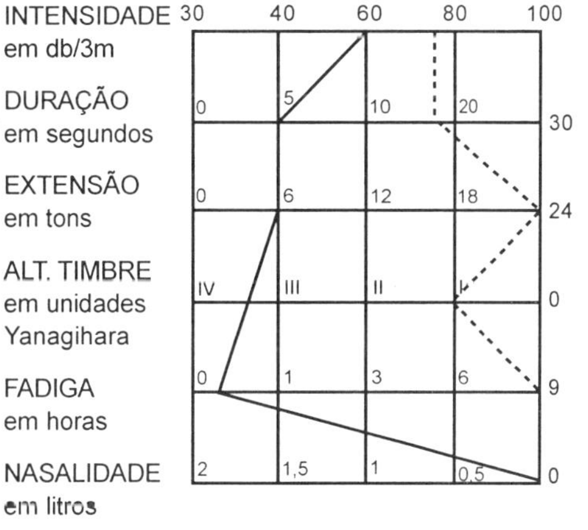


➤ **Fig. 3.14**

➤ **Fig. 3.13**

**Odeograma de uma voz normal em um profissional.**

➤ **Fig. 3.14**

**Odeograma de um paciente disfônico. Traço cheio: antes do tratamento. Traço pontilhado: após o tratamento (segundo Dejonckère).**

Esses parâmetros são, de cima para baixo, os seguintes:

– *intensidade vocal máxima* medida em decibéis a 3 metros;

– tempo máximo da fonação medido em segundos;

– *extensão vocal* medida em número de tons suscetíveis de ser em emitidos pelo indivíduo do grave ao agudo;

– *alteração do timbre vocal* avaliado de 0 a 4; em princípio, após os dados do traçado sonográfico, segundo a classificação de Yanagihara[2]; porém, na prática, mais freqüentemente avaliado pelo ouvido;

– ocorrência de *fadiga vocal* expressa em horas;

– *nasalidade* medida em litros, segundo o desperdício nasal.[3]

[2] Classificação de Yanagihara. *Estágio 0*: normalidade; *estágio 1*: leve ruído de sopro no agudo; *estágio 2*: um pouco mais, ruído inter-harmônico; *estágio 3*: o segundo formante de vários fonemas é constituído unicamente por ruído; *estágio 4*: alguns dos primeiros formantes são substituídos por ruído (quase afonia, sussurro).

[3] Esse desperdício nasal é avaliado medindo-se a diferença da capacidade vital aparente na medida em que o indivíduo assopra no espirômetro com ou sem oclusão nasal.

O odeograma de Perellò apresenta-se na forma de uma figura cortada, quanto mais à esquerda, mais patológica é a voz.

Vários traçados sucessivos no mesmo odeograma permitem acompanhar a evolução e demonstrar o grau de eficácia dos tratamentos eventualmente praticados.

## Diagrama multidimensional com fixação dita "RADAR"

A análise aqui é praticada a partir de um dado [a], o que significa, em princípio, uma freqüência constante e pode parecer um pouco redutor. Os valores dos parâmetros analisados são apresentados sob a forma de um gráfico radial, sendo que cada eixo desse gráfico corresponde a um determinado parâmetro.

Os indícios calculados pelo computador são, entre outros, a freqüência fundamental (FO), o coeficiente de variação dessa FO, sua instabilidade a curto prazo (*jitter*); o RAP (*Relative Average Perturbation*), que calcula "a média das variações de três períodos consecutivos ocorridos no período médio do sinal observado"; o APQ (*Amplitude Perturbation Quocient*), que corresponde ao *shimmer*.

A representação radial dos resultados permite visualizar de uma única vez todos esses valores de uma maneira muito sintética. A normalidade situa-se no círculo interior (Figura 3.15) e qualquer anomalia referente a um dos parâmetros determina um ponto excêntrico em relação ao círculo mediano, sobre o eixo correspondente a esse parâmetro, resultando, pela junção de todos os pontos, em uma figura poligonal que caracteriza a patologia (Figuras 3.16 e 3.17).

**➤ Fig. 3.15**
**Exemplo de voz normal.**

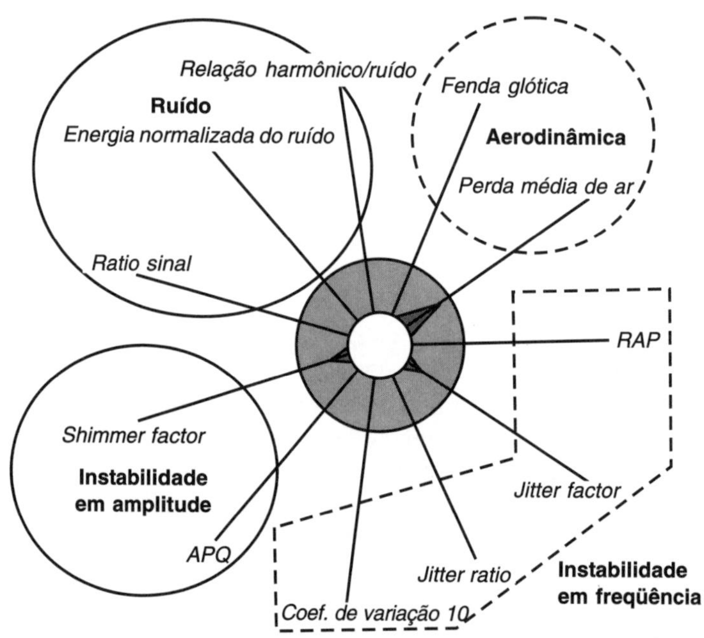


## LEITURAS SUGERIDAS

BAKEN RJ. *Clinical Measurement of Speech and Voice.* Londres: Taylor and Francis Ltd, 1987.

CALVET J. Études phonométriques. *In: La Voix. Cours international de phonologie et de phoniatrie.* Paris: Maloine, 1953: 67-68.

CHEVRIE-MULLER C, GUIDET C, PFAUWADEL MC. *Intégration dans le bilan instrumental phoniatrique de l'analyse du signal électroglottographique digitalisé.* XIXe Congrès of the International Association of Logopaedics and Phoniatrics, 1983: 839-844.

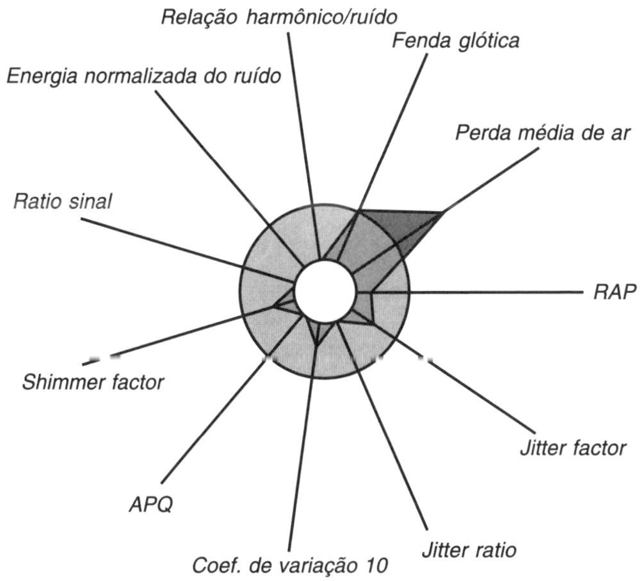


➤ **Fig. 3.16**

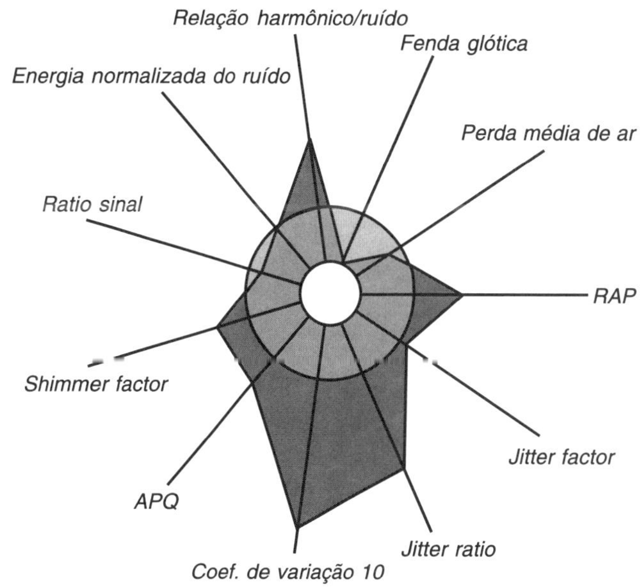


➤ **Fig. 3.17**

➤ **Fig. 3.16**

**Exemplo de voz soprosa.**

➤ **Fig. 3.17**

**Exemplo de voz rouca.**

(As Figuras 3.15, 3.16 e 3.17 são reproduzidas com a amável autorização de SQLab, Aix-en-Provence).


DALLEAS B. L'exploration fonctionnelle de la phonation. Bilan acoustique de la voix. *Rev Laryngol* 1983; 104: 355-358.

DALLEAS B. L'exploration fonctionnelle de la phonation. Bilan respiratoire. *Rev Laryngol* 1985; 106, 4: 285-288.

DEJONCKÈRE P. *Technique de base d'évaluation de la voix.* Louvain: Cabay Éd., 1985.

ELBAZ P, FRESNEL-ELBAZ E, VALTAT M. Analyse informatique de la voix: le Voiscope. *Rev Laryngol* 1987; 108: 383-385.

FOURCIN A. Laryngographic assessment of phonatory function. *ASHA Reports* 1981; *11*: 116-127.

GIOVANNI A *et al.* Évaluation vocale assistée. Présentation du matériel de la méthode. *Bull Audiophonol* 1994; 5, 6.

GIOVANNI A *et al. L'évaluation objective de la dysphonie: une méthode multiparamétrique.* Aix-en-Provence: 12[th] ICPS, 1991 5: 274.

GORDON MT, Morton FM, Simpson LC. Air flow measurements in diagnosis, assessment and treatment of mechanical dysphonia. *Folia Phoniatrica* 1978; 30: 166-174.

HIRANO M, KOIKE Y, VON LEDEN H. Maximum phonation time and air usage during phonation. *Folia Phoniatrica* 1968; 20: 185-201.

HIRANO M. *Clinical Examination of Voice.* Vienne, New York: Springer Verlag, 1981.

HIRANO M. Objective évaluation of the human voice : clinical aspects. *Folio Phoniatrica* 1989; *41*: 89-144.

ISSHIKI N, OKAMURA H, MORIMOTO M. Maximim phonation time and air flow rate during phonation: simple clinical tests for vocal function. *Ann Otol Rhinol Laryngol* 1967; 76 : 998-1007.

LAFFON JC, GUICHARD J. Procédés pour mesurer les résultats de la thérapeutique de la voix, de la parole et du langage. Rapport au XVe congrès international de l'IALP. *Folia Phoniatrica* 1971; 23, 2: 81-154.

PERELLÒ J., Tosio. Phonogram (Odeogram). *Folia Phoniatrica* 1974; 26 : 289-290.

PERELLÒ J. *Proposition for the unification of phoniatric protocol.* Proceedings Congress UEP, Salamanque, 1984: 104-109.

SCHUTTE HK. Standardisation de la phonétographie et de l'établissement de la courbe vocale. Recommandation de l'Union des phoniatres européens. *Cahiers d'ORL* 1983 ; 18 : 384-387.

SCHUTTE H K. *The efficiency of voice production.* Groningen: Kemper, 1980.

VERSCHUUR H *et al.* Résultats des applications cliniques du voiscope. *Compte rendu des séances du 83e congrès français d'ORL.* Paris: Arnette, 1986 : 486-504.

VON LEDEN H. Objective measures of laryngeal function and phonation. *Ann New York Acad Sci* 1968; 155: 56-57.

YANAGIHARA N, VON LEDEN H. Respiration and phonation. *Folia Phoniatrica* 1967; *19*: 153-166.

**Parte II**

# Disfonias disfuncionais

4. Disfonia disfuncional simples (sem complicação laríngea)

5. Disfonias disfuncionais complicadas (com laringopatias disfuncionais)

6. Formas particulares das disfonias disfuncionais

# Disfonia disfuncional simples (sem complicação laríngea)

**4**

## DEFINIÇÕES

### Disfonia

A definição do termo disfonia e principalmente o de disfonia disfuncional é propícia à discussão.

Comumente, a disfonia é compreendida como a alteração do timbre da voz. Mais cientificamente, é definida, com freqüência, como a alteração de uma ou de várias de suas características.

Convém, no entanto, ultrapassar essa definição puramente acústica da disfonia na medida em que há, por um lado, vozes "alteradas" não-patológicas e, por outro, dificuldades vocais sem tradução acústica. Desse modo, propomos a seguinte definição: *a disfonia é um distúrbio momentâneo ou durável da função vocal sentida como tal pelo próprio indivíduo ou seu meio de convívio.* Ela resulta, em geral, mas não obrigatoriamente, em uma alteração de um ou de vários parâmetros acústicos da voz e, segundo a ordem de freqüência, do timbre, da intensidade e da altura tonal.

### Disfonia disfuncional

A disfonia disfuncional é definida como uma alteração da função vocal provocada essencialmente por uma perturbação do gesto vocal.

Adotamos a denominação disfonia *disfuncional* preferencialmente ao termo, mais tradicional, disfonia funcional. Quando se fala em distúrbio funcional, subentende-se, de fato, tradicionalmente a ausência de lesão orgânica. Isso cria dificuldades e mal-entendidos na medida em que o disfuncional e o orgânico estão, muitas vezes, intrincados.

Ora, como veremos, uma disfonia de origem funcional pode agravar-se com lesões orgânicas da laringe, provocadas pelo esforço vocal, lesões cujo nódulo da prega vocal é o exemplo mais representativo.

Por outro lado, tal disfonia de origem funcional pode ocorrer durante uma alteração orgânica transitória da laringe (laringite aguda, por exemplo).

O termo disfonia disfuncional apresenta a grande vantagem de não excluir de forma alguma a idéia de uma eventual lesão orgânica, originária da perturbação do gesto fonatório ou que possa agravá-la.

Evidentemente, a existência de complicações laríngeas modifica, às vezes, a atitude terapêutica, mas, nem por isso, trata-se de uma afecção diferente. É somente por uma questão de comodidade de apresentação que abordamos neste capítulo a disfonia disfuncional em que não se observa lesão específica da laringe (*disfonia disfuncional simples*), reservando o estudo das complicações laríngeas para o capítulo seguinte (*disfonias disfuncionais complicadas*).

## TEORIAS PATOGÊNICAS

Pode-se distinguir vários estágios na evolução das idéias referentes à natureza do distúrbio vocal dito "funcional".

Em 1887, Frankel estabelece a noção de *mogifonia*[1] descrevendo-a como uma "rouquidão sem lesão visível". Trata-se de uma alteração do timbre da voz em indivíduos cujo exame laringoscópico "curiosamente" não revela nenhuma lesão. Era difícil, naquela época, compreender como a voz podia alterar-se apesar da integridade do órgão vocal.

Flateau e Gutzman, em 1906, descrevem o mesmo distúrbio explicando-o como uma "fatigabilidade anormal do órgão vocal" de onde o nome de *fonastenia* que deram à afecção.

Em 1935, os trabalhos de Tarnaud, questionando novamente essa concepção hipotética, chega a uma melhor compreensão da afecção recorrendo à noção de *disfunção*. Tarneaud demonstra que a desorganização do geszo fonatório sozinha pode engendrar uma alteração vocal. Essa desorganização vocal resulta, principalmente, para Tarneaud, no que ele chama de "descoordenação pneumofônica", isto é, de um defeito de coordenação entre o comportamento dos foles, de um lado, e o do vibrador (laringe), de outro. Além disso, ele mostra que tal "disfunção" pode resultar, com o mecanismo do *esforço vocal*, em uma lesão orgânica da laringe. Assim, um distúrbio "puramente funcional", em princípio, pode engendrar alterações da mucosa laríngea, tais como nódulo, pólipo, etc.

Percebe-se dessa forma como, da idéia de uma afecção puramente funcional (sem lesão do órgão), passa-se à concepção de uma afecção disfuncional em que fator funcional e lesão orgânica podem muito bem intrincar-se.

Esse intricamento dos fatores funcionais e orgânicos tem dificuldade de ser aceito, além disso, observa-se uma tendência em querer separar as disfonias com lesões orgânicas das sem lesões orgânicas, como se fossem duas categorias fundamentalmente distintas. Ora, quando a disfunção que alterava somente a voz altera agora o órgão vocal, deve-se admitir que se trata simplesmente de uma complicação suplementar (exigindo talvez um tratamento diferente), mas não uma mudança quanto à natureza da afecção.

Na verdade, é a própria noção de "natureza da afecção" que deveria ser questionada. Em vez de tentar definir um quadro nosológico rigoroso, no qual seriam estudados este ou aquele tipo de disfonia, é preferível falar de fatores suscetíveis de explicar a origem, a persistência, o agravamento ou a regressão de uma disfonia. Esses fatores podem ser não somente funcionais e orgânicos, como ainda psicológicos e sociológicos, podendo agir isolada ou conjuntamente.

Como veremos adiante, uma melhor compreensão da patogenia do distúrbio vocal é possível buscarmos não as causas, mas os fatores e principalmente fatores favorecedores e desencadeantes.

Essa forma de abordagem não é atualmente fácil de ser aceita, pois a tendência ainda é de se esmerar para encontrar *a causa* da disfonia "funcional" ou de tal disfonia "funcional", o que abre espaço a um certo número de teorias etiológicas. Qualquer que seja a sua validade, é necessário conhecê-las, pois, como veremos, o primeiro ato do tratamento da disfonia disfuncional é uma informação que permite ao paciente ter uma idéia correta do mecanismo de suas dificuldades vocais. Segundo esse prisma, é necessário defender o paciente de concepções patogênicas, pelo menos daquelas que levam o paciente freqüentemente – como mostra a experiência – a perder a esperança de uma cura.

[1] Mogifonia: do grego *mogis* (com pena) e *phoné* (a voz).

### Teorias organicistas

Citaremo-las em ordem crescente de credibilidade.

#### ■ Hipóteses etiológicas baseadas na suposta existência de desproporções entre os diferentes órgãos da fala

Certos autores pensaram que a disfonia "funcional" resultasse, às vezes, da existência de uma desproporção entre o volume dos pulmões e a configuração das pregas vocais, ou ainda entre a configuração das pregas vocais e a disposição dos órgãos ressonadores (faringe, boca, cavidade nasal e sinus). Não há provas de que essas discordâncias realmente existam, parecendo puramente teóricas. Os indivíduos que têm uma grande caixa torácica e pequenas pregas vocais são apenas mais predispostos a se tornar disfônicos.

#### ■ Hipóteses etiológicas baseadas na suposta existência de perturbações auditivas

A audição do indivíduo intervém na regulação de sua própria fala no momento em que fala. É o circuito *curto*[2] que se opõe ao circuito *privado* (apoiando-se na sensibilidade táctil e proprioceptiva) e ao circuito *público* (circuito regulador que se apóia na imagem subconsciente que o indivíduo cria da forma como é escutado por seu interlocutor).

O desaparecimento completo do circuito curto provavelmente seja responsável por uma parte dos distúrbios vocais observados nos surdos severos ou profundos (distúrbios vocais inconstantes, por exemplo).

Ora, a patologia vocal foi concebida por certos autores (particularmente por Tomatis) como resultante unicamente de uma perturbação desse circuito. Tal concepção levou a uma terapêutica que propunha reeducar a voz repercutindo nos ouvidos do sujeito sua própria voz (ou a de sua mãe) modificada por um aparelho chamado orelha eletrônica e atuando sobre a predominância a ser restabelecida de um ouvido a outro (orelha diretiva).

Mesmo que esses procedimentos permitam obter certos resultados, não se pode prender a uma concepção patogênica baseada unicamente nas perturbações da regulação da fala que envolva somente o circuito curto. Não existe uma explicação para que o circuito curto seja o único elemento frágil no edifício complexo da fisiologia vocal.

#### ■ Hipóteses etiológicas baseadas na suposta existência de distúrbios endócrinos

A patologia das glândulas endócrinas provoca alterações da voz. É o que ocorre, como veremos, no mixoedema, na doença de Addison, na acromegalia, no eunuquismo e sobretudo durante a virilização acidental da laringe na mulher.

Devido a esses distúrbios vocais de origem autenticamente endócrina, as desordens vocais foram interpretadas por analogia, em geral, como podendo resultar de desordens glandulares. Trata-se obviamente de um exagero. Mesmo que deva ser dedicado um capítulo exclusivo à endocrinofoniatria no âmbito da foniatria, convém reservá-lo a seu lugar adequado, sem querer forçar com isso toda a patologia fonatória.

#### ■ Hipóteses etiológicas baseadas na suposta existência de distúrbios neurológicos

Invocou-se como origem das disfonias "funcionais" a existência de uma subinervação dos músculos da laringe (paresia) sucessiva ou à fadiga desses músculos, ou a distúrbios metabólicos no nível destes, ou ainda a uma inflamação da mucosa la-

[2] Cf. *A voz*, Volume 1.

ríngea. Essa concepção decorre do fato de que se observa, nessas disfonias, distúrbios da motricidade da laringe (defeito de contato), dando efetivamente o aspecto de uma paresia desses músculos. Veremos mais adiante como se pode interpretar diferentemente essas pseudoparesias.

Por outro lado, como havíamos mencionado na introdução desta obra, os distúrbios vocais foram concebidos por certos autores (especialmente Garde) como decorrentes de alterações dos circuitos nervosos que intervêm na fala.

Veremos efetivamente que há alterações vocais de origem neurológica, mas, nesse caso ainda, a tendência generalizadora deve ser evitada, pois, com certeza, é abusivo procurar uma deficiência específica do sistema nervoso em toda alteração vocal.

### ■ Hipóteses etiológicas otorrinolaringológicas

É muito comum querer encontrar em um problema do órgão vocal a causa de uma deficiência vocal.

Às vezes, aliás, a relação de causa e efeito é evidente. O caso mais típico é aquele da laringite aguda que altera o timbre vocal de uma forma característica.

Como vimos anteriormente, quando a laringe é íntegra, tem-se a tendência a imaginar que, na origem do distúrbio vocal, está uma fadiga particular da laringe (fonastenia), uma tendência alérgica ou lesões imperceptíveis.

Com efeito, o problema é complexo, pois, como dissemos, uma lesão laríngea pode ser secundária à alteração da função vocal: distúrbio funcional e lesão orgânica podem estar intrincados. É desse modo que as *varicosidades* consecutivas ao esforço vocal puderam ser consideradas como *varizes* que originaram o distúrbio vocal.[3]

Na realidade, as afecções da esfera ORL desempenham a função de fatores que favorecem ou desencadeiam as disfonias disfuncionais, conforme veremos adiante.

## Teorias psicológicas

Cada um sabe que, se a voz exprimir essa emoção, a emoção pode, às vezes, perturbar a voz. Isso é particularmente evidente no caso do medo dos cantores e dos atores. Perturbações vocais mais ou menos graves podem ser observadas, por outro lado, nas doenças mentais, o que demonstra que há necessariamente uma relação entre o psiquismo e a voz.

Certas disfonias disfuncionais, por fim, estão evidentemente relacionadas, de maneira direta, a um mecanismo psicológico. É o caso, por exemplo, da *disfonia de refúgio* descrita por P. Bloch. Tratam-se de distúrbios da voz que acometem certos indivíduos que procuram inconscientemente escapar de certas conseqüências que, para eles, resultariam em uma voz completamente normal. A disfonia pode ser uma forma cômoda de evitar, por exemplo, ter certas responsabilidades insuportáveis.

Esses três exemplos de casos motivaram alguns autores a considerar um mecanismo psicológico na origem de qualquer disfonia que não possa ser explicada por uma lesão do órgão vocal:

– para A. Monet, por exemplo, a disfonia funcional corresponde a um mecanismo de regressão que resulta em um comportamento arcaico de hipertonia vocal (a fonação hipertônica) que tem a significação de um mecanismo de defesa contra a angústia existencial;

[3] As vênulas das pregas vocais não comportam válvulas, não podendo ser, portanto, de origem varicosa as dilatações vasculares observadas.

– para G. Cornut, o comportamento do disfônico poderia corresponder a uma redução e a uma deterioração da qualidade da expressão vocal "que era perfeitamente livre e adequada na infância", deterioração relacionada à vivência do indivíduo;

– A.E. Aronson, por sua vez, afirma que o termo disfonia "funcional" deve ser considerado como sinônimo de disfonia de origem psicológica.

É verdade que a anamnese revela freqüentemente a existência de fatores psicológicos na origem da disfonia, mas a tendência (freqüente) em buscar a explicação única de toda disfonia sem lesão laríngea em um problema de ordem psicológica corre o risco de gerar um equívoco.

Às vezes, é o distúrbio vocal que engendra perturbações psicológicas: a voz é um instrumento precioso, um dom da natureza do qual freqüentemente percebemos o valor somente quando ele acaba faltando. A alteração da voz chega, muitas vezes, como uma "desgraça inesperada" para a qual não se estava de forma alguma preparado, decorrendo daí reações psicológicas graves.

Qualquer que seja o problema, é indiscutível que, mesmo freqüente, o fator psicológico pode não faltar totalmente ou exercer somente uma função em segundo plano.

Assim, recusamos essa assimilação do funcional e do psicológico. Tal assimilação parece-nos resultar dessa tendência ressaltada anteriormente pela qual busca-se encontrar *a causa* da disfonia. Preferimos encarregar-nos de compreender seu mecanismo e localizar os diversos fatores suscetíveis de desencadeá-la e de prolongá-la.

## Concepção multifatorial e teoria da voz de alerta (F. Le Huche)

O mecanismo da instalação e do prolongamento da disfonia disfuncional é concebido muito claramente se consideramos as três noções-chave de círculo vicioso do esforço vocal, de fatores desencadeantes e favorecedores.

### *Círculo vicioso do esforço vocal*

A primeira coisa que se faz inconscientemente quando a voz não está bem por alguma razão é "forçá-la" para "que saia mesmo assim". Esse esforço vocal traduz-se, no início, por um crescimento momentâneo de eficácia, mas ao preço de um esforço "desmedido" que leva a uma diminuição progressiva do rendimento (isto é, da relação eficácia/perda de energia).

Normalmente, esse estado provoca rapidamente uma redução voluntária da produção vocal. Assim, a partir do momento que se toma mais ou menos consciência da dificuldade vocal, essa primeira tentativa inconsciente de esforço é substituída por um comportamento de moderação: durante algumas horas ou alguns dias, há um esforço para limitar a produção vocal ou, no mínimo, limitar sua intensidade, até retornar às condições mais favoráveis à fonação.

*Patologicamente*, porém, sob o efeito dos fatores que a favorecem, que enumeraremos depois, o indivíduo pode ser levado a continuar aumentando seu esforço proporcionalmente à diminuição de seu rendimento vocal: assim, quanto mais difícil é sua voz, mais ele a força, etc. e, quanto maior a força, menos fácil ela se torna. É o clássico círculo vicioso de esforço vocal. Esse aumento de esforço termina por tornar-se um hábito, resultando em distorções duráveis do mecanismo da produção vocal, alterando particularmente a mecânica da voz "projetada".[4]

[4] Cf. *A voz*, Volume 1.

Posteriormente, esse círculo vicioso pode ser agravado pela alteração da mucosa laríngea, consecutiva ao esforço vocal (*laringopatia disfuncional*), o que dificulta ainda mais a produção vocal.

O círculo vicioso do esforço vocal pode, dessa forma, deteriorar cada vez mais a função vocal e chegar a uma disfonia considerável, e até mesmo a uma afonia mais ou menos completa. No entanto, a evolução pode interromper-se em um dado estágio, podendo o indivíduo então apresentar durante vários anos uma disfonia mais ou menos constante à qual acaba se adaptando.

Se, no entanto, o comportamento vocal de um indivíduo disfônico é analisado mais de perto, vê-se que, na verdade, seu esforço resulta de sua postura em todas as circunstâncias e, particularmente, na situação de projeção vocal, o que chamamos mecanismo da voz de alerta.

Sabe-se que, em situação de projeção vocal, isto é, quando a voz se torna instrumento de ação[5], adota-se automaticamente um comportamento particular dito comportamento de projeção vocal. Este apresenta quatro características, compreendendo:

– a certeza de ser eficaz;

– o soerguimento do corpo;

– o olhar orientado para o interlocutor;

– o encaminhamento da respiração abdominal com funcionamento das costelas em alça de balde e intervenção da sinergia abdominais-diafragma, permitindo uma modulação precisa da pressão subglótica que garante à laringe condições excelentes de funcionamento.

Sabe-se, por outro lado, que, quando a ação vocal fracassa (como no caso em que a pessoa a qual se chama não escuta), o indivíduo adota instintivamente o que chamamos de comportamento vocal de *alerta*[6]. Este é caracterizado por uma flexão expiratória da parte alta do tórax (respiração vertebral) com projeção do rosto para frente. Exprime e manifesta o sofrimento do indivíduo frente ao fracasso de sua empreitada, dando à mensagem vocal um significado particular que, na voz de chamamento, poderia exprimir-se assim: "Não somente chamo você, mas estou me matando para chamá-lo, então, dessa vez, você vai me ouvir."

Tal mensagem chama de uma só vez muito mais atenção do que aquela resultante do comportamento correto de projeção vocal. Porém, isso pode causar um certo sofrimento para o órgão vocal.

Essa situação é bem tolerada quando se trata de um acontecimento pontual. O mecanismo da voz de alerta tem uma função, adaptando-se perfeitamente a certas situações. Torna-se patológico quando se repete com extrema freqüência e sobretudo quando se torna um hábito. Ele acarreta então a irritação laríngea, o que resulta em uma menor eficiência vocal. A sensação de menor eficácia, levando o indivíduo justamente à utilização mais marcada do mecanismo da voz de alerta, constitui, em certas circunstâncias, o círculo vicioso do esforço vocal.

O círculo vicioso do esforço vocal pode então ser compreendido como o resultado da *substituição progressiva do mecanismo normal da projeção vocal pelo da voz de alerta*. Tal noção tem uma incidência capital quanto ao tratamento reeducativo.

Na prática, o círculo vicioso de esforço vocal caracteriza-se pelos pontos que serão tratados a seguir.

[5] Lembremos os exemplos clássicos de situação de projeção vocal: chamar, dar uma ordem, afirmar, informar, interrogar, falar publicamente.

[6] Lembremos que o comportamento da voz de alerta é também aquele da voz do descontentamento, da insistência, do espanto e mesmo, às vezes, da admiração, e, mais geralmente, de todas as situações em que o indivíduo se sente oprimido pelo acontecimento (cf. *A voz*, Volume 1).

ALTERAÇÃO DA ATITUDE GERAL (POSTURA)

Essa alteração comporta dois elementos freqüentemente associados.

**Perda da verticalidade**

O uso do mecanismo da voz de alerta comporta, com efeito, a flexão da porção torácica da coluna vertebral, reforçando o abaixamento costal em bombeamento (respiração vertebral).

Em compensação, o indivíduo tende a erguer a cabeça ("desviando" o pescoço), o que resulta no deslocamento do mento para frente.

Tem-se assim a atitude característica do indivíduo que força sua voz: afundamento toracico, arredondamento das costas e deslocamento do mento para frente, esses três caracteres tendem a acentuar-se a cada emissão vocal.

**Crispações**

O afundamento torácico e o protraimento do mento acarretam um estiramento da musculatura que liga a mandíbula à laringe (músculos supra-hióideos) e a laringe ao manúbrio esternal (músculos infra-hióideos )[7]. Os movimentos de subida e de descida da laringe, necessários à articulação da fala (vogais), ficam então impedidos e necessitam, pois, de um esforço maior, daí a tendência à crispação reacional de todos os músculos que participam na articulação da fala.

Essa crispação articulatória é logo mais ou menos transmitida à musculatura do rosto, bem como aos membros superiores (mãos agarradas à mesa), e depois, ao conjunto do corpo.

ATAQUE VOCAL EM GOLPE DE GLOTE

O uso habitual do mecanismo da voz de alerta engendra dificuldades no nível da mecânica laríngea. Ele chega, de fato, a impossibilitar o diafragma de garantir a regulação da respiração. Essa função deverá, em tais condições, ser garantida pela própria laringe que assume então a dupla função de regulador da vazão (torneira) e de vibrador.

SURGIMENTO DE SENSAÇÕES SUBJETIVAS PARTICULARES

O desenvolvimento do círculo vicioso do esforço vocal acarreta, de modo variável segundo o indivíduo, as seguintes impressões e sensações:

– *impressão de falta de eficácia*: às vezes, o indivíduo tem a impressão de que faltam potência e força à sua voz ao ponto de acreditar que é difícil escutá-lo; o esforço parece-lhe indispensável à sua produção vocal;

– *Fadiga na fonação*: uma fadiga na fonação prolongada acomete freqüentemente o indivíduo após um esforço vocal intempestivo, resultando, às vezes, em um desgosto da fala;

– *parestesias faringolaríngeas e dores*: freqüentemente, o indivíduo sente formigamentos, queimações, um "incômodo" na garganta, tensões, dores, etc., esses sintomas tendem a inquietá-lo; com efeito, ele supõe sentir uma lesão local mais ou menos preocupante; é fundamental que compreenda que esses distúrbios não são nada mais do que uma conseqüência de seu comportamento de esforço;

[7] Cf. *A voz*, Volume 1.

**Os três modos de atrelagem pneumofônica**

Segundo um primeiro modo característico da voz dita de alerta, produzida quando o indivíduo fica tocado com o acontecimento, o ar é fornecido conforme o sistema dito "torneira". O ato vocal ocorre então da seguinte maneira:

1) Abertura da glote por *abdução* das pregas vocais.

2) Inspiração por reposicionamento do corpo e elevação costal em "bombeamento"[a].

3) Fechamento da glote por *adução* das pregas vocais e tensionamento destas: a glote fica *hermeticamente* fechada.

4) Compressão do ar dos pulmões por abaixamento costal e flexão do tronco.

5) Diminuição de tensão das pregas vocais e, conseqüentemente, infiltração de ar na fenda glótica e vibração das pregas vocais (lábios glóticos). Trata-se do ataque vocal em "golpe de glote" que pode ser reconhecido pelo ouvido, sobretudo quando a intensidade é bastante forte. A glote passa do estado "hermeticamente fechado" ao estado "vibrante".

6) Aumento de tensão das pregas vocais levando a um novo fechamento hermético da glote, o que gera a interrupção de emissão vocal.

7) Nova diminuição de tensão das pregas vocais permitindo uma nova emissão vocal.

E assim sucessivamente até o momento em que a necessidade de retomar provisão de ar provoca a abertura da glote por *abdução* das pregas vocais.

Observemos que o ataque vocal em golpe de glote é perigoso para a laringe no caso de uma emissão vocal brutal demais ou extremamente prolongada.

Em um segundo modo que convém à voz da expressão simples, é igualmente o "sistema torneira" que intervém. A única diferença em relação ao caso anterior é que a flexão da parte alta da espinha dorsal não interfere. A respiração permanece, nesse caso, torácica superior, mas não vertebral.

O terceiro modo é aquele da *respiração pré-ajustada* que se produz no momento do ato de projeção vocal (intenção declarada de agir sobre outrem sem que a intensidade da voz, lembremos, não seja obrigatoriamente modificada para isso). Esse modo resulta da ação antagonista dos músculos abdominais e do diafragma. O ato vocal ocorre então da seguinte maneira:

1) Início, glote aberta (pregas vocais em *abdução*).

2) Inspiração graças à ação do diafragma e dos intercostais externos e médios (impulso inspiratório mobilizando as costelas em alça de balde[b]).

3) Intervenção simultânea de:
– tensionamento e *abdução* das pregas vocais de forma adaptada ao som que deve ser emitido (a glote se fecha, mas não hermeticamente);
– realização de uma respiração abdominal (graças à ação dos abdominais controlada pelo diafragma); a fonação se produz então por vibração das pregas vocais, mas o ataque vocal permanece suave (sem golpe de glote) mesmo em intensidades fortes.

4) Interrupção da fonação por cessação simultânea de duas ações precedentes, o que resulta em:
– distensão e *abdução* das pregas vocais (a glote se abre);
– interrupção da emissão do ar devido à intervenção do diafragma, seguida imediatamente da distensão dos músculos abdominais.

A interrupção da fonação não exige aqui, como no caso do sistema "torneira", o fechamento hermético da glote por aumento de tensão das pregas vocais.

a. e b. Cf. *A voz*, Volume 1.

– *opressão respiratória*: com menor freqüência, o indivíduo tem a impressão de falta de ar e respira com dificuldade;

– *inconsciência do esforço aplicado*: outras vezes, por fim, o indivíduo não tem nenhuma sensação particular, mas emprega uma energia considerável para produzir sua voz sem se dar absolutamente conta, demonstrando o quanto se trata de um hábito bem-estabelecido; é a escuta de sua voz no gravador que pode lhe revelar o quanto ele tem dificuldade para falar.

### ALTERAÇÃO LARÍNGEA E PERILARÍNGEA

O comportamento de esforço vocal leva mais freqüentemente à irritação da mucosa laríngea. Essa irritação é responsável (em parte) pelas parestesias citadas anteriormente. A irritação simples pode dar lugar a uma lesão mais grave (laringopatia disfuncional). Por outro lado, a sobrepressão subglótica, dificultando a circulação sangüínea de retorno, provoca fenômenos congestivos que favorecem a inflamação das vias nasais superiores (faringite, rinite, sinusite), como já salientava Russel (1936).

Além disso, o trabalho excessivo da musculatura perilaríngea pode levar a fenômenos dolorosos permanentes (miíte de esforço) que podemos interpretar como curvaturas crônicas.

### DIMINUIÇÃO DA MANEABILIDADE DA VOZ E DO APARELHO FONATÓRIO

É um elemento freqüente do comportamento de esforço vocal e que explica bem a persistência deste. Trata-se da impossibilidade, para o indivíduo, de retificar seu comportamento vocal qualquer que sejam os conselhos ou as instruções dadas (erguer-se, relaxar, etc.).

Às vezes, o resultado das tentativas de retificação é muito aleatório: o indivíduo consegue produzir corretamente algumas emissões vocais e, logo após, não o é mais capaz. Do mesmo modo, é capaz de reproduzir com comando, mesmo de forma aproximativa, o movimento da respiração abdominal.

### ALTERAÇÃO VOCAL[8]

A alteração vocal é muito variável conforme o caso, as circunstâncias, o tipo de ato de fala em questão, e isso, qualquer que seja a importância do comportamento de esforço. Pode perfeitamente existir, lembremos, sem nenhuma alteração da mucosa das pregas vocais. Pode implicar cada um dos três caracteres acústicos da voz (timbre, altura, intensidade). Pode ser considerável e limitar-se à afonia ou permanecer discreta.

Qualquer que seja o caso, *o que importa para a compreensão do distúrbio vocal não são exatamente as particularidades acústicas da alteração vocal, mas "sobretudo" as perturbações do comportamento fonatório global*, tal como as havíamos anteriormente.

## *Fatores desencadeantes*

Tratam-se de acontecimentos mais ou menos pontuais por ocasião dos quais pode-se constituir o círculo vicioso do esforço vocal. Alguns deles constituem fatores orgânicos; outros são de natureza psicológica.

Citaremo-los por ordem de freqüência.

### CERTAS AFECÇÕES DA ESFERA ORL

Certas afecções otorrinolaringológicas podem impedir diretamente a mecânica laríngea. É o caso, por exemplo, de uma laringite aguda, de uma alteração laríngea de origem traumática (entubação, excessos vocais, gritos), de uma reação edematosa da laringe por ocasião (caso freqüente) de uma longa viagem de carro com a janela aberta, do clássico "resfriado", ou de um processo alérgico.

Em outros casos (angina, amigdalectomia, cf. *A voz*, Volume 3), a fonação ocasiona dores suscetíveis de perturbar o comportamento vocal.

Essas alterações momentâneas do órgão vocal ou dos órgãos adjacentes são, às vezes, suficientes para desencadear a entrada no círculo vicioso do esforço segundo as modalidades.

[8] Às vezes, lembremos, a voz falha completamente ou manifesta-se apenas de maneira intermitente.

### FATORES PSICOLÓGICOS

Esses são, provavelmente, tão freqüentes quanto os anteriores com os quais podem evidentemente associar-se.

As situações profissionais, familiares ou sentimentais podem engendrar contrariedades ou choques psicológicos, mais ou menos significativos, que podem desencadear o processo da disfonia devido aos estados de "tensão psicomotora" manifestarem-se nessas ocasiões no nível do aparelho fonatório (a emoção facilmente fica presa "na garganta").

O mal-estar momentâneo imposto ao mecanismo fonatório é passível de acarretar uma distorção durável do comportamento vocal por constituição, nesse momento, do círculo vicioso do esforço vocal.

### FRAQUEZA GERAL

Todo indivíduo atravessa fases marcadas por circunstâncias profissionais ou familiares que provocam uma sobrecarga ou por doenças que enfraquecem momentaneamente suas capacidades de resistência física. Constata-se que, freqüentemente, a disfonia se constitui em uma fase como essa.

### TOSSE

A tosse, especialmente durante uma traqueíte, pode irritar a mucosa laríngea. É um fator clássico, freqüentemente encontrado no início da constituição de uma disfonia disfuncional.

### PERÍODO PRÉ-MENSTRUAL

No período pré-menstrual, ocorre uma modificação do epitélio (camada superficial da mucosa) das pregas vocais.

Perellò observou que, neste período, esse epitélio fica mais espesso e sua constituição celular modifica-se; isso ocorre, ao mesmo tempo, na mucosa vaginal (aumento de células eosinófilas).

Devido a isso, a maneabilidade da voz normalmente diminui no período que antecede a menstruação. Isso, em geral, não tem importância na medida em que uma leve diminuição da maneabilidade vocal não é percebida. Mas, em certos casos, esse espessamento fisiológico da mucosa laríngea representa uma compensação brusca, produzindo a entrada no círculo vicioso do esforço vocal. Observam-se, desse modo, disfonias intermitentes, ritmadas pelas menstruações, sem que haja, entretanto, o menor distúrbio endócrino. Isso deve ser levado em conta no tratamento.

### GRAVIDEZ E INTERVENÇÃO ABDOMINAL

Quando uma modificação significativa ocorre na parede abdominal, ela pode determinar um incômodo na projeção vocal. Isso pode ser seguido de esforços suscetíveis de "desencadear" o processo disfônico.

### DISFONIA EX-ACINESIA TERAPÊUTICA

Citemos um último fator que pode desencadear uma disfonia um pouco particular que resulta no que Tarneaud denominou de *disfonia ex-acinesia terapêutica*. Trata-se do resultado desagradável de uma prescrição médica inadequada ou apresentada de forma severa demais, de um tratamento de silêncio vocal prolongado para uma alteração laríngea. Nesse caso, essa prescrição engendra, em certos indivíduos predispostos, tamanho medo da emissão vocal que se segue uma desorganização do funcionamento fonatório.

### Fatores favorecedores

Os fatores desencadeantes que acabamos de enumerar não bastam para provocar sozinhos a constituição de um círculo vicioso do esforço vocal. É preciso também que ocorram em um terreno propício, resultante de particularidades referentes ao indivíduo ou ao seu modo de vida, constituindo os fatores favorecedores.

Vamos citá-los por ordem de freqüência.

#### OBRIGAÇÃO SOCIOPROFISSIONAL DE FALAR OU DE CANTAR

Certamente, este é o fator favorecedor mais importante: se um indivíduo está, ou acredita estar, impossibilitado de reduzir a utilização de sua voz, quando esta se encontra momentaneamente alterada por uma razão qualquer (fator desencadeante), ele corre um grande risco de instalar um círculo vicioso do esforço.

Isso diz respeito essencialmente aos professores, atores, cantores, representantes, demonstradores, etc., mas também às mães de família.

#### CARACTERÍSTICAS PSICOLÓGICAS

Parece que alguns tipos psicológicos são predispostos a constituir uma disfonia disfuncional. Se seguimos a tipologia de Le Senne, podemos pensar que a *emotividade* e a *primariedade*[9] estão freqüentemente implicadas. Essas duas tendências entram na constituição do temperamento nervoso. Este apresenta dificuldades em se adaptar a um impedimento momentâneo de sua função vocal na medida em que não se dá tempo de tomar as providências necessárias para tratar sua voz. O disfônico apresenta-se freqüentemente como um indivíduo "na frente de si mesmo", ignorando deliberadamente os riscos que pode estar correndo, preferindo agir na euforia, pensando que retificará, no meio do caminho, os eventuais inconvenientes de uma ação precipitada.

Em uma outra ordem de idéia, pode-se assinalar igualmente como fatores psicológicos predispostos a tendência à ansiedade e ao perfeccionismo: a vontade de fazer extremamente bem cria tensões prejudiciais a uma boa adaptação.

#### SITUAÇÕES PSICOLÓGICAS DIFÍCEIS

Vimos que situações familiares, profissionais ou sentimentais podem ser consideradas fatores desencadeantes da disfonia.

Aqui, trata-se das situações conflituosas duráveis que engendram dificuldades psicológicas prolongadas. O estado de tensão resultante disso deve ser considerado como um fator que favorece a disfunção vocal.

[9] A *primariedade* pode ser compreendida como vivacidade de reação (ou mais exatamente como uma tendência à reação imediata).

### INTOXICAÇÃO ALCOÓLICA E TABAGÍSTICA

Pode-se dizer que o álcool é um veneno eletivo da mucosa das pregas vocais. A voz dos alcoólatras é, aliás, característica; característica também é aquela dos "pós-festa" em que o consumo de álcool foi considerável.

O tabaco, evidentemente, tem uma ação nociva também para a mucosa das pregas vocais, sobretudo em grandes consumidores. No entanto, tendo o uso do tabaco uma ação positiva sobre a ansiedade, uma interrupção brusca não resulta na melhora antecipada da voz. Essa interrupção traduz-se, às vezes, ao contrário, por uma irritabilidade psicológica mais nociva para a voz do que o uso do próprio tabaco.

### AFECÇÕES CRÔNICAS DA ESFERA ORL E TERRENO ALÉRGICO

A existência de uma amigdalite crônica, de uma sinusite, de uma faringite pode, por extensão intercorrente do processo infeccioso na laringe, constituir uma predisposição à instalação de uma disfonia. O mesmo ocorre com a tendência alérgica, podendo provocar uma série de edemas laríngeos. Embora referente à patologia digestiva, citaremos ainda aqui o refluxo gastresofágico responsável pela irritação da mucosa faringolaríngea.

### DEFICIÊNCIA DO CONTROLE AUDIOFONATÓRIO

Pode tratar-se de uma hipoacusia mais ou menos significativa. Sabe-se que a surdez resulta, com bastante freqüência, em uma voz de tipo particular proveniente da impossibilidade de o indivíduo apreciar auditivamente as qualidades de sua produção vocal, daí um ajuste defeituoso.

Pode-se tratar também do que geralmente chamamos de *deficiência auditiva*. Esse termo designa a dificuldade de alguns indivíduos em apreciar corretamente a altura dos sons vocais. Esses indivíduos pensam que "não têm ouvido". Fazem de conta que cantam e pensam (erroneamente) que isso é irremediável. Essa dificuldade em ajustar a tonalidade de sua voz os torna, mais do que outros, passíveis de cair no círculo vicioso do esforço vocal. É impossível, para eles, de fato, em caso de dificuldades vocais passageiras, instalar momentaneamente sua fonação em uma tonalidade mais favorável como se faz normalmente de modo mais ou menos inconsciente.

### TÉCNICA VOCAL DEFEITUOSA

Esse fator diz respeito exclusivamente aos atores e cantores.

O compromisso profissional de cantar ou de representar, mesmo em condições não-favoráveis, exige dos cantores e dos atores a aprendizagem de uma técnica que lhes permita executar sua função mesmo nas situações mais difíceis. Infelizmente, muitos atores não receberam nenhuma informação sobre o assunto, exceto a vaga orientação de que é preciso respirar com a barriga (e fortemente!). Quanto aos cantores, muitas vezes, são submetidos a técnicas contraditórias dos diversos professores de canto com os quais se deparam.

### EXPOSIÇÃO AO RUÍDO

Sabemos que, com o ruído, a intensidade da voz aumenta de modo reflexo e inconsciente.[10] Os indivíduos submetidos a um barulho intenso em seu trabalho che-

[10] Cf. *A voz*, Volume 1.

gam, assim, a desenvolver um esforço vocal considerável sem perceberem, levando-os à disfonia disfuncional.

### EXPOSIÇÃO À POEIRA, AOS VAPORES IRRITANTES E AO AR CONDICIONADO

A irritação laríngea decorrente da exposição à poeira e aos vapores irritantes favorece, nesse caso também, a instalação progressiva do círculo vicioso do esforço vocal.

Certos pacientes culpam a poeira do giz, outros – não-fumantes –, a fumaça dos fumantes. Nesses dois casos particulares, é difícil determinar o que é irritação física e o que é contrariedade psicológica (irritação moral).

### PRESENÇA DE UM DISFÔNICO EM SEU MEIO DE CONVÍVIO

A disfonia desenvolve-se aqui por imitação não somente acústica, mas comportamental: imita-se, sem saber, o comportamento de certas pessoas de seu meio de convívio.

### PRESENÇA DE UM HIPOACÚSICO EM SEU MEIO DE CONVÍVIO

Esta predispõe a uma intensificação dos esforços vocais com o objetivo de ser compreendido pelo hipoacúsico. Trata-se freqüentemente de um dos avós que mora junto com a pessoa.

### ANTECEDENTES PULMONARES

Certas afecções pulmonares trazer engendrar seqüelas que favorecem a instalação da disfonia. Pode tratar-se de uma *pleuris*, de uma pneumonia, de uma tuberculose pulmonar que tenha levado a intervenções terapêuticas (frenicectomia, pneumotórax).

Todas essas afecções, mesmo curadas, acarretam às vezes um comportamento respiratório particular (tensões musculares e dificuldades motoras). Pode-se falar em uma psicologia do doente pulmonar e particularmente do ex-tuberculoso que hesita em mostrar sua voz.

## *Em resumo*

A patogenia da disfonia disfuncional e a entrada no círculo vicioso do esforço vocal poderiam ser resumidas da seguinte forma:

a) "Tenho a sensação mais ou menos consciente de que minha voz, por uma razão qualquer (fator desencadeante), torna-se mais ou menos ineficaz na projeção vocal".

b) "Adoto então instintivamente a mecânica da voz de alerta, manifestando meu esforço para me fazer escutar".

c) "Como estou em condições que, apesar de meu desconforto, impossibilitam-me de reagir pela moderação vocal (existência de fatores favorecedores), acentuo meu esforço, minha atitude, avançando cada vez mais para a alteração de minha verticalidade e o aparecimento de crispações múltiplas".

d) "A desordem no plano funcional resultante disso aumenta minhas dificuldades devido a um mecanismo mal-adaptado à projeção vocal".

e) "Isso me incita a acentuar ainda mais meu esforço, aumentando cada vez mais as dificuldades até o eventual surgimento de alterações da mucosa laríngea que impedem ainda mais minha função vocal".

Poder-se-ia, de maneira ainda mais simples, resumir assim: quando a voz não está bem, *qualquer que seja a razão*, "forçamo-la para que saia mesmo assim". Se *por uma razão qualquer* esse esforço persiste, irrita-se a laringe ao ser utilizado o mecanismo da voz de alerta. Segue-se a isso uma série de dificuldades, fazendo aumentar o esforço e, conseqüentemente, acentuando o sofrimento laríngeo e o descontrole da respiração, com alteração com variedade significativa qualidade da voz e eventualmente com o surgimento de lesões relativamente duráveis da mucosa laríngea.

## CLÍNICA

Clinicamente, a disfonia disfuncional pode-se apresentar com aspectos extremamente variados. Isso observado na leitura do capítulo referente ao exame da voz e do comportamento fonatório. É por isso que começaremos expondo sucessivamente cinco casos.

### Cinco casos de disfonias disfuncionais simples

Os três primeiros integram um modelo bastante comum. Isso não impede cada um deles de ser único: nunca há duas histórias exatamente iguais. Os dois últimos casos são mais particulares.

#### ■ Caso 1

A Senhora D., 38 anos, *professora de classe maternal* é encaminhada a nós por fadiga vocal, há alguns meses, por seu ORL, que constata uma "perda de ar" no terço posterior da laringe.

#### História dos distúrbios apresentados

A Senhora D. se queixa de *rouquidões freqüentes* presentes desde o início do ano letivo, há um mês. A cada inverno, apresenta de um a três dias de afonia. "Mas este ano, é diferente". De manhã, quando acorda, a voz às vezes está ausente até o momento em que a Senhora D. ingere um pouco de chá: "Uma vez aquecida, diz ela, a voz sai".

Porém, a voz torna a se alterar rapidamente quando ela deve cantar com seus pequenos alunos, ler uma página ou gritar. A voz está freqüentemente prejudicada no final da manhã.

Essa alteração é de *intensidade variável*, certos dias, a voz está quase normal, como, particularmente, durante o período de férias. No conjunto, entretanto, a Senhora D. julga que sua voz não está mais deteriorada agora do que no início do ano.

#### Sinais subjetivos

A Senhora D. tem dificuldade em definir as sensações que sente em sua garganta quando sua voz se altera: ela fala de *incômodo*, de "coceira": de *compressão na garganta*: "Não é doloroso, mas incomoda".

Chamar por alguém distante parece-lhe possível, mas isso provoca uma irritação laríngea, tosse, uma vontade de beber alguma coisa ou chupar uma bala.

Cantar não é possível durante muito tempo: *a voz torna-se rouca* em alguns minutos e provoca uma vontade de bocejar: "Um verdadeiro prazer", conclui. É difícil controlar a tonalidade da voz.

#### Antecedentes médicos, temperamento e problemas psicológicos

A senhora D. salienta problemas digestivos: intolerância alimentar, fenômenos neurovegetativos, dores gástricas, cefaléias, etc.

Apresenta-se como alguém que teve problemas de saúde múltiplos desde sua mais tenra idade: "tive todas as doenças que podia ter", salienta. A Senhora D. se diz nervosa, mas não ansiosa.

## Exame físico

O exame laringostroboscópico não revela nenhuma anomalia. As pregas vocais se tocam normalmente, embora o ORL a tenha encaminhado a nós devido a uma constatação de "perda de ar".

## Exame da voz

Voz conversacional: a elocução é rápida e precipitada. A tonalidade é bastante grave (estabelece-se freqüentemente em torno do fá2) com um timbre, às vezes, crepitante, às vezes, abafado. Na totalidade, no entanto, não se trata de uma alteração marcante. A escuta dessa voz conversacional não permite afirmar que a Senhora D. apresente um comportamento vocal patológico.

*O teste de leitura simples* não traz novas informações.

*O teste de leitura projetada* revela uma precipitação que se torna desagradável e dá a impressão de cansaço, embora o timbre vocal seja de boa qualidade. A altura tonal sobe até o mi3 (desempenho fraco). A observação revela que a Senhora D. utiliza uma respiração *com flexão torácica* (ar vertebral), *realizando um esforço vocal evidente*.

*O teste da contagem* projetada reforça a impressão anterior. Nota-se, além disso, que esta senhora não deixa sua voz subir normalmente; ela não ultrapassa o ré sustenido.

A voz cantada é objeto de grandes dificuldades: a Senhora D. hesita antes de reproduzir os sons solicitados. A emissão é contida e laboriosa. *A precisão é bastante aproximativa*. A Senhora D. fica bastante constrangida de mostrar suas más realizações em voz cantada. Ela chega, inicialmente, de maneira penível, ao mi4 para realizar, em seguida, um pouco surpreendentemente, um pequeno si bemol4, o que prova as capacidades normais de sua laringe. No grave, atinge sem controle um ré2.

*Voz de chamamento*: esta é muito limitada, não ultrapassando o dó4. Percebe-se aqui um comportamento contido bastante evidente.

A Senhora D., por fim, aceita a reeducação.

## Evolução

A reeducação é efetuada com a freqüência de duas sessões por semana. O treinamento quotidiano é regular. A melhora do comportamento vocal espontâneo é evidente a partir da quinta sessão.

## Observações

Esse caso caracteriza-se pelos seguintes pontos:

– trata-se de um caso freqüente;

– a alteração do comportamento vocal praticamente não pode ser notada na escuta da voz conversacional;

– o incômodo é maior no nível da voz cantada que é bastante descontrolada.

# ■ Caso 2

Senhora R., 32 anos, professora de língua, ensina há 7 anos.

## História dos distúrbios apresentados

*Todos os anos*, em novembro, ela apresenta uma afonia de alguns dias por ocasião, diz ela, de uma "bronquite" ou de uma "traqueíte". Isso resulta em uma voz ausente, depois roufenha, o que não a impede, esclarece ela, de continuar dando aula. Há dois anos, em janeiro, ela teve uma nova bronquite, porém, ao invés de tratá-la, como habitualmente fazia, "ignorando-a", resolveu tomar Denoral. Seguiu-se então uma afonia completa de três dias a qual ela não gosta de lembrar, pois durante dois meses sua voz permaneceu rouca. Ela não está absolutamente certa da responsabilidade do produto, mas, como este resseca as mucosas, ela jura que não tomará nunca mais.

No ano seguinte, na mesma época, ela apresenta novamente três dias de afonia. Nenhum tratamento é empreendido, a voz volta rapidamente ao normal. A tradicional "bronquite de novembro" não ocorre nesse mês, mas, em janeiro (há alguns meses); ela utiliza, para curar uma constipação, segundo os conselhos de um farmacêutico, um outro medicamento, ressecando as mucosas. Produz-se então o mesmo fenômeno de dois anos atrás: afonia completa de dois ou três dias, seguida de uma rouquidão que persiste durante vários meses. Um tratamento recente (Stryadine, Maxilase) a melhorou bastante.

### Sinais subjetivos

Sua voz lhe parece irregular: ela reclama de produzir quacs e não reconhece sua voz como sua. Normalmente, tem uma voz clara e pode cantar. Suas dificuldades variam de um dia para outro. Chamar à distância talvez fosse possível, mas ela não arrisca.

Não há sensação desagradável em sua garganta, não há dor. Em compensação, ela tem a impressão de que *necessita de um esforço, de que deve respirar* muito, tomar fôlego para falar, o que não ocorre habitualmente.

Às vezes, na aula, apresenta, por alguns instantes, uma voz aguda, então, é obrigada a parar de falar completamente por alguns segundos para que sua voz volte ao normal.

### Antecedentes médicos, temperamento e problemas psicológicos

A Senhora R. não ressalta nenhum antecedente médico; ela nunca fica doente. Observamos, no entanto, que ela fuma entre 15 e 20 cigarros por dia.

No plano psicológico, ela pensa ser bastante calma "Não tenho um temperamento particularmente inquieto".

### Exame físico

No exame, as pregas vocais da Senhora R. são praticamente normais quanto ao seu aspecto. Na fonação, nota-se uma falha *de atrito posterior* característico.

### Exame da voz

*A voz conversacional* é *velada*, levemente *rouca e ofegante permanentemente*, dando um pouco a impressão de uma tensão emocional subjacente. A partir do momento em que o tom melhora um pouco, surge uma *característica roufenha* no timbre. A modulação vai além do normal (sol2, lá3).

*O teste de leitura simples* reforça a alteração do timbre: certos finais são quase surdos.

*No teste de leitura projetada*, o timbre, embora permaneça anormal, parece melhor. A altura tonal, em contrapartida, não passa do mi3.

*No teste da contagem projetada*, nota-se *a rouquidão do ataque vocal* e um certo caráter ofegante da emissão que continua nitidamente grave (não ultrapassando o ré3).

*No exame da voz cantada*, percebe-se uma *dificuldade de ajuste tonal*: este não é impossível, mas ainda é laborioso. A Senhora R. desafina constantemente. O timbre se altera muito quando sobe: há grandes dificuldades desde o fá3. A tonalidade fica reduzida: a emissão na oitava4 é praticamente impossível. No grave, ela desce até o fá2.

*A voz de chamamento* é realmente insatisfatória. Após várias tentativas, a Senhora R. alcança penosamente o ré4 com um timbre roufenho.

Uma tentativa de *manipulação laríngea* por compressão látero-cervical permite à Senhora R. produzir em voz cantada um si3 em um *timbre melhor*.

### Evolução

A reeducação vocal é desenvolvida sem problemas em uma freqüência de duas sessões por semana. Isso permite à Senhora R. terminar o ano com uma voz satisfatória, como se constata em sua 14ª sessão, exatamente antes de partir em férias. Ela não apresenta mais *irregularidade vocal. Sua voz parece-lhe mais própria a "ela"* e não a cansa mais.

### Observações

Essa observação caracteriza-se pelos seguintes pontos:

- trata-se de um caso muito comum;
- essa paciente tem a idéia fixa de que o surgimento de sua disfonia foi causado por um medicamento;
- o timbre da voz conversacional é alterado; a voz projetada é melhor;
- a evolução ocorre favoravelmente.

## ■ Caso 3

A Senhora P., 53 anos, bibliotecária, é encaminhada por seu ORL devido a uma disfonia ocorrida de forma bastante brusca há dois anos. Esse médico questiona se essa disfonia não tem relação com uma paralisia laríngea regressiva. Ele deseja que o foniatra realize um exame estroboscópico para esclarecer essa questão.

## História dos distúrbios apresentados

Esta senhora conta que, uma noite, há dois anos, nas férias, sentiu repentinamente sua voz ficar rouca. Pensou então que se tratasse de um início de *angina* (a qual ela apresenta com freqüência). Porém, em seguida, constatou que não era nada além de uma "rouquidão".

Retornando das férias e persistindo essa "rouquidão", começou a se preocupar, principalmente por constatar uma dificuldade particular na voz cantada (ela adora cantar). Um ORL consultado diz que se trata de uma "simples disfonia" e aconselha uma reeducação vocal, prescrevendo-lhe 15 sessões em vez das 30 habitualmente propostas para uma primeira série. Provavelmente tenha julgado que se tratasse de um caso leve.

No final de 15 sessões, a voz da Senhora P. estava melhor, apesar da persistência da alteração da voz cantada. Algum tempo mais tarde, diante desse resultado incompleto, a Senhora P. consulta novamente o mesmo ORL que prescreve 15 novas sessões de reeducação vocal. Porém, o controle da Segurança Social recusa o pedido de cobrir essa segunda série de sessões. A senhora poderia ter evidentemente contestado essa recusa, mas como ela tinha outras preocupações naquele momento, resolveu "deixar por isso mesmo", como diz, contentando-se em praticar sozinha o melhor que podia os exercícios aprendidos na primeira série de sessões.

Em seguida, iniciou um tratamento para a voz que decididamente não melhorou com o uso de medicamentos que não lhe pareceram eficazes. Dirigindo-se então a um outro ORL, este a encaminhou para nós.

## Sinais subjetivos

Atualmente, Senhora P. acha que sua voz não está "demasiadamente ruim", mas constata que ela se altera em certas circunstâncias. O mau tempo é nefasto para ela e ela não está segura quanto à sua voz. Recentemente, ela teve que cancelar uma palestra que deveria dar em razão de laringite: temia não conseguir dirigir adequadamente os debates.

A Senhora P. lamenta não poder cantar com facilidade. Isso realmente a entristece: constatar que, quando tenta cantar com sua filha, "não sai nada bonito". Entretanto, a rigor, ela deixaria de contar com sua voz cantada. O que, em contrapartida, lhe parece insuportável, isto é, "ela não se sente em sua voz", ela não sabe mais como produzi-la: "não sei mais como entoná-la: ela partiu".

Por outro lado, acha muito desagradável ter trocado as anginas de outrora por "laringites". Sua voz some às vezes, com efeito, durante vários dias e retorna, pouco a pouco, com "quacs".

Chamar alguém à distância lhe parece impossível: "é como nos sonhos em que se quer algo, mas não se consegue".

Na garganta, ela sente um *incômodo*: "a garganta apertada". Percebe logo que essa sensação coincide com períodos de *grandes preocupações*. (Ela tem problemas com um de seus filhos). Tenta relaxar e se recompor. Às vezes, consegue.

## Antecedentes médicos, temperamento e problemas psicológicos

Ela sofreu uma amigdalectomia aos 35 anos da qual guardou "uma terrível lembrança". Passou-se tudo bem em sua menopausa sem haver *nenhum tratamento hormonal*. Às vezes, ela toma um tranqüilizante para dormir.

Acaba de perder sua mãe, há alguns meses, devido a um câncer igualmente como perdera seu pai há alguns anos. Ela cuidou dele pessoalmente. Pensa que agora que seus grandes sofrimentos passaram não deveria mais ter problemas!

## Exame físico

No exame da laringe, observam-se pregas vocais de *aspecto praticamente normal* (um pouco rosadas). Não se nota nenhuma paralisia. Observa-se somente, de modo intermitente, uma falha de contato longitudinal. O exame estroboscópico não mostra nenhuma assimetria da vibração das pregas vocais.

## Exame da voz

*A voz conversacional* constantemente está bastante *fora do timbre* (às vezes, "crepitada") com um *desperdício de ar* que dá à fala um caráter de tipo lamentoso, apesar de uma modulação normal (ré2-ré3). Notemos que o timbre vocal se normaliza completamente de um momento para o outro.

*No teste de leitura simples*, percebe-se uma acentuação desse caráter de lamento que contrasta estranhamente com o conteúdo do texto (discurso dinâmico). A tonalidade se estabelece de mi2 a mi3.

*O teste da contagem projetada* deve ser interrompido no meio devido a esse comportamento fatigante (tonalidade no fá sustenido).

*A voz cantada*, pode-se dizer, arrasta-se. *O início das notas é mole* e "roufenho". A *exatidão é incerta*. A voz é *contida*. Nota-se uma *incerteza quanto ao registro* empregado e dificuldades ao atingir o sol3. Apesar de tudo isso, no entanto, deixando-se pouco a pouco levar, a Senhora P. chega a dar um mi4 com um belo timbre. No grave, desce levemente abaixo do dó2.

*A voz de chamamento* é emitida com esforço e artificialidade, não ultrapassando o ré4.

Um rápido exame da técnica dos exercícios aprendidos na primeira série de sessões mostra que essa *técnica não tem mais efeitos* no sentido de recorrer ao esforço e ao volume excessivo de ar. Sua maneira de proceder não corresponde ao que pôde receitar seu ortofonista a quem conhecemos bem.

### Evolução

A retomada da reeducação, aceita dessa vez pelo controle da Segurança Social, permitiu realizar exercícios em voz cantada (oitava sessão, dois meses depois) e um bom resultado é adquirido após 15 sessões.

### Observações

Essas observações caracterizam-se pelas seguintes questões:

– a alteração da voz conversacional representa sobretudo uma particularidade do comportamento geral de uma voz patológica; provavelmente é o que motivou a prescrição de uma reeducação vocal curta e a recusa da segunda série solicitada; o exame da voz projetada e cantada teria permitido evitar isso;

– a maneira como a Senhora P. exprime "que ela não se sente em sua voz" é bastante sintomática;

– a evolução é finalmente boa, apesar dos impedimentos ao bom andamento do tratamento.

## ■ Caso 4. Um caso um pouco particular

O Senhor H., engenheiro químico, 47 anos, solteiro, consulta seguindo os conselhos de seu ORL, pois se queixa de cansaço e de dor durante a fonação e porque também é cantor amador.

### História dos distúrbios apresentados

A anamnese nos mostrou que este senhor consulta freqüentemente seu ORL: há aproximadamente 15 anos, ele apresenta constantemente constipações, bronquites, sinusites. O tratamento adotado é o mais freqüentemente prescrito.

O Senhor H. se considera mais músico do que cantor. Porém, sua atividade referente ao canto é notável; ele integra um coral e ensaia duas vezes por semana; ele faz parte do grupo dos baixos.

Há algum tempo, constata que, às vezes, em pleno ensaio, torna-se *impossível continuar cantando* normalmente: ele é obrigado a parar por alguns instantes. Uma vez mesmo, *a voz falada alterou-se bruscamente* durante um ensaio, ao passo que a voz cantada era possível. Essas discrepâncias voz falada/voz cantada o preocupam muito. Teme sobretudo alterar ou *perder sua voz falada*. Pergunta-se se são as freqüentes infecções das vias aéreas que estão implicadas ou mesmo uma má utilização de sua voz.

### Sinais subjetivos

Freqüentemente, o Senhor H. sente *irritações* na garganta e até mesmo dores, às vezes. Localiza essas dores lateralmente, entre a laringe e o ângulo do maxilar com uma predominância à direita.

No plano das possibilidades vocais, acha que sua voz é muito comum (como falou no início, é mais músico do que cantor). Conforme diz, sua tessitura é bastante limitada, já que, para cima, *apresenta dificuldades em emitir um ré3*, enquanto, para baixo, produz a rigor somente um fá1 e nunca um mi1.

Quando encontra-se em um momento difícil, observa que sua voz sobe um pouco mais: o mi3 torna-se possível, ao passo que o grave torna-se mais difícil.

### Antecedentes médicos, temperamento e problemas psicológicos

O Senhor H. nunca ficou doente; exceto por seus incômodos respiratórios, jamais consultou um médico. De temperamento, sente-se um pouco *nervoso*, mas dorme bem.

## Exame físico

No exame laringoscópico, nota-se que as pregas vocais são de aspecto normal, mas *não se nivelam bem* durante a fonação, dando o aspecto de *glote ovalada*, embora, em outros momentos, seja possível observar um funcionamento perfeito. Observa-se algumas *secreções*.

O exame estroboscópico revela, em alguns momentos apenas, uma *vibração ampla e mole* das pregas vocais que aparecem como *hipotônicas*.

Por outro lado, a mucosa faríngea é bastante vermelha, apresentando granulações características da *faringite* crônica.

## Exame da voz

*A voz conversacional* apresenta um timbre *comprimido e "roufenho"*, característico de uma laringe que apresenta secreções. O ataque vocal é, às vezes, *difícil*. A tonalidade é estabelecida entre o fá1 e o sol2.

*O teste de leitura simples* não mostra nada de particular apenas que, ela desce, às vezes ao mi1.

*O teste de leitura projetada* mostra um comportamento de esforço evidente (flexão torácica superior, impressão de esforço, contração da face). A tonalidade sobe até o dó3.

O *teste de contagem projetada* revela ataques de golpe de glote. A tonalidade sobe somente até o lá2 (limite inferior normal).

*O exame da voz de chamamento* é realizado com dificuldade; há um comportamento contido: o Senhor H. contém sua voz ao mesmo tempo que a lança. Ele chega a atingir o ré sustenido3, mas com bastante esforço.

*O exame da voz cantada* mostra que efetivamente o Senhor H. tem uma tessitura de baixo: o mi1 lhe é acessível; o Senhor H. ficaria surpreso à escuta do registro da qualidade do mi1 emitido. Em compensação, a oitava3 é muito defeituosa; comportamento de esforço, precisão muito aproximativa, timbre roufenho, mi3 impossível, etc.

O Senhor H. aceita plenamente iniciar uma reeducação vocal.

## Evolução

A evolução foi condicionada pela existência de problemas psicológicos que o interrogatório permitia suspeitar.

A aquisição das técnicas de base (relaxamento, exercícios de respiração) foi difícil. O Senhor H. tinha dificuldade em tomar consciência da significação prática dos exercícios propostos. Controlar frente a um espelho sua postura geral ou o comportamento de sua parede abdominal durante um exercício de respiração significava para ele reais problemas. Isso se traduzia, em geral, por um tipo de zelo desordenado, ao passo que, em outros momentos, ele chegava a ridicularizar o exercício proposto. Apesar disso, ele continuava totalmente impermeável às tentativas (prudentes) de interpretação dessas dificuldades em termos de inibição psicológica.

Ao término de 10 sessões, porém, este senhor interrompeu sua reeducação para retomá-la três meses mais tarde com muita consciência e um desejo evidente de conseguir. Apesar de sua forte motivação, no entanto, começou a neglicenciar o treino quotidiano e, após quatro sessões, renunciar "provisoriamente" à sua reeducação.

Esse início de reeducação permitiu, entretanto, ao Senhor H. ver desaparecer os acidentes de sua voz cantada e o tranqüilizou quanto às suas inquietudes referentes ao futuro de sua voz falada.

O ressurgimento de tais sintomas pode ser temido. Nesse caso, espera-se que a retomada da reeducação permita a este senhor aceitar progressivamente uma orientação do tratamento seguindo para uma psicoterapia. A reeducação terá desempenhado então a função de um complemento ao tratamento adaptado.

## Observações

Essas observações caracterizam-se pelas seguintes questões:

- antecedentes de afecções crônicas da esfera ORL;
- prática habitual do canto sem nenhuma formação técnica;
- comportamento hipotônico das pregas vocais (cf. mais adiante) no exame laringoscópico;
- comportamento de retenção causando suspeitas de fatores psicológicos subjacentes;
- desenvolvimento caprichoso da reeducação em relação a esses mesmos fatores.

## ■ Caso 5. Um caso muito particular

O Senhor B., corretor de seguros, 58 anos, é encaminhado por seu ORL por *curiosas dificuldades vocais não explicadas pelo estado da laringe*, em que não se vê nem pólipo, nem edema, nem outra alteração significativa das pregas vocais.

### História dos distúrbios apresentados

Para o Senhor B. suas dificuldades vocais surgiram, pela primeira vez, há alguns anos, nos dias que se sucederam a uma parada brusca com o consumo de tabaco. A decisão de parar de fumar estava relacionada a um enfarto ocorrido naquela época. O Senhor B. não conseguiu precisar nem a natureza, nem a duração dos distúrbios vocais em questão.

Retomando progressivamente o hábito de fumar, decide, dois anos mais tarde, parar novamente, mas dessa vez com a ajuda de um tratamento por acupuntura. Curiosamente, os aborrecimentos vocais reaparecem nessa ocasião, mas dessa vez persistem de forma estável até este dia. É preciso ressaltar que o Senhor B. não voltou a fumar.

### Sinais subjetivos

Este senhor tem dificuldade em definir de que maneira se encontra sua voz. Ele pensa que ela "enrouquece". Cantar parece-lhe problemático: ele deve parar no final de algumas notas, diz, preferindo então assobiar. Paradoxalmente, chamar à distância parece-lhe perfeitamente fácil, bem como gritar quando está nervoso.

O Senhor B. tem uma sensação de cansaço na fonação prolongada. Além disso, sente *uma irritação laríngea* ("isso arranha") e sensações de queimações. Queixa-se de ter que *pigarrear* freqüentemente e conclui que "de qualquer modo, não tem uma voz normal".

### Antecedentes médicos, temperamento e problemas psicológicos

Com exceção do enfarto, o Senhor B. não se lembra de nenhum antecedente médico significativo, exceto uma sífilis em sua juventude e uma rápida intervenção cirúrgica. No final da conversa, lembra-se que, em sua infância, sofria de gagueira. Notemos que, ao escutar o Senhor B., não se percebe nenhuma seqüela desse distúrbio.

### Exame físico

O exame laringoscópico mostra pregas vocais de *aspecto normal, porém*, o Senhor B., no momento da fonação, tende a contrair sua faringe, o que permite apenas uma observação parcial.

O exame estroboscópico não apresenta nenhuma informação particular.

### Exame da voz

*A voz conversacional* é muito *irregular*. Ela fica freqüentemente entre o dó2 e o si2. Nota-se uma *rouquidão* quase contínua e uma *instabilidade de registro* e, de tempos em tempos, uma voz um pouco aguda. O riso é, com bastante freqüência, em voz de cabeça, bem timbrado.

*No teste de leitura simples*, a irregularidade vocal é um pouco menos marcada. A tonalidade fica entre o mi2 e o sol2.

*O teste de leitura projetada* é realizado em um tom declamatório, o que faz com o Senhor B. divirta-se bastante. A irregularidade vocal nesse teste é muito caricatural: percebe-se "quacs" *freqüentes*, um timbre *às vezes bitonal, com tendência a uma brusquidão inicial*, gerando uma certa *guturalidade: o comportamento* de esforço *permanece* bastante *moderado*.

*A contagem projetada* é realizada com uma certa violência. A voz fica muito alterada, com instabilidade do registro, tornando-se, momentaneamente, de fato, bitonal. Observa-se, porém, nesse momento, *um timbre e uma tonalidade* (dó3) perfeitamente *normais*.

A voz cantada é muito difícil, o Senhor B. consegue com bastante freqüência produzir belos sons em voz de cabeça e isso permite, descendo a gama, encadear produções em voz de peito de sons bastante corretos, mas estes não podem ser produzidos isoladamente senão de forma muito irregular e aleatória. Em tais condições, não foi possível precisar a extensão vocal.

O Senhor B. aceita tentar uma reeducação.

### Evolução

O Senhor B. abandona a reeducação após algumas sessões. Um ano mais tarde, chamado ao telefone para dar informações sobre sua reeducação vocal, o Senhor B. declara que esta não mudou nada e que, apesar disso, a aceitou sua voz como ela é. Na verdade, durante o tempo da conversa telefônica, sua voz esteve isenta de qualquer irregularidade. No entanto, seria pedir demais ter a prova de uma melhora concreta.

### Observações:

Essas observações caracterizam-se pelas seguintes questões:

– o distúrbio maior é a perda do controle dos registros: passagens freqüentes e involuntárias da voz de peito à voz de cabeça e reciprocamente;

– a alteração muito particular do timbre vocal roufenho permanentemente (timbre rouco);

– o caráter moderado do esforço;

– a coincidência do início da disfonia e de sua recidiva com a interrupção do cigarro.

Esses cinco casos permitir-nos-ão expor mais facilmente os dados clínicos da disfonia disfuncional simples. Freqüentemente, aliás, faremos referência não somente aos cinco casos precedentes, mas também a cem outros tomados aleatoriamente em nossos dossiês e cujo estudo nos ajudou a redigir este capítulo.

## Epidemiologia[11]

Constatamos, primeiramente, que nossos casos apresentam uma proporção referente a três mulheres para cada dois homens. Isso conforme a noção de predominância do *sexo feminino*.

Nos cem indivíduos que apresentam uma disfonia disfuncional tomados ao acaso em nossos dossiês, contamos 66 mulheres e 34 homens.

Os *profissionais da voz* estão bem representados nesses casos relatados anteriormente (3 de 5). Isso se deve, entretanto, ao fato de que a disfonia disfuncional não é exclusividade dos profissionais da voz. E, com efeito, entre os cem indivíduos estudados, aproximadamente 60 somente podem ser considerados como profissionais da voz.

A idade de nossos cinco pacientes varia de 32 a 58 anos. Nos cem indivíduos precedentes, dos quais o mais jovem tem 19 anos e o mais velho, 82 anos, no momento da primeira consulta, constata-se que o maior número de indivíduos, entre 22 e 50 anos, apresenta um pico de freqüência em torno de 33 a 34 e um outro pico de freqüência próximo de 50.

## História dos distúrbios apresentados

O mínimo que podemos dizer é que é bastante arriscado fazer uma descrição-tipo da forma como os distúrbios aparecem. Pode-se, com efeito, observar uma instalação progressiva (caso mais freqüente). Os distúrbios, nesse caso, são inicialmente intermitentes, depois cada vez mais freqüentes, e então contínuos. Mas, como no caso 3, a instalação pode ocorrer muito bruscamente.

Quanto aos fatores desencadeantes e favorecedores, tais como aparecem na conversa, nota-se que são os mais variados e, às vezes, um pouco inesperados (casos 2 e 5).

Notar-se-á a *variabilidade dos distúrbios* apresentados em relação à hora do dia (caso 1: noção de pigarro matinal). Às vezes, observa-se uma variabilidade conforme os dias da semana (caso dos professores de ensino fundamental): assim, a voz freqüentemente não está bem pela manhã, melhora no meio da manhã e piora à

[11] A epidemiologia, segundo a definição da Organização Mundial de Saúde (OMS), é "esse ramo da ciência médica que se ocupa do estudo dos fatores do ambiente, dos fatores individuais e outros que de alguma maneira influenciam na saúde humana".

noite. Seguindo o mesmo raciocínio, ela está melhor na segunda e na quinta-feira, pior na terça e na sexta-feira.* Igualmente, ela está mais alterada no final de trimestre do que após as férias.

Observemos também a *influência do cansaço*, das *preocupações* e das *contrariedades* (problemas familiares do caso 3), a influência das *afecções das vias aéreas* (caso 2), do *uso* da voz (caso 4), do *tempo* de disfonia (caso 3).

## Sinais subjetivos

A reclamação do paciente diz respeito a duas situações bem distintas. De um lado, aquela que resulta da avaliação de suas possibilidades vocais; de outro, aquela referente às sensações sentidas na região do órgão vocal, como vimos anteriormente no capítulo referente ao exame do comportamento vocal.

### *Sensações subjetivas referentes às possibilidades fonatórias*

O paciente fala mais freqüentemente de *rouquidão* (caso 1), de *irregularidade do timbre* (caso 2), de *ineficácia* quanto especialmente à voz de chamamento (caso 3), de *deficiência de desempenho após um certo tempo de uso* da voz falada ou cantada (casos 4 e 5).

### *Sensações subjetivas sentidas na região do órgão vocal*

São conseqüência direta do círculo vicioso do esforço (mecanismo muito geralmente não tão bem conhecido pelo paciente). O termo mais recorrente é o de "incômodo na garganta", bastante indefinível (casos 1, 2 e 3) acompanhado, às vezes, de *falhas*.

Muitas vezes, o paciente se queixa de *mucosidades* incômodas das quais ele tenta livrar-se por movimentos *pigarreantes* (o "ham-ham").

Lembremos que o paciente pensa freqüentemente que se trata de uma secreção de origem nasal ou sinusiana relacionada a uma infecção dessas cavidades. Essas mucosidades mais ou menos purulentas "caem", imagina ele, nas pregas vocais. É importante informá-lo que as secreções provenientes da cavidade nasal podem efetivamente descer para a parede posterior da faringe, mas são, porém, ou rejeitadas (escarros), ou ingeridas e não podem passar pela traquéia. Se há secreções na laringe, são ou de origem brônquica, ou produzidas na própria laringe (a laringe possui glândulas suscetíveis de secretar mucos) e são, então, sucessivas à irritação laríngea. Os esforços da tosse com pigarro resultam em uma irritação agravada; está-se diante então de um círculo vicioso.

Encontram-se também sensações de *irritação laríngea* e de *queimações*. Observa-se ainda *fadiga* ou *dores* na fonação prolongada (casos 4 e 5).

Por fim, pode-se observar uma sensação de *esforço respiratório* ou de *opressão* (caso 2).

## Antecedentes médicos, temperamento, problemas psicológicos

Os antecedentes médicos destacados nos cinco casos apresentados são os seguintes: sinusites, faringite, bronquite (caso 4), amigdalectomia tardia (caso 3), problemas digestivos de origem funcional (caso 1), enfarto do miocárdio (caso 5).

* N. de T. Vale ressaltar aqui que, na França, não há aula nas quartas-feiras no ensino fundamental.

Observemos que um único indivíduo declara fumar muito (caso 2).
Notemos ainda os antecedentes de gagueira do caso 5.

Nos cem dossiês dos quais falamos anteriormente, constam: 64 indivíduos que não apresentam nenhum antecedente médico; 8 que apresentam somente antecedentes ORL (sinusites, faringites, anginas, hipoacusias, etc.); 6 indivíduos que apresentam antecedentes digestivos; 5, antecedentes ginecológicos; 5, algias vertebrais; 4, antecedentes neurológicos; 4, antecedentes cardiovasculares; 2, artroses; 2, problemas tireóideos; 1, tétano; 1, tuberculose pulmonar; 1, problemas oftalmológicos; e 1, finalmente, que apresenta uma sobrecarga de trabalho.

Quanto ao tabagismo, este apareceu somente em quatro casos (2 fumantes e 2 ex-fumantes). É bem provável que esse número esteja bem abaixo da realidade. Aconteceu, de fato, que o examinador negligenciava sistematicamente a questão sobre o tabagismo de modo a não ressaltar durante um primeiro contato esse fator suscetível de culpabilidade. Tal ressalva vale igualmente, e ainda mais evidentemente, para o grande consumo alcoólico que não figura em nenhum caso.

Quanto ao temperamento e aos problemas psicológicos passíveis de influenciar, como vimos, como fatores desencadeantes ou favorecedores, observamos nos cinco casos que três indivíduos se dizem *nervosos* (casos 1, 3 e 4) e que em um caso (3) há sérios *problemas familiares.*

Nos cem casos anteriores, tem-se: 47 indivíduos que não declaram nenhum problema nem particularidade psicológica; 30 indivíduos que se dizem nervosos; 13 que acham que apresentam problemas psicológicos sérios; 7 que fazem menção a problemas familiares; 7 ainda que se dizem ansiosos; 4 apresentando depressão nervosa; 2 que passam por um tratamento psicológico; 2 emotivos; 2 apresentando antecedentes de gagueira; 1, balbucio; e 1, por fim, que sofre de uma cancerofobia marcada.

## Exame físico

Como havíamos dito, esse exame comportará essencialmente o exame laringoscópico com luz normal e com luz estroboscópica. Verificará também, entretanto, as outras regiões otorrinolaringológicas e poderá eventualmente encaminhar para um exame médico mais geral.

### *Laringoscopia com luz comum*

Para a técnica desse exame, remetemos ao Capítulo 2 (cf. p. 29).

Esse exame permite distinguir dois aspectos diferentes denominados classicamente aspecto *hipocinético* e *hipercinético*, termos que preferimos substituir por *hipotônico e hipertônico.*

Com efeito, os termos hipo e hipercinesia, embora clássicos, não são muito apropriados. Cinesia indica que se trata de movimento: hiper e hipocinesia indicam que se trata respectivamente de excesso e de falta de movimento. Ora, como veremos, aqui se trata mais de excesso de tensão muscular (contratura) ou de falta de tensão muscular (relaxamento).

Observemos ainda que essa distinção se aplica somente ao aspecto da laringe em laringoscopia e que não se deve estendê-lo ao conjunto do distúrbio. Não é possível distinguir uma *disfonia hipocinética* de uma *disfonia hipercinética* como normalmente se imagina. É preciso considerar somente disfonias com aspecto hipotônico da laringe e disfonias com aspecto hipertônico da laringe, notando que o comportamento de esforço vocal está presente tanto nas formas *hipo* como nas formas *hiper*. Em uma palavra, essa distinção diz respeito ao comportamento da laringe e não ao comportamento fonatório global do indivíduo.

Consideraremos sucessivamente o caso da laringe hipotônica (hipocinética), depois o da laringe hipertônica (hipercinética). Para cada um desses dois casos, descreveremos os diversos aspectos nos quais podem aparecer as pregas vocais, depois, o comportamento destas na respiração, de um lado, e na fonação, de outro.

## LARINGE HIPOTÔNICA (HIPOCINÉTICA)

A mucosa das pregas vocais pode aparecer aqui sob quatro aspectos diferentes.

Ela pode estar completamente *normal* (aspecto "branco nacarado" tradicional) (Figura 4.1a). É, na verdade, uma eventualidade freqüente (casos 1, 2 e 4).

Em outros casos (caso 3), a mucosa aparece levemente *congestiva*, assumindo um tom rosado (Figura 4.1b). Notaremos, entretanto, que essa coloração nem sempre é patológica. Ela será observada, de fato, freqüentemente nos indivíduos que utilizam sua laringe de forma intensiva (cantores de grande potência).

Às vezes, percebe-se a existência de um entrelaçado vascular (varicosidades) unindo-se ao aspecto congestivo (Figura 4.1c), o que pode ser interpretado como uma atividade circulatória agravada devido aos fenômenos irritativos. Fala-se, às vezes, nesse caso, de cordite vascular ou, mais raramente, de varizes da corda vocal[12].

Finalmente, pode-se observar a presença de uma *faixa vermelha* acompanhando a borda livre de cada prega vocal (Figura 4.1d). Isso corresponde à inflamação da mucosa subglótica que aparece assim parcialmente a olho nu.

Esses fenômenos irritativos constituem evidentemente uma alteração da mucosa laríngea. Mas esta permanece mínima e não se pode falar aqui de complicações laríngeas comparáveis às que estudaremos no capítulo seguinte.

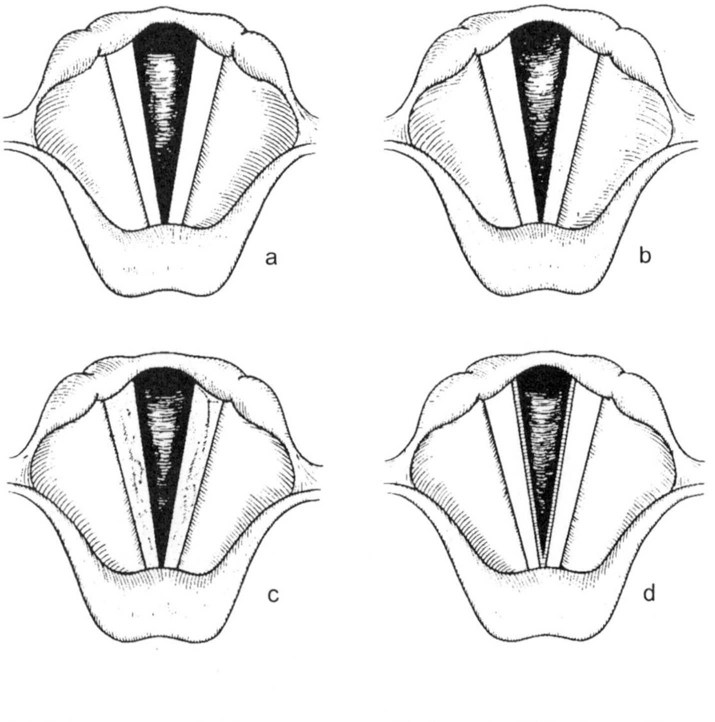


**➤ Fig. 4.1**

**Quatro possíveis aspectos das pregas vocais em caso de laringe hipotônica (vistos no fibroscópio).**

**➤ a**
Pregas vocais normais (brancas).

**➤ b**
Pregas vocais levemente congestivas (rosadas).

**➤ c**
Entrelaçado vascular.

**➤ d**
Faixa vermelha.

[12] As vênulas das pregas vocais não apresentam válvula como já havíamos dito, sua dilatação não pode, portanto, ser de ordem varicosa.

### Durante a respiração

Podem ser observados *três comportamentos* possíveis das pregas vocais:

– elas podem, primeiramente, apresentar-se de forma completamente *normal* (Figura 4.1a) e é o que acontece na maioria dos casos;

– às vezes, elas apresentam-se como a imagem de uma "cortina de estilo rústico" (Figura 4.2a); esse aspecto corresponde a uma rotação das aritenóides em relação ao seu eixo, levando as apófises vocais para uma posição de hiperabdução; forma-se assim um ângulo invadindo a união do terço médio e do terço posterior de cada prega, o que dá a imagem do embrace que prende a cortina, com a condição de que a laringe seja observada no espelho (imagem invertida, epiglote para cima, em relação à imagem fibroscópica da Figura 4.2a). Isso pode ser interpretado como uma desordem do comportamento laríngeo; notemos, porém, que esse modo de abertura glótica não é considerado patológico por todos os autores[13];

– finalmente, em outros casos, as pregas vocais aparecem segundo a imagem dita de "*pseudonódulos posteriores*" (Figura 4.2b). Esse aspecto corresponde – ao contrário do caso anterior – a uma rotação paradoxal das aritenóides, levando as apófises vocais a formar uma saliência no espaço glótico: ângulo saliente na união do terço médio e do terço posterior de cada prega vocal. A mucosa um pouco frouxa, nesse nível, poderia então ser associada a um nódulo da prega vocal. Como veremos, porém, o nódulo está situado sempre na parte anterior (união do terço anterior e do terço médio da prega) e sua significação é bem diferente.

### Durante a fonação

Embora menos freqüente do que o comportamento normal na respiração, um *comportamento normal* pode ser observado, às vezes, na fonação: as pregas vocais unem-se então totalmente (Figura 4.3a). Observa-se mais freqüentemente uma *falha de atrito* durante a fonação que pode ter três aspectos aos quais descreveremos em ordem de freqüência decrescente.

O primeiro aspecto corresponde a uma *falha particular de atrito posterior* (Figura 4.3b). Nesse caso, as pregas vocais unem-se em seus 2/3 anteriores (glote ligamentosa), mas permanecem separadas em seu terço posterior (glote cartilaginosa). Observa-se assim, no nível do terço posterior da glote, um pequeno triângulo de base posterior que permanece aberto durante a fonação. É a saída de ar resultante dessa abertura que dá à voz seu caráter velado. Esse aspecto é em geral descrito com o nome de *fuga posterior* ou de *derramamento posterior* (caso 2).

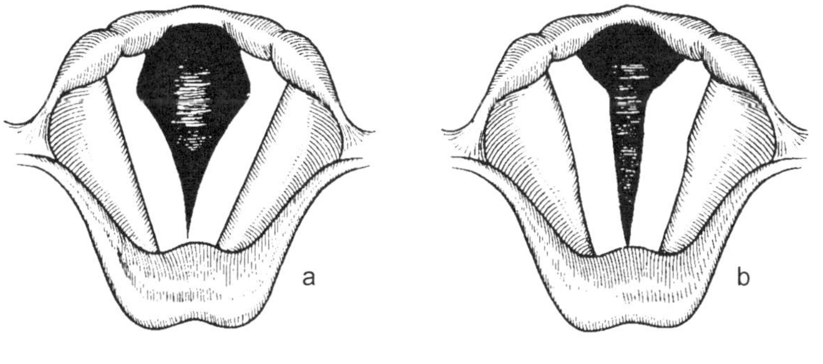


**➤ Fig. 4.2**

**Dois possíveis comportamentos das pregas vocais em caso de laringe hipotônica observados durante a respiração.**

**➤ a**
Imagem em "cortina de estilo rústico".

**➤ b**
Imagem de pseudonódulos posteriores.

[13] Cf. "A concepção de Ganz" da abertura glótica, *A voz*, Volume 1.

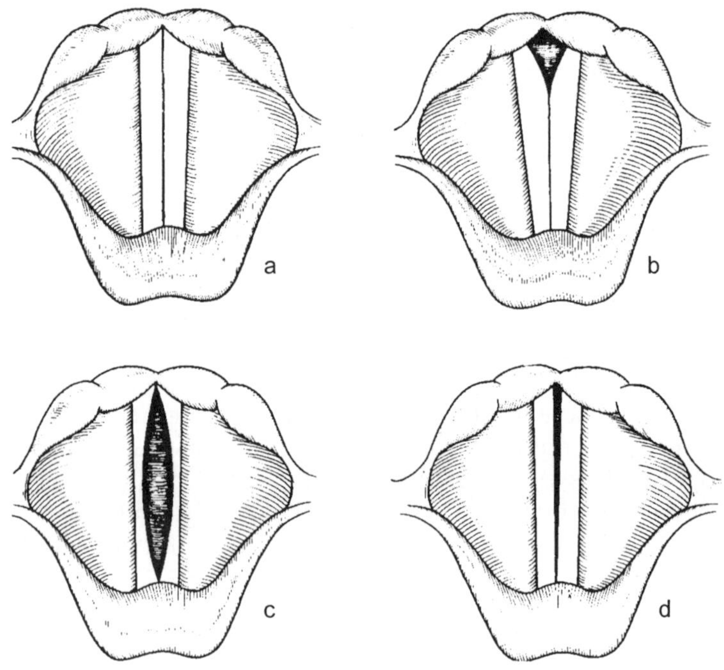


➤ **Fig. 4.3**

**Quatro possíveis comportamentos das pregas vocais em caso de laringe hipotônica observados durante a fonação.**

➤ a
Contato normal.

➤ b
Falha de atrito posterior (derramamento posterior).

➤ c
Aspecto de glote ovalada.

➤ d
Falha de atrito longitudinal.

O segundo aspecto corresponde à imagem de *glote ovalada*[14]. Nesse caso (Figura 4.3c), as extremidades posteriores das pregas vocais estão em contato, mas a borda livre apresenta uma forma arqueada. Apesar de vibrarem, essas bordas livres permanecem distantes uma da outra (caso 4).

O terceiro aspecto, mais raro, corresponde a uma *falha de atrito longitudinal*. Nesse caso, as pregas vocais cuja borda livre é perfeitamente retilínea deixam entre elas um pequeno espaço, implicando todo o comprimento da glote no momento da fonação (caso 3).

*Observações*. A falha de atrito das pregas vocais na fonação pode variar de forma significativa no decorrer de um mesmo exame, de uma emissão vocal à outra. Às vezes, basta solicitar ao paciente um som mais agudo ou mais forte para que o atrito volte ao normal.

Tarneaud conta que a falha de atrito não implica toda a extensão da voz e ocorre somente em certas notas.

*A interpretação da falha de atrito* observada na fonação no caso da laringe de aspecto hipotônico é passível de discussão.

Classicamente, tal defeito das pregas vocais na fonação é interpretado como o resultado de uma diminuição da força muscular (paresia) de um ou de vários músculos intrínsecos da laringe.

Assim, por exemplo, o defeito de atrito posterior corresponderia a uma paresia dos músculos interaritenóideos, e a glote ovalada corresponderia a uma paresia dos músculos tiroaritenóideos.

Essa concepção clássica – na nossa opinião, errônea – considera que tais paresias são a conseqüência da inflamação da mucosa laríngea. É tradicional, com

[14] A *glote ovalada* é, às vezes, nomeada erroneamente *glote em grão de cevada*. Ora, o termo de corda vocal em grão de cevada foi cunhado por Garel, em 1922, para designar um aspecto particular da prega vocal na criança disfônica. Inchada em seu conjunto, a prega vocal na criança fica, com efeito, com um aspecto semelhante ao de um grão de cevada.

efeito, afirmar que a inflamação de uma mucosa determina uma diminuição de eficiência dos músculos subjacentes.

Pode-se garantir, no entanto, que não há nenhuma paresia na laringe quando ocorre a falha de atrito das pregas vocais durante a fonação: de fato, por um lado, como já vimos, esse defeito de atrito pode desaparecer instantaneamente de uma emissão vocal à outra; por outro, e sobretudo, pode-se observar que a força muscular da laringe é integralmente conservada nos atos laríngeos não-fonatórios, como a tosse ou o bloqueio do esforço. Ora, é certo que a força muscular da laringe necessária à fonação é bem inferior à da função esfincteriana desta.

A falha de atrito das pregas vocais na fonação, no caso da laringe hipotônica, deve ser compreendida, segundo nossa concepção, no âmbito do comportamento vocal por inteiro, como um elemento reacional ao esforço vocal. Trata-se, poder-se-ia dizer, de uma *omissão do fechamento da laringe* em resposta ao excesso da pressão subglótica resultante do comportamento de esforço.

Em outras palavras, por um lado, o paciente realiza um esforço maior no nível respiratório para compensar a insuficiência de sua voz, e, por outro, protege, ao mesmo tempo, suas pregas vocais contra seu próprio esforço, criando (inconscientemente) um desperdício de ar no nível da laringe.

Concebemos, nessas condições, o caráter pouco adaptado de uma terapêutica destinada a corrigir essa "perda de ar", seja por um tratamento medicinal que estimule a musculatura (estricnina), seja – pior ainda – por uma injeção cirúrgica de substância amorfa (teflon, silicone, etc.).

LARINGE HIPERTÔNICA (hipercinética)

*A mucosa das pregas vocais* pode aparecer, nesse caso, em três aspectos diferentes:

– pode ser normal (caso 5);

– em outra situação, as pregas vocais, *vermelhas* em seu conjunto, apresentam uma mucosa espessa por uma reação edematosa, dando o aspecto clássico das *pregas vocais torcidas,* conhecidas também pelo nome de cordite hipertrófica simples, difundida por Garel (Figura 4.4a);

– finalmente, a mucosa de coloração igualmente vermelha pode apresentar irregularidades, *granulações* espalhadas na superfície da prega vocal e dando à sua *borda livre* um aspecto *ameado*. Trata-se da cordite hipertrófica verrugosa de Wirchow (Figura 4.4b).

Observemos ainda no caso da laringe hipertônica:

– a presença de *secreções* freqüentemente aderentes;

– o aspecto hipertrópico das pregas vestibulares.

As alterações laríngeas descritas aqui são, como se vê, mais significativas do que as que descrevemos no caso da laringe hipotônica. Pode-se considerar que, em

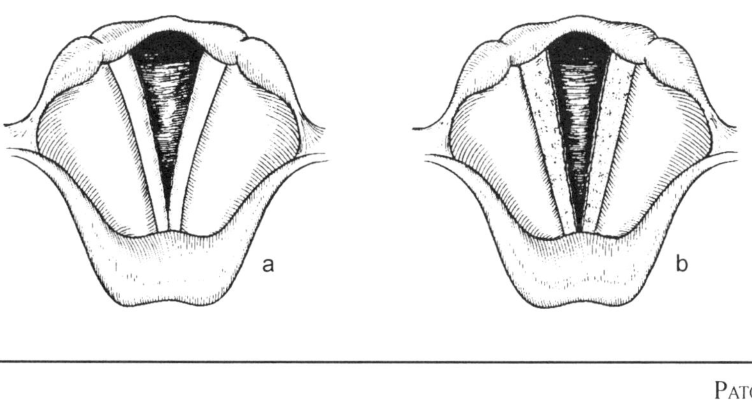


➤ **Fig. 4.4**

**Dois possíveis aspectos das pregas vocais em caso de laringe hipertônica.**

➤ **a**
Pregas vocais torcidas e pregas vestibulares de aspecto inflamatório e hipertrófico.

➤ **b**
Bordas livres das pregas vocais "dentadas" e mucosa de aspecto irregular.

certos casos, tratam-se de autênticas complicações laríngeas as quais poderemos descrever igualmente no capítulo seguinte.

Quanto ao comportamento laríngeo, observam-se freqüentemente, no exame, fenômenos de contrações intensas, dificultando o exame (caso 5).

Durante as tentativas fonatórias, as pregas vocais aparecem bastante apertadas uma contra a outra. Às vezes, estão mais ou menos *dissimuladas* pela aproximação das pregas vestibulares ou pelas contraturas faríngeas.

### Laringoestroboscopia

Esse exame permite observar de forma mais clara a *eventual falha de atrito* das pregas vocais no caso da laringe hipotônica. Permite igualmente avaliar a dimensão da amplitude da vibração.

No caso da laringe hipotônica, as pregas vocais vibram de maneira ampla e mole, e, às vezes, assimétrica. O componente vertical do movimento vibratório é claramente visível devido ao seu exagero. Esse aspecto é freqüentemente notável no caso da glote ovalada em que a mucosa parece balançar como uma bandeira (Tarneaud) na corrente de ar glótica.

No caso da laringe hipertônica, observa-se, ao contrário, o caráter reduzido da amplitude vibratória e, às vezes, nota-se que a vibração não atinge a totalidade do comprimento da glote, mas somente sua parte média, resultando no aspecto de vibração reduzida descrito por Tarneaud (Figura 4.5). Esse aspecto deve-se ao fato de que as apófises vocais estão fortemente apertadas uma contra à outra, por um lado, e de que a contração dos músculos vocais impede, por outro, a abertura da comissura anterior.

Notemos que esse aspecto de vibração reduzida é observado em condições não-patológicas em certos cantores, particularmente contra-tenores, contraltos ou falsetistas.

O exame laringoestroboscópico permite ainda avaliar a *eventual alteração da mucosa*. Ele pode indicar um leve *espessamento edematoso* no caso da laringe hipotônica e confirmar a *homogeneidade do espessamento* da mucosa no caso da laringe hipercinética. Confirmará que não há nódulo, nem cisto disfarçado pelo edema e que se trata de uma disfonia disfuncional não-complicada.

### Exames otorrinolaringológicos anexos

Durante a laringoscopia, será possível observar a mucosa traqueal na busca de uma *traqueíte*.

O exame da faringe permite em seguida detectar uma eventual *faringite granulosa* freqüentemente associada à disfonia disfuncional, particularmente no caso em que há uma hipertonia laríngea (mas observável também no caso de hipotonia laríngea: caso 4).

Freqüentemente, essa faringite é interpretada como o resultado de fenômenos infecciosos cuja extensão na laringe permitiria explicar a disfonia. Na realidade, é mais provável que essa faringite seja freqüentemente compreendida como uma conseqüência do comportamento de esforço vocal devido à congestão local resultante das supressões torácicas, realizadas durante os esforços fonatórios no disfônico.

O estado das amígdalas será observado igualmente. Uma *amigdalite crônica* que possa ser um fator favorecedor do surgimento da disfonia disfuncional.

O exame das fossas nasais mostrará uma *mucosa de aspecto alérgico* ou uma *rinite*.

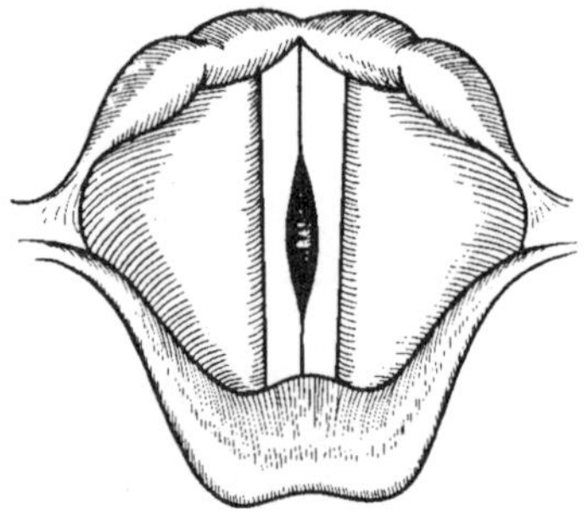

➤ Fig. 4.5

**Um possível comportamento das pregas vocais em caso de laringe hipertônica observado em fonação no exame laringoestroboscópico (vibração reduzida de Tarneaud).**

O estudo de uma *sinusite* deverá recorrer a exames radiológicos complementares.

O exame da *audição*, finalmente, revelar-se-á importante em alguns casos.

## Exame da voz e do comportamento vocal: sinais fônicos e alterações da postura

Como a leitura dos cinco casos relatados anteriormente podem ser questionados, com certeza, é arriscado, ao menos no estado atual de nossos conhecimentos, procurar, pelas alterações vocais, definir categorias precisas em que os distúrbios poderiam ser classificados por família. Com efeito, todas as alterações podem ser observadas e estar associadas entre elas de forma que cada paciente constitui realmente um caso particular.

Retomaremos, entretanto, com base nos cinco casos anteriores, cada item do exame do comportamento vocal (cf. Capítulo 1), o que propiciará fazer algumas observações úteis.

### VOZ CONVERSACIONAL

É observada, como sabemos, graças à escuta do registro da anamnese na fita magnética.

Vê-se que ela pode ser *alterada de maneira muito variável*: discreta alteração do timbre (caso 1) ou desordem bastante significativa (caso 5).

Freqüentemente, a alteração é inconstante, a voz aparecendo completamente normal por intermitência (caso 3).

Essa alteração diz respeito sobretudo ao timbre que pode ser *velado, surdo, roufenho* ou *rouco*. Às vezes, é a *irregularidade* que domina o quadro com, freqüentemente, *finais surdos* ("vazios" na voz); outras vezes, a *instabilidade do registro* é o sintoma mais preocupante (caso 2).

Em outros casos, é difícil definir a alteração do timbre vocal, mas têm-se a impressão subjetiva de uma *dificuldade sentida* pelo paciente, de uma *tensão emotiva subjacente* (caso 3).

Embora isso não seja o caso em nenhuma de nossas observações, o comportamento de *esforço* é bastante evidente desde a voz conversacional, com esforço torácico em cada frase, acarretando a saliência das veias jugulares, a crispação do rosto, a *fadiga* e a *sufocação* rápida na fala prolongada.

Notemos que, freqüentemente, esse comportamento de esforço é amplamente *inconsciente* e será surpreendente se o paciente tomar consciência no momento da escuta do registro. No ouvido, com efeito, escuta se bem particularmente o esforço que resulta acusticamente bastante eloqüente.

### TESTE DE LEITURA SIMPLES

Acentua, em geral, a alteração observada na voz conversacional, mas há exceções (caso 5).

### TESTE DE LEITURA PROJETADA

Traduz-se, em geral, por uma melhora do timbre vocal (caso 1, 2 e 3). Essa melhora será apreciada com interesse pelo paciente quando escutar o registro.

Apesar da melhora do timbre, os desempenhos continuam insuficientes, até mesmo realmente fracos (casos 1 e 2) quanto à altura tonal. Além disso, o comportamento de esforço revela-se, neste teste, freqüentemente manifesto (caso 3). Em outros casos, é o comportamento de detenção que é evidenciado.

### TESTE DA CONTAGEM PROJETADA

Permite, em geral, as mesmas constatações que o teste anterior, mas com muito mais precisão. Ao escutar o registro, o paciente poderá facilmente se dar conta da intensidade e da violência inútil de seu esforço ou de seus ataques em golpe de glote (caso 4).

### VOZ DE CHAMAMENTO

Revela-se normal em um quarto dos casos aproximadamente, considerando que o paciente seja estimulado corretamente. Essa demonstração da eventual normalidade da voz de chamamento é, para o paciente, muito importante ser constatada: ele percebe que seu órgão vocal apresenta possibilidades melhores do que imaginava. Isso é o início para a compreensão da natureza disfuncional de suas dificuldades.

Quando a voz de chamamento não é normal, o teste revela um comportamento de esforço ou de retenção (casos 1 e 4). Qualquer tipo de emissão é complicado, insuficiente quanto à tonalidade e à intensidade, com uma irregularidade às vezes do timbre (caso 2) ou uma instabilidade do registro.

### EXAME DA VOZ CANTADA

Evidencia, em geral, uma redução da extensão vocal; esta é mais freqüentemente diminuída nos agudos (casos 2, 3 e 4). Às vezes (caso 1), essa perda do agudo não resiste a algumas tentativas; outra vezes, porém, (caso 5) a desorganização do comportamento vocal é tão grande que é impossível avaliar os limites reais da voz.

A alteração do timbre varia segundo as notas realizadas e predomina, na maioria das vezes, nos agudos (casos 2 e 4).

Freqüentemente, observa-se uma discordância entre a alteração relativa do timbre da voz cantada e da voz falada: timbre melhor em voz falada (caso 1) ou melhor em voz cantada (caso 3).

O controle constitui um grave problema (caso 1) ou um problema secundário (casos 2 e 3). Eventualmente, o exame da voz cantada é o momento propício para o paciente constatar que, apesar de suas convicções, não há problema de controle e que ele é perfeitamente capaz de reproduzir as notas que lhe são solicitadas.

### TEMPO FONATÓRIO

Não podemos fornecer nenhuma conclusão, pois é um teste que raramente praticamos.

### TENTATIVAS DE CORREÇÃO INSTANTÂNEA

Quaisquer que sejam os procedimento utilizados, a cada dois casos um produz uma melhora do timbre e quanto mais significativa for sua alteração, mais surpreendente é a melhora.

### PAREDE ABDOMINAL

A maneabilidade da parede abdominal, para finalizar, é regularmente defeituosa. Isso não é muito surpreendente se considerarmos que a desorganização da mecânica da respiração é uma das principais características da disfonia disfuncional.

### Evolução

Afirmamos, em primeiro lugar, que uma disfonia disfuncional pode perfeitamente curar-se espontaneamente, sobretudo se há modificações na vida do paciente. Essas modificações, com efeito, podem resultar em uma redução ou em um desaparecimento dos fatores favorecedores. O caso mais comum diz respeito à mudança de profissão[15] ou de modalidade de exercício profissional (professor que troca o ensino oral pelo ensino por correspondência), a modificação de uma situação familiar conflituosa (final de um divórcio), a mudança do lugar residencial (clima mais seco), etc.

Mais freqüentemente, no entanto, a disfonia se agrava até se instalar de maneira permanente. O indivíduo pode então se adaptar mais ou menos bem à disfonia que pode permanecer relativamente estável durante anos. Vê-se assim pessoas cuja voz é mais ou menos alterada e que afirmam que, mesmo se têm problemas com sua voz, essa voz é a *sua* e não têm intenção de fazer absolutamente nada para mudá-la (caso 5).

Tal alteração vocal pode agravar-se com os anos até confinar na afonia em um contexto de esforço vocal excessivo.

Muitas vezes, infelizmente, complicações laríngeas intervêm, como veremos no capítulo seguinte (tal como o surgimento de um pólipo), tornando inevitável o recurso a um tratamento cirúrgico devido ao risco respiratório que se corre.

A evolução para uma alteração vocal maior, provocando indiscutivelmente uma grave deficiência na vida do indivíduo, pode ser evitada por um tratamento bem conduzido.

Para mais detalhes, remeteremos o leitor ao Volume 4, dedicado ao tratamento. Adiantamos, porém, desde agora, que esta levará em consideração:

– os *fatores desencadeantes* e principalmente os *fatores favorecedores* na medida em que são passíveis de um tratamento;

– o círculo vicioso do esforço vocal. Em uma primeira etapa, as ações terapêuticas serão variadas: desde os tratamentos ORL até à psicoterapia, sem esquecer a orientação dada ao paciente; uma melhor compreensão do mecanismo de seus distúrbios, colocando cada fator em seu lugar, é um passo importante para uma melhora.

A segunda etapa é constituída pela reeducação vocal. Esta consiste, para nós, como veremos, em iniciar o paciente à prática quotidiana de um curto treinamento (10 minutos) capaz de garantir uma *recuperação dos automatismos normais do comportamento fonatório*.

Esse treinamento recorrerá a exercícios relativos:

– ao domínio do nível de tensão psicomotora (relaxamento);
– à respiração e à postura geral (verticalidade);
– à própria voz.

A duração de um tratamento desse tipo é bastante variável: de algumas semanas (excepcionalmente) a vários meses e até mesmo um ano ou mais.

Esse tratamento conduz progressivamente o retorno a um comportamento vocal normal, depois a um desaparecimento mais ou menos completo das alterações acústicas da voz.

Um estudo relativo a professores que apresentam dificuldades vocais mostrou que a eficácia da reeducação é melhor quando não há complicações laríngeas (em caso de disfonias disfuncionais simples). Essa reeducação é de curta duração (15 sessões em média) quando se trata praticamente apenas do problema mecânico do círculo vicioso do esforço vocal. Sua dura-

[15] Não se trata de uma razão, entretanto, para preconizar, como se faz às vezes, a mudança de profissão como uma terapêutica inevitável, não sem uma certa leveza!

ção aumenta (dobra) quando há problemas de ordem psicológica (familiares ou profissionais), constituindo um "fator favorecedor" notável. Nesses casos, como mostrou o mesmo estudo, vê-se que o paciente busca, posteriormente, uma psicoterapia. A reeducação terá servido então como "um passo" para um tratamento psicológico que não teria sido aceito imediatamente.

Recidivas podem ocorrer vários meses ou vários anos após uma primeira reeducação, sobretudo quando esta não pôde ser levada a cabo (caso 3). Essas recidivas são em geral mais facilmente curáveis do que a primeira crise.

Há casos, porém, em que a reeducação deverá ser retomada várias vezes com alguns anos de intervalo. Seguindo o mesmo raciocínio, certos pacientes sentem a necessidade de retomar algumas sessões de tempos em tempos a fim de manter sua função vocal em bom estado de funcionamento.

## LEITURAS SUGERIDAS


ARONSON AE. *Les Troubles cliniques de la voix.* Paris: Masson, 1983.

BERGER G. *Traité pratique d'analyse du caractère.* Paris: PUF, 1955.

CASTEX. *Maladie de la voix.* Paris: C. Naud, 1902.

CHICARD A, NHEM-ALLALI MC. *Devenir des dysphonies fonctionnelles de l'enseignant.* Paris: Mémoire d'orthophonie, 1976.

CORNUT G. La rééducation des dysphonies. *J Fr ORL* 1984; *33*: 9.

CORNUT G, BOUCHAYER M. Du fonctionnel à l'organique. *Rev Laryngol* 1987.

FRANKEL. La mogiphonie. *Deuts Med Woch* 1897; 7.

GARDE E. Évolution de nos connaissances et de nos conceptions en matière de pathogénie et de thérapeutique des troubles fonctionnels de la voix. *Rev Laryngol* 1955: 749-772.

KITZING. Die Behandlung von Storüngen des Stimmfunktion. Rapport au XIXe congrès de l'ALP, Edimbourg. *Folia Phoniatrica* 1983; *35* : 40-65.

LE HUCHE F. Dysphonies fonctionnelles (ou dysfonctionnelles). *Revue du praticien* 1977; 27: 41.

LE HUCHE F. *Dysphonies fonctionnelles et dualité du souffle phonatoire.* Padoua: Proceeding of IALP, 1962.

LE HUCHE F. Signification du non-affrontement des cordes vocales observées en laryngoscopie indirecte. *Ann Otolaryngol* 1969; 86, 9: 573-575.

LE HUCHE F. La voz de socorro. Mecanica de la voz de socorro y difunción vocal. *Revista de logop Audiol 1983; 6,* 2: 84-85.

LE HUCHE F. *Dysphonies dysfonctionnelles.* Salon d'OPA pratique. Paris: LEN Médical, 1987.

LE HUCHE F, ALLALI MC. *Questionnaire permettant d'apprécier les résultats lointains de la thérapie vocale.* Copenhague : IALP Congress Proceedings, 1977: 383-387.

HEUILLET *G et al. Une Voix pour tous.* Marseille : Solal, 1995.

LUCHSINGER R, ARNOLD GE. *Voice-Speech Language.* Wadsworth publishing company, 1965.

MONET A. La phonation hypertonique. *Ann Oto Laryngol* 1970; 87, 3: 183-188.

PERELLÒ J. Dysphonies fonctionnelles. *Folia Phoniatrica* 1962; *14* : 150-205.

PERELLÒ J. *Alteraciones de la voz.* Barcelone: Editorial Cientifico Medical, 1980.

TARNEAUD J, BOREL-MAISONNY S. *Traité pratique de phonologie et de phoniatrie.* Paris: Maloine, 1961.

TOMATIS A. *L'oreille et le langage.* Paris: Le seuil, 1963.

VAN RIPER C, IRWIN J. *Voice and Articulation.* Londres: Putman medical, 1959.

WENDLER J. Behandlungsergebnisse bei funktionnellen dysphonien. *Folia Phoniatrica* 1966 ; *18,* 6 : 401-416.

# *Disfonias disfuncionais complicadas (com laringopatias disfuncionais)*

# 5

Como mostrou Tarneaud, e como já recordamos em vários momentos, a existência de um comportamento de esforço vocal pode acarretar uma alteração laríngea. Dessa forma, pode-se falar de laringopatias de origem funcional ou, mais especificamente, de *laringopatias disfuncionais*. Estas podem ser definidas como lesões que envolvem essencialmente a mucosa da prega vocal produzidas ou geradas por um comportamento de esforço vocal defeituoso.

Poder-se-ia considerar já como laringopatias disfuncionais as reações inflamatórias edematosas ou hipertrópicas da mucosa da prega vocal, tais como descrevemos no capítulo anterior. Em geral, no entanto, esse termo é reservado a lesões mais específicas.

Pode se tratar de lesões constituídas por um espessamento epitelial da mucosa (nódulo) ou por uma transformação mais significativa, envolvendo a submucosa (pseudocisto seroso, pólipo) ou caracterizada por um edema crônico relativamente desenvolvido.

Às vezes, trata-se de um hematoma, de uma ruptura muscular (chicotada laríngea) ou de uma deterioração localizada da mucosa (úlcera da aritenóide).

Na maioria dessas laringopatias (nódulo, pólipo, pseudocisto seroso, chicotada laríngea), o fator funcional é praticamente o único implicado.

Na úlcera da aritenóide, fala-se freqüentemente, além desta, da responsabilidade de regurgitações ácidas. No edema crônico da laringe, a intoxicação tabagística intervém praticamente sempre.

A ocorrência de uma laringopatia disfuncional agrava naturalmente a perturbação da função vocal. É tentador então pensar que a cura medicamentosa ou cirúrgica dessa laringopatia possa ser suficiente para restabelecer a função vocal. Nesse caso, seria perder de vista a noção de intrincação das perturbações funcionais e das lesões orgânicas e a da origem funcional da laringopatia (cf. p. 61). Mesmo que a laringopatia exija um tratamento cirúrgico ou medicamentoso, o tratamento pela reeducação vocal da disfunção original continua sendo, apesar disso, o mais freqüentemente indispensável.

Abordaremos o estudo dessas laringopatias disfuncionais, começando pela mais célebre dentre elas: o *nódulo da prega vocal.*

## NÓDULO DA PREGA VOCAL

### Definição

O nódulo da prega vocal é um espessamento localizado da mucosa que atinge a borda livre de uma prega vocal (ou das duas), na união do terço anterior e do terço médio desta.

## Histórico

Essa lesão é descrita pela primeira vez, em 1866, por Türck, com o nome de *Chorditis tuberosa*.

Ricardo Botey, em 1896, interpreta essa lesão como uma calosidade resultante de um ventre de vibrações da "corda vocal".

Garel, em 1921, pensa que se trata mais de um nó de vibrações. Ele considera o nódulo como um calo e destaca a importância na origem deste do maltrato vocal já considerado por Botey.

Tarneaud, em 1935, publica um estudo importante sobre esse assunto, confirmando a origem funcional do nódulo. Ele estabelece nesta ocasião a noção de *laringopatia disfuncional*.

## Epidemiologia

Observa-se, primeiramente, a freqüência muito maior do nódulo na mulher: 69 mulheres para 4 homens em um estudo pessoal que cobre um pouco mais de um ano; 809 mulheres para 181 homens em um estudo estatístico de Perellò (1972).

Na criança, entretanto, em que o nódulo é relativamente freqüente, encontramo-lo na maioria das vezes nos meninos.

Quanto à idade, é entre 20 e 30 anos que o nódulo é mais freqüentemente observado. Sua freqüência diminui nitidamente após os 40 anos. Observa-se com freqüência um temperamento nervoso ou uma tendência à ansiedade.

Quanto à profissão, nota-se que são os professores os mais atingidos (25 casos sobre 73 em nosso estudo citado anteriormente), depois os cantores e os atores (10 casos).

## Clínica

### *Como tudo começa*

O nódulo surge geralmente em um indivíduo que apresenta uma disfonia disfuncional já há um certo tempo – alguns meses ou anos –, agravando-se progressivamente em etapas. A Senhora D., a professora de nosso caso 1 (cf. Capítulo 4), teria provavelmente, sem reeducação, acabado por constituir um nódulo.

### *Sintomatologia*

#### SINAIS SUBJETIVOS

Todos os sinais subjetivos que salientamos na disfonia disfuncional simples podem ser encontrados aqui. Porém, *falhas* e *dores* são as queixas mais freqüentes, bem como a *fadiga na fonação prolongada*.

Por outro lado, o paciente ressalta, em praticamente todos os casos, a *alteração de sua voz cantada* ("Não posso mais cantar", "Adoro cantar, mas não posso mais") e sobretudo a *perda dos agudos*.

Nota-se ainda a freqüente apreciação negativa da voz pelo próprio paciente ("Minha voz é assustadora, horrível", "Não gosto de me escutar").

Apesar das dificuldades, algumas vezes, na voz de chamamento, o indivíduo não se queixa da falta de força de sua voz. Às vezes, porém, conta que é obrigado a modificar voluntariamente a tonalidade da voz para se fazer escutar, transpondo-a, por exemplo, para o grave.

SINAIS OBJETIVOS

## ■ Sinais fônicos e alterações do comportamento fonatório

Os sinais fônicos enganam bastante, e a escuta da voz somente não permite afirmar a existência ou a ausência de um nódulo. Apesar de certas afirmações aleatórias, a laringoscopia é para isso absolutamente indispensável.

Pode-se encontrar todas as alterações acústicas e todas as alterações do comportamento fonatório (esforço) descritas no estudo das disfonias disfuncionais simples.

Certos traços bastante sintomáticos podem, entretanto, ser notados.

Em voz conversacional:

– o caráter freqüentemente *roufenho* do timbre vocal;

– a presença, às vezes, de dessonorização ("vazios" na voz) e mais raramente um leve assobio acrescentando-se ao som da voz.

Em voz projetada:

– uma *melhora paradoxal do timbre,* mas incidindo em um significativo comportamento de esforço;

– a impossibilidade às vezes de emitir a *voz de chamamento*;

– a *ausência de comportamento de "retenção"* (não há inibição psicológica em relação à projeção vocal), apesar das freqüentes auto-avaliações negativas que ressaltamos quando descrevemos os sinais subjetivos.

Quanto à voz cantada:

– freqüentemente é de *difícil realização*, sobretudo no *agudo*, apresentando um timbre roufenho e uma instabilidade do registro;

– em outros casos, há somente um *timbre velado* no médio.

Pode-se observar ainda uma *diplofonia,* dando à voz um caráter ocasionalmente bitonal.

## ■ Sinais laringoscópicos (cf. p. 181)

### Exame laríngeo com espelho (ou fibroscopia)

Evidencia a lesão da borda livre da prega vocal. A localização dessa lesão é uma característica essencial: encontra-se sempre – no adulto – na junção do terço anterior e do terço médio da prega vocal em um ponto dito *ponto nodular* que marca o meio da glote ligamentosa.

Na criança, o(s) nódulo(s) está(ão) situado(s) freqüentemente em oposição à junção dos primeiros quartos anteriores da prega vocal. Nesse caso ainda, esse ponto marca o meio da glote ligamentosa, sendo a apófise vocal (cartilaginosa) relativamente mais longa nele.

Essa lesão apresenta-se na forma de um espessamento acinzentado ou rosado da mucosa, de tamanho e de consistência variáveis. Na maioria das, vezes é bilateral (nódulos no espelho); mas, quando é unilateral, situa-se mais freqüentemente à esquerda.

Dessa forma, podem-se distinguir:

– o *nódulo espinhoso* (Figura 5.1), que se reduz a um pequeno espículo esbranquiçado, freqüentemente recoberto de muco; esse muco poderá ser expulso por alguns acessos de tosse, o que permitirá avaliar o volume exato do nódulo;

– o *nódulo edematoso* que aparece como uma tumefação lisa, de consistência mole; é um nódulo recente;

– o *nódulo fibroso* de consistência firme e de aspecto mais ou menos rugoso; trata-se de uma lesão antiga;

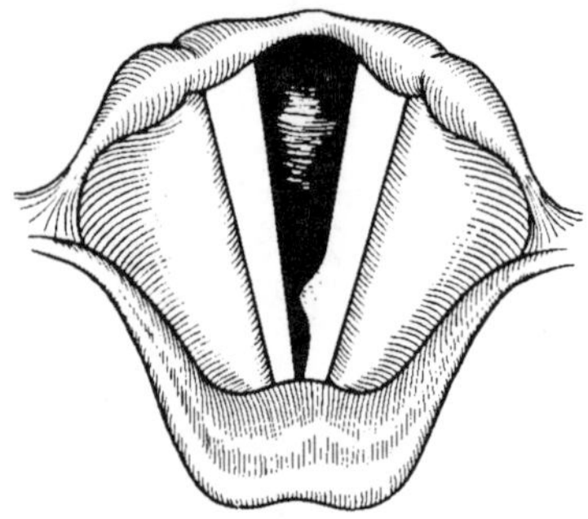

➤ Fig. 5.1
Nódulo espinhoso.

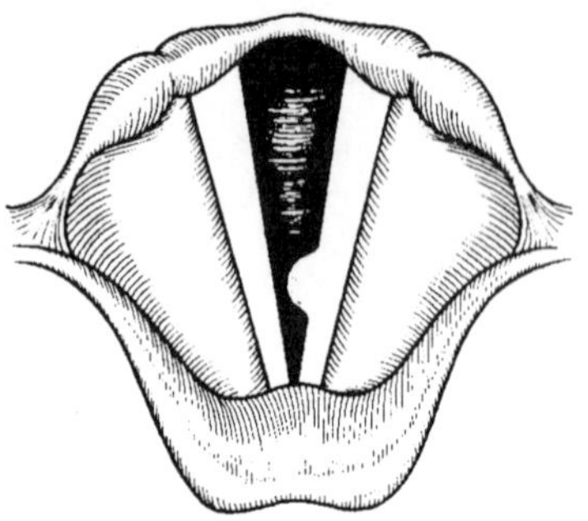

➤ Fig. 5.2
Nodosidade.

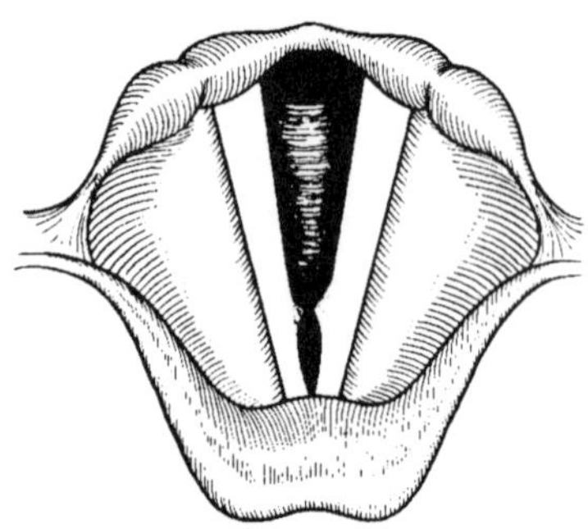

➤ Fig. 5.3
Kissing nódulos.

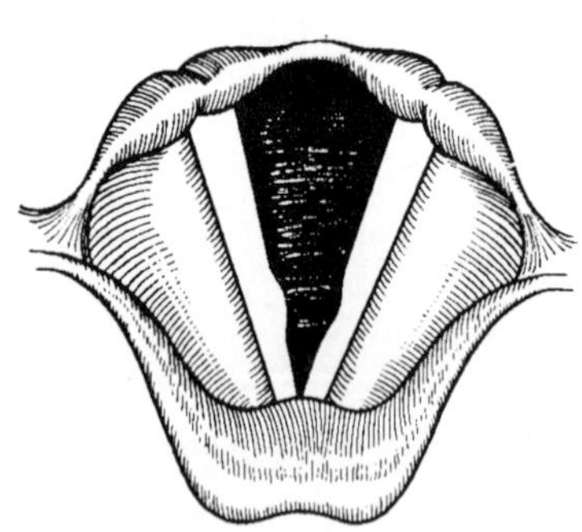

➤ Fig. 5.4
Entalhe atrópico.

– a *nodosidade* (Figura 5.2) que é um nódulo de volume significativo (3 a 4 mm de diâmetro); essa forma é bastante freqüente na criança.

– os *kissing-nódulos* ou nódulos no espelho (Figura 5.3). Trata-se de uma lesão bilateral cuja freqüência é alta, como havíamos dito, relativamente ao conjunto de todas as formas de nódulos (51 casos sobre 73, segundo nossa estatística citada anteriormente). Um dos dois nódulos é, em geral, mais volumoso do que o outro. Observa-se freqüentemente um cordão de muco unindo os dois nódulos na abertura da laringe.

Raramente, o nódulo unilateral é acompanhado de um tipo de entalhe sobre a prega contralateral na qual ele se encastra durante a fonação (Figura 5.4).

Excepcionalmente, pode-se notar a presença de um pólipo sobre a outra prega. Interpreta-se geralmente, nesse caso, o nódulo como lesão reacional ao pólipo.

*Observação:* notemos que o distúrbio vocal não é proporcional ao tamanho do nódulo. Pode-se observar um pequeno nódulo com uma voz muito alterada e reciprocamente um nódulo muito grande com uma alteração vocal moderada.

**Exame em luz estroboscópica**

Esse exame permite, inicialmente, avaliar a consistência do nódulo:

– caso se trate de um nódulo recente (edematoso), ver-se-á que, na fonação, desaparece completamente devido à tensão da prega vocal;

– caso se trate de um nódulo fibroso, ver-se-á, ao contrário, que ele se destaca mais claramente na fonação.

Às vezes, quando as pregas vocais estão relativamente tumefactas por uma reação inflamatória, o nódulo aparece somente no exame estroboscópico. No momento da fonação, de fato, a mucosa edematosa parece moldar-se ao nódulo que é assim revelado.

Em segundo lugar, a estroboscopia permite avaliar o incômodo mecânico provocado pelo nódulo no movimento vibratório da prega vocal. Nota-se assim com certa freqüência, a diminuição ou a interrupção da vibração da prega atingida.

## *Diagnóstico diferencial*

### PÉROLA DE MUCO

As secreções laríngeas acumulam-se com facilidade no ponto nodular. Esse fenômeno pode ser muito bem compreendido, como veremos, quando estudamos o modo de formação do nódulo. Às vezes, uma porção de secreção pode, devido à sua viscosidade, aderir bastante fortemente à mucosa da prega vocal. É possível então tomar essa "pérola de muco" por um pequeno nódulo.

Basta, para evitar essa confusão, solicitar ao paciente para que tussa ou "pigarreie" durante alguns segundos a fim de deixar a borda livre retilínea.

### PSEUDONÓDULOS POSTERIORES (Figura 5.5)

Nós já descrevemos esse aspecto laríngeo, encontrado com bastante freqüência na disfonia disfuncional não-complicada (cf. Capítulo 4).

Trata-se de uma aparente tumefacção da mucosa das pregas vocais, observada na respiração. Contrariamente ao nódulo, o local dessa tumefacção está situado na junção do terço *posterior* e do terço médio da prega vocal; isto é, face à apófise vocal. O pseudonódulo posterior é, na maioria das vezes, bilateral.

O significado dessa deformação da borda livre da prega vocal é totalmente diferente daquela do nódulo. Trata-se, com efeito, não de um espessamento da mucosa, mas do resultado de uma falha de tensão da prega vocal, acompanhada por uma rotação interna da apófise vocal associada ao aspecto pouco inflamatório da mucosa.

A localização posterior finaliza o diagnóstico. O exame estroboscópico confirma-o, mostrando o desaparecimento desses "pseudonódulos" a partir do estado de tensão fonatória das pregas vocais.

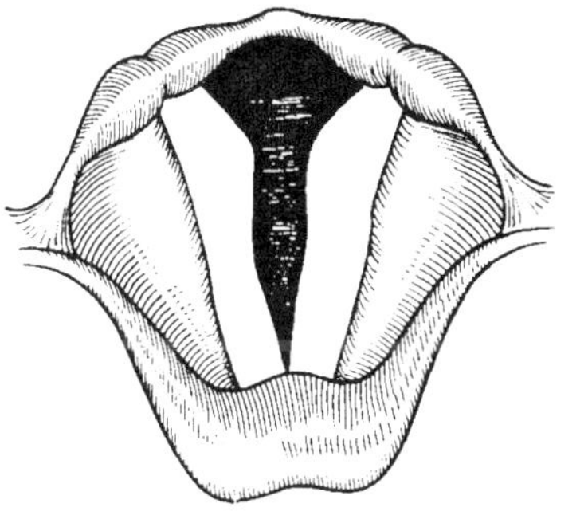

➤ **Fig. 5.5**
**Pseudonódulos posteriores.**

CISTO DA PREGA VOCAL

Trata-se de uma pequena massa ocupando a profundidade da prega vocal e que gera uma saliência na face superior dessa prega, mais ou menos próximo de sua borda livre.

Estudaremos mais adiante os diversos significados patológicos desse aspecto (cf. p. 110).

É esse exame estroboscópico que possibilitará fazer a distinção, revelando o caráter encastrado na prega vocal do cisto em oposição à impressão de lesão de superfície provocada pelo nódulo nesse exame.

Trata-se de um diagnóstico importante na medida em que, contrariamente ao nódulo, o cisto não pode desaparecer sem uma intervenção cirúrgica (microcirurgia laríngea).

### *Anatomopatologia*

O nódulo apresenta-se histologicamente como um espessamento do epitélio de revestimento (epitélio malpighiano pluriestratificado) tendo na superfície uma evolução para a queratinização (transformação corneada benigna). Devido ao espessamento desigual, vê-se, na junção com o cório, um aspecto ondulado da lâmina basal. O cório é praticamente normal, exceto por algumas modificações inflamatórias mínimas, tais como dilatações capilares, infiltrações celulares por fibroblastos ou linfócitos.

## Etiopatogenia

Foi Tarneaud, o primeiro, a fornecer uma explicação válida para a formação do nódulo. Ele demonstrou que essa formação necessita, por um lado, de um funcionamento hipotônico das pregas vocais e, por outro, de uma vazão de ar excessiva.

Para formar um nódulo, é preciso, de fato, que o indivíduo deixe de algum modo suas pregas vocais à mercê de uma corrente de ar extremamente forte.

Sabe-se que a ondulação da mucosa das pregas vocais propaga-se de baixo para cima e que, quanto maior o fluxo de ar, mais brusco é o fechamento laríngeo no nível da borda livre da prega vocal. Segundo a lei de Bernouilli[1], com efeito, quanto mais rápida for a corrente de ar mais intensamente negativa é a pressão negativa intraglótica.

Devido a esse fluxo de ar excessivo, a parte músculo-membranosa (2/3 anteriores) das pregas vocais hipotônicas adquire um aspecto arqueado de convexidade

[1] Cf. *A voz*, Volume 1.

superior e é no ápice dessa convexidade que se produz o choque mais forte cada vez que as pregas vocais se encontram.

Esse choque repetido a cada ciclo vibratório[2] é responsável pelo espessamento do epitélio da prega vocal neste ponto preciso que corresponde à junção do terço anterior e do terço médio da borda livre.

Tal mecanismo é confirmado pela cinematografia ultra-rápida da laringe, permitindo observar o funcionamento laríngeo em velocidade bastante relentada (diminuição da velocidade real e sem perda de imagens, contrariamente ao que ocorre no exame estroboscópico). Pode-se observar, nesse momento, mesmo que as pregas vocais sejam levemente hipotônicas, como uma pequena pérola de muco secretada na subglote sobe progressivamente para o ponto nodular antes de se desprender da prega vocal no nível desse ponto, semelhante à espuma do mar que se solta da crista das ondas com o efeito do vento.

Salientemos ainda uma outra concepção patogênica, atualmente abandonada, proposta por Husson no âmbito de sua teoria neurocronáxica da vibração das pregas vocais[3].

Para Husson, haveria no ponto nodular uma área de fragilidade relacionada à embriogênese das pregas vocais, área de junção dos esboços anterior e posterior das pregas vocais. O nódulo corresponderia a uma extração, nesse ponto, das fibras dos músculos tireóideo e aritenóideo vocais sob o efeito de um esforço vocal intenso demais.

Na realidade, era um pouco difícil compreender como uma lesão traumática situada na face profunda do ligamento vocal podia resultar em uma lesão da mucosa relacionada à face superficial desse ligamento.

## Evolução

Conseqüência direta do esforço vocal, o nódulo e sobretudo o nódulo recente, pode desaparecer completamente quando termina esse esforço sob a influência de uma mudança referente às condições de utilização da voz ou graças à reeducação vocal. Esse desaparecimento do nódulo é às vezes muito rápido.

A rapidez possível desse desaparecimento do nódulo é ilustrada pela história clínica relatada a seguir.

Trata-se de uma jovem de 14 anos, reservada e introvertida, que apresenta um comportamento de esforço vocal muito típico e um pequeno nódulo na prega vocal esquerda. Uma reeducação vocal é realizada, mas o resultado não é muito satisfatório e, passado a alguns meses, nenhum progresso foi constatado quanto à qualidade de sua voz. Além disso, o nódulo apresenta uma tendência a aumentar de tal modo que é proposta uma intervenção. A cirurgia é marcada 15 dias depois. Ora, na véspera da intervenção, o exame laringoscópico constata um desaparecimento total do nódulo. Provavelmente o medo (não expresso) da intervenção havia sido suficiente para normalizar o comportamento vocal dessa jovem. O acompanhamento insuficiente desse caso não indica, entretanto, se o resultado vocal manteve-se depois.

Quando as condições da emissão vocal permanecem inalteradas, o nódulo tende a aumentar de volume, evoluindo para a forma fibrosa. Esse aumento de volume é, em geral, irregular e acompanha as situações do esforço vocal. O nódulo antigo e fibroso torna-se dificilmente reversível.

Às vezes, constata-se que um equilíbrio se estabelece entre o nódulo, a alteração do timbre vocal e um certo grau de esforço vocal para constituir um comportamento fixo: o paciente, em suma, acaba adaptando-se à alteração vocal que apre-

[2] Notemos que não se trata, de forma alguma, de atritos de uma prega vocal com a outra, como se diz freqüentemente, mas mais precisamente de *batidas*.
[3] Cf. *A voz*, Volume 1.

senta. Suportando-se bem o incômodo funcional, há pouca chance de se recorrer a uma intervenção terapêutica qualquer. Às vezes, mesmo a alteração do timbre vocal constitui, para o indivíduo, um elemento positivo, apreciado por algumas pessoas de seu convívio (vertas vozes ditas "roucas" são "adoradas"), ou utilizável profissionalmente (cantores de variedades).

Para os autores clássicos (Tarneaud, Leroux-Robert), uma evolução do nódulo para o pólipo é possível. Atualmente, pensa-se sobretudo que se trata de afecções respondendo a mecanismos patogênicos distintos: traumatismo vocal repetido e regular para o nódulo, resultando em uma lesão superficial da mucosa; traumatismo vocal mais violento e limitado no tempo para o pólipo, resultando em uma lesão mais profunda (cório). É bem provável, porém, que uma lesão profunda possa suceder, em certos casos, uma lesão superficial, o que explicaria essa transformação do nódulo em pólipo observada por esses autores clássicos, bem como, aliás, por autores mais antigos (Garel).

## Tratamento

Na medida em que se trata, em princípio, de uma lesão reversível, o tratamento lógico do nódulo é a reeducação vocal cujo objetivo essencial é a eliminação do comportamento de esforço. O nódulo, sobretudo se for recente pode efetivamente desaparecer por inteiro graças somente à reeducação vocal[4].

A presença de um nódulo não confere nenhum caráter particular a essa reeducação vocal nas primeiras etapas (informações, relaxamento, técnica de respiração, verticalidade). Não podemos esquecer, contudo, uma informação particular que deve ser dada ao paciente: a que diz respeito à mecânica da formação do nódulo.

Abordando o treino vocal propriamente dito, a vantagem maior será, no entanto, de iniciar por exercícios relativamente dinâmicos: *contagem projetada* e *Gravollet* de preferência com *ma-me-mi-mo-mu* ou com as *vogais*.

Embora a reeducação sozinha seja suficiente em inúmeros casos, a questão está relacionada, porém, à associação dessa reeducação a um ato cirúrgico de regularização da borda livre da prega vocal, bem como ao momento dessa eventual intervenção.

Vários casos podem ser dados como exemplo:

– o nódulo é volumoso, mas o comportamento de esforço é significativo: o ato cirúrgico deverá nesse caso ser diferido e será indicada uma reeducação vocal pré-operatória de várias semanas, e até mesmo de vários meses, principalmente se o paciente teme a intervenção;

– o nódulo é volumoso e não desaparece no exame estroboscópico; o comportamento de esforço é relativamente moderado: a intervenção poderá ocorrer imediatamente; será prevista, no entanto, uma reeducação pós-operatória; problemas de readaptação devem, com efeito, ser temidos devido a uma modificação relativamente grande do órgão vocal;

– o nódulo é pouco volumoso e desaparece completamente na luz estroboscópica: pode-se pensar que a reeducação somente será suficiente;

– após algumas semanas de reeducação, a voz melhorou bastante, mas não está perfeita, e o nódulo, embora reduzido, persiste sob a aparência de um pequeno nó duro que não desaparece no exame estroboscópico: a intervenção torna-se obrigatória apesar do pequeno volume do resto nodular.

[4] Cf. *A voz*, Volume 4.

*Observação*: esses quatro casos continuam evidentemente no âmbito teórico. Não há leis absolutas nesse ramo. Cada paciente é um caso particular. Deve-se considerar, além disso, o sentimento pessoal do paciente que pode ou temer a intervenção, ou não estar muito inclinado a iniciar uma fonoterapia da qual ele não sabe muito bem o significado.

## LEITURAS SUGERIDAS


**Textos clássicos:**

AVELLIS. Sur la différence fonctionnelle des nodules vocaux chez l'enfant et chez l'adulte. *Ann ORL 1911 ; 1.*
BOTEY R. Traitement des nodules vocaux. *Ann ORL 1896; 4: 366.*
GAREL J. Les laryngites chroniques. *Monographies ORL internationales 1921.*
LUCHSINGER A. Vocal nodules and polyps in voice. *Speech and Language: 176-187.*
MAYOUX R. Les tumeurs benignes du larynx. *Lyon Médical 1931 ; 147: 209-222.*
MOURE. Considérations sur le nodule des chanteurs. *Académie de médecine 1932 ; 20.*
SEGRÉ R. Nodules de la corde vocale révélés par la stroboscopie. *Valsalva,* mai *1933 ; 380-389.*
TARNEAUD J. *Laryngite chronique et laryngopathie.* Paris: Maloine, *1944.*
VAN RIPPER C, IRWIN J. *Voice and Articulation.* Londres : Pitman Medical Publishing, *1959: 185-193.*

**Histórico:**

BOTEY R. Les maladies de la voix chez les chanteurs. *Annales des maladies de l'oreille et du larynx,* sept. *1899.*
HUSSON R. *Physiologie de la phonation.* Paris, 1962.
WICART A et L. *Les Nodules vocaux.* Paris: *Éd. Vox,* 1940.

**Histopatologia:**

LEROUX-ROBERT J. Histologie et histogenèse des polypes et nodules du chanteur. *Rev Laryngol* 1955, 737-748.
WITZIG E, CORNUT G, BOUCHAYER M, LOIRE R. Histopathologie des léions bénignes de la corde vocale. *J Audiophonol* 1986.

**Iconografia:**

LEHMANN W, PIDOUX JM, WIDMANN JJ. *Larynx, microlaryngoscopie et histopathologie.* Cadempino (Suisse): Ipharzam, 1981.


## PSEUDOCISTO SEROSO

O pseudocisto seroso define-se como uma lesão da mucosa de uma prega vocal constituída por uma *tumefacção translúcida situada, em geral, no ponto nodular.*

É somente em 1983 que essa lesão é descrita por Cornut e Bouchayer. Anteriormente, era assimilada ou ao nódulo da prega vocal, ou classificada como pólipo mucoso.

Essa lesão aparece como o nódulo em indivíduos expostos aos esforços vocais. Parece, no entanto, que ela sucede um esforço mais intenso e mais limitado no tempo.

*Os sinais clínicos* são totalmente comparáveis àqueles encontrados no nódulo, exceto quanto aos sinais fônicos. A rouquidão do timbre aí é, de fato mais marcada.

*No exame laringoscópico* (cf. p. 181), o pseudocisto seroso apresenta-se como uma bolha translúcida acinzentada de volume variável, que se estende relativamente sobre a borda livre da prega vocal. O exame estroboscópico evidencia o caráter superficial da lesão. Às vezes, percebe-se, face ao pseudocisto, um espessamento localizado da mucosa da prega vocal oposta que constitui uma pequena formação de nódulo.

*O diagnóstico referencial* não apresenta muitos problemas: o pseudocisto seroso é uma lesão fácil de se reconhecer. Distingue-se do nódulo, como do pólipo, por seu aspecto translúcido característico.

No plano da *anatomopatologia*, o pseudocisto seroso é constituído por um edema do cório. Este é umedecido de uma serosidade que escorre no momento da ruptura da lesão. Contrariamente ao pólipo, não se encontra aí nem exsudato fibrinoso nem neovasos. Por outro lado, o epitélio de revestimento do pseudocisto é normal, contrariamente ao que ocorre no nódulo onde é espesso.

O pseudocisto seroso pode romper-se espontaneamente e desaparecer sem deixar marca. Na maioria das vezes, ele persiste e tende a aumentar de volume quando há novamente esforços vocais.

O tratamento é cirúrgico e fonoterápico. Como para o pólipo da laringe, a fonoterapia pré-operatória é indicada e permitirá evitar a recidiva.

## LEITURAS SUGERIDAS

CORNUT G, BOUCHAYER M. Indications phoniatriques et résultats fonctionnels de la microchirurgie laryngée. *Bull Audiophonol* 1977; *7, 3* : 5-52.

## EDEMA EM FORMA DE FUSO OU ESPESSAMENTO MUCOSO FUSIFORME

Muito parecido com o pseudocisto seroso e, ao mesmo tempo, com o edema crônico da laringe, essa lesão descrita por Cornut e Bouchayer, em 1977, define-se como uma tumefacção unida e bilateral da mucosa das pregas vocais, estendida a quase totalidade da glote ligamentosa (Figura 5.6).

No plano clínico, distingue-se do pseudocisto seroso por um timbre mais rouco e um agravamento da tonalidade. O comportamento de esforço é grande e a intensidade vocal, excessiva.

O exame estroboscópico permite também nesse caso avaliar o caráter superficial e edematoso da lesão.

No exame histopatológico, nota-se um edema do cório como no pseudocisto seroso, mas igualmente um espessamento do revestimento mucoso.

O edema em forma de fuso não é suscetível de regredir espontaneamente. O distúrbio vocal é freqüentemente bem tolerado.

O tratamento, como no pseudocisto seroso, associa reeducação vocal e cirurgia.

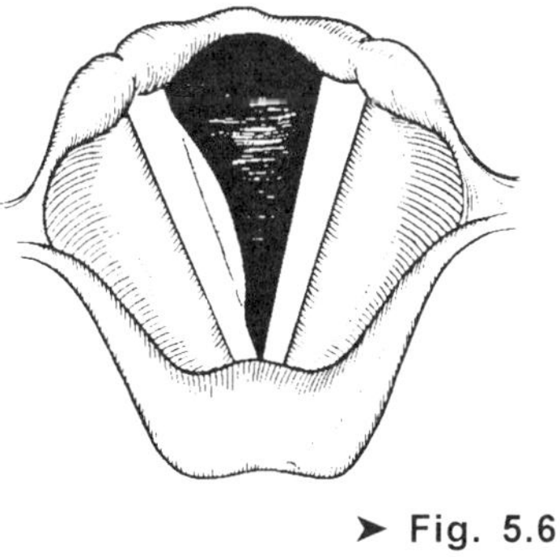

➤ **Fig. 5.6**
**Edema em forma de fuso.**

## LEITURAS SUGERIDAS

CORNUT G, BOUCHAYER M. Indications phoniatriques et résultats fonctionnels de la microchirurgie laryngée. *Bull Audiophonol*, 1977 ; *7, 3* : 5-52.

## EDEMA CRÔNICO DAS PREGAS VOCAIS[5] OU EDEMA DE REINKE OU PSEUDOMIXOMA

Seguindo a lógica, essa afecção deveria ser tratada especialmente no Volume 3, já que está praticamente sempre relacionada a uma intoxicação tabagística e pertence, pois, devido a isso, às disfonias de origem orgânica. Preferimos deixá-la neste capítulo das laringopatias disfuncionais entre o edema em forma de fuso e o pólipo da prega vocal devido à semelhança clínica que reúne essas três afecções. Além disso, se a intoxicação tabagística é, salvo exceção, assegurada, os fatores psicológicos e o caráter disfuncional também estão presentes.

### Definição

O edema crônico das pregas vocais define-se como uma transformação edematosa do cório da mucosa da prega vocal implicando o espaço de Reinke e deformando a face superior e a borda livre dessa prega.

### Histórico

Em 1876, Lefferts descreve um "edema das cordas vocais" que ele relaciona às aversões ventriculares.

Em 1891, Hajek injeta azul de metileno no epitélio das pregas vocais produzindo um edema bem localizado e reproduzindo esse edema crônico.

Em 1897, Reinke, por injeções subepiteliais de parafina colorida, determina anatomicamente a localização do edema na face superior da prega vocal, descrevendo o espaço separável que levaria seu nome.

É Hajek que confirma, em seguida, os resultados de Reinke e introduz o termo *edema de Reinke*.

Em 1943, Moulonguet e Giraud fazem um estudo clínico dessa afecção a que nomeiam *pseudomixoma*.

Em 1961, Bourdial retoma a descrição de tal afecção e distingue a forma disfônica da forma asfixiante.

### Epidemiologia

O edema crônico das pregas vocais é uma afecção relativamente freqüente. Notemos, a título indicativo, que Lowenthal considera um edema crônico aquele que apresenta três pólipos.

[5] Preferimos o termo edema crônico ao mais geralmente empregado pseudomixoma. Este último baseia-se em uma noção histológica negativa, indicando que não se trata de um tumor colóide (mixoma), o que nos parece complicado. Além disso, esse termo tem uma ressonância preocupante para o paciente.

O edema crônico das pregas vocais, que é, na verdade, uma forma de laringite crônica, foi descrito, aliás, com os nomes mais diversos.

Na França, os termos laringite crônica *pseudomixomatosa* e *pseudomixoma* foram introduzidos por Moulonguet e Giraud, em 1943, precisando que o termo mixoma, utilizado pelos antigos autores, era abusivo. Igualmente, Bourdial, em 1961, nota que tais termos correspondem ao aspecto laringoscópico e não à sua natureza histológica.

Essa afecção é conhecida também pelo nome de: *laringite crônica hipertrópica de aspecto pseudomixomatoso, laringite pseudomixomatosa, edema crônico das cordas vocais ou da laringe, edema crônico gelatinoso das cordas vocais, polipose laríngea, etc.*

Na literatura anglo-saxã, encontram-se denominações como: *cordite polipóide* (Jackson, 1930), *degenerescência polipóide das cordas vocais* (Holinger, 1950; Waliner, 1963), *laringite crônica hipertrópica* (Putney, 1953; Clerf, 1946), *fibroma edematoso* (Myerson, 1950).

Na literatura alemã, é o termo *edema de Reinke*, introduzido por Hajek, em 1926, que prevalece.

A nítida predominância no sexo masculino marcada pelos antigos autores não se encontra mais nas estatísticas mais recentes. Isso provavelmente esteja relacionado à progressão da intoxicação tabagística na mulher. Em nossa estatística particular, os homens ainda predominam, mas não chegam a 58%.

Observemos depois que se trata de uma afecção da idade madura, com uma freqüência máxima em torno dos 50 anos. Vale ressaltar que as mulheres consultam mais precocemente do que os homens.

Quanto à incidência da profissão, é difícil determinar na medida em que, se o problema funcional leva mais freqüentemente os profissionais da voz a consultar, isso não prova que sejam os mais atingidos.

Por fim, um grande consumo de tabaco é comprovado em quase todos os casos. Em um estudo recente em 43 casos, um único indivíduo – uma mulher – nunca havia fumado. Notemos que nela a disfonia surgiu após um grande choque emocional (testemunha de um homicídio).

## Clínica

### *Como tudo começa*

O edema crônico das pregas vocais evolui de forma bastante progressiva e insidiosa, resultando, a cada ano, em uma diminuição da eficiência vocal a qual o indivíduo se adapta, em geral, muito bem. Pouco a pouco, a extensão da voz diminui; o timbre perde sua energia e fica surdo. Depois, o indivíduo apresenta períodos de rouquidão intermitente e às vezes uma certa fadiga na fonação prolongada. Mais tarde, percebe que perdeu seu registro agudo, que sua voz cantada tornou-se impossível e que a tonalidade de sua voz falada torna-se cada vez mais grave. Finalmente, quando se trata de uma mulher, chega o momento em que esta, ao telefone, escuta chamarem por "Senhor".

### *Sintomatologia*

Quando se trata de uma mulher, o fato de ser chamada de *"Senhor"* ao telefone é, muitas vezes, sentido de forma muito desagradável, constituindo a principal queixa. Para uma minoria, entretanto, esse fato não tem importância.

No homem, são mais características a fadiga e a *falta de extensão* da voz. O fato de ter uma voz particularmente grave em geral não lhe desagrada.

Em ambos os casos, a voz está na maioria das vezes pior pela manhã.

Tradicionalmente, fala-se de uma tosse de irritação e de um tique de "ham ham". Estes nos parecem, na realidade, muito pouco freqüentes.

Finalmente, no caso do edema bilateral volumoso, observa-se, na inspiração violenta, um "barulho de válvula" ou de "bandeira".

EXAME DA VOZ

A tonalidade *torna-se grave* quase constantemente. Às vezes, é considerável, atingindo, em voz conversacional, a oitava na mulher, e apresentando como limite inferior (freqüentemente difícil de ser obtido) o *sol1*. Quanto ao homem, sua voz pode descer abaixo do *dó1*. Em um terço dos casos aproximadamente, a voz fica, além disso, rouca, roufenha e fatigante.

Esse exame confirma, por outro lado, a *redução da eficiência vocal* a qual o indivíduo, como dissemos, adaptou-se bem em geral, e a ausência ou a relativa *discrição do comportamento de esforço vocal*. Isso não significa que, em determinadas circunstâncias, o indivíduo não tenha que forçar sua voz. Assim, as tentativas de voz projetada são substituídas por produções vocais "asfixiantes", de timbre surdo e rouco.

Na metade dos casos, a voz de chamamento é difícil ou impossível.

A voz cantada é limitada, difícil ou impossível. O *registro agudo falha* quase sempre.

EXAME LARINGOSCÓPICO

Esse exame (Figura 5.7) mostra o edema das pregas vocais (cf. p. 181). Esse apresenta-se como uma massa de volume variável de aspecto gelatinoso, esbranquiçado, mais ou menos translúcido, às vezes, comparada à bexiga natatória dos peixes, desenvolvida às custas da face superior e da borda livre da prega vocal.

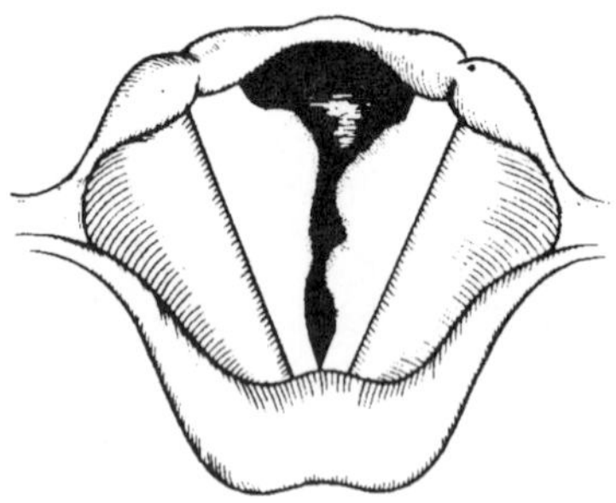

➤ **Fig. 5.7**

**Edema das pregas vocais.**

Observar as ondulações da borda livre das pregas vocais devido às massas edematosas.

Ele respeita, em geral, a comissura anterior e estende-se por trás até a apófise vocal, respeitando-a igualmente.

Às vezes, unilateral e reduzido a uma franja de edema ao longo da borda livre (confundindo-se então com o edema em fusiforme), freqüentemente é bilateral e volumoso, boiando no espaço glótico, deslocando-se por deslizamento vertical da subglote para o espaço supraglótico quando pronunciado o "e" laringoscópico, reintegrando a região subglótica no momento da inspiração.

O exame estroboscópico mostra particularmente bem o tamanho da massa edematosa. Seu comportamento na vibração fonatória é espetacular, com fenômenos ondulatórios amplos, assimétricos e diferenças de fases de um lado em relação ao outro.

Notar-se-á a existência eventual de uma placa de leucoplasia que impõe um cuidado especial. A mobilidade das aritenóides é integralmente conservada.

### *Diagnóstico diferencial*

O diagnóstico diferencial é realizado somente em caso de edema crônico unilateral com:

- uma reação edematosa a um câncer do ventrículo; e
- uma eversão ventricular.

Em um e outro caso, é o exame anatomopatológico que confirmará ou não o diagnóstico.

### *Anatomopatologia*

No plano histológico, o edema crônico não se diferencia do pólipo da laringe. Os elementos do cório (fibras conjuntivas e elásticas) estão unidas por um exsudato fibrinoso no qual se observam neovasos.

O epitélio de superfície é, em geral, normal; às vezes, atrofiado. Mais raramente, ele é foco de hiperplasia epitelial secundária à inflamação ou à irritação local. Excepcionalmente, atipias celulares são a prova de uma transformação maligna.

## Etiopatogenia

A etiopatogenia do edema crônico das pregas vocais permanece atualmente misteriosa. Um único elemento parece quase constante, é a intoxicação tabagística (84% em uma estatística de Hirano, em 1983), mas não se sabe por qual mecanismo o tabaco provoca a constituição do edema, nem por que este aparece somente em uma pequena parcela de fumantes excessivos. Em suma, o edema crônico das pregas vocais permanece um fenômeno ainda malcompreendido e que exige estudos posteriores (Fritzell, 1982).

A ação adjuvante do etilismo, do abuso vocal, da poluição atmosférica ou de um estado depressivo em relação aos antecedentes continua sendo possível, mas não é comprovada.

## Evolução

Sem tratamento e sem a interrupção do consumo de tabaco, o edema crônico das pregas vocais desenvolve-se a cada ano, diminuindo progressivamente a eficiência vocal. Pouco a pouco, somente a voz conversacional (mais grave) permanece possível, situação à qual o paciente se adapta muito bem como havíamos dito.

O desenvolvimento da massa edematosa pode resultar em dificuldades respiratórias suscetíveis de tornarem-se agudas por ocasião de uma infecção rinofaríngea banal. Isso impõe um cuidado por parte do paciente que, caso recuse momentaneamente o tratamento cirúrgico, deve ao menos submeter-se a um exame anual. Este é extremamente necessário, pois, mesmo se raro, o surgimento de um câncer por degenerescência maligna de uma disqueratose associada é possível.

A interrupção com o tabaco resulta em uma estabilização do edema crônico e ao final de alguns anos, em uma relativa redução deste.

## Tratamento

O tratamento baseia-se essencialmente na cirurgia e na reeducação vocal.

A *reeducação vocal será pré e pós-operatória.*

A duração da fonoterapia pré-operatória é variável. Será curta se o paciente estiver bem motivado para a intervenção e bem preparado para a modificação de voz que deverá decorrer disso. Será longa se o paciente temer a intervenção e a mudança da voz.

A fonoterapia pré-operatória baseia-se, como regra geral, no exercício de relaxamento e na técnica da respiração. O exercício puramente vocal continua sendo aqui relativamente limitado. O paciente será, entretanto, preparado para respeitar o silêncio vocal pós-operatório e a idéia de uma voz provavelmente difícil durante algumas semanas após a intervenção.

Essa fonoterapia pré-operatória propicia ao paciente um melhor conforto fonatório, mas modifica pouco os desempenhos vocais. Certos pacientes ficarão satisfeitos com essas melhoras e recusarão a intervenção. Realizando uma consulta de controle anual, não há nenhuma razão em insistir na intervenção. Sessões de reeducação de controle serão eventualmente previstas de tempos em tempos a fim de verificar a situação.

A fonoterapia *pós-operatória* é desenvolvida da mesma maneira que no caso do pólipo (cf. p. 108), com a diferença de que o retorno da voz é, em geral, mais tardio (às vezes, várias semanas) e que há um problema psicológico particular resultando da dificuldade para o paciente em aceitar uma voz totalmente diferente daquela que ele possuía antes da intervenção.

O *tratamento cirúrgico* é classicamente realizado sob a forma de uma "limpeza cordal" (Moulonguet e Giraud), com excisão da mucosa com bisturi e pinça, respeitando a comissura anterior.

Pode-se ainda realizar uma cordectomia na face superior da prega vocal seguida de uma aspiração do edema, depois de uma ressecção conforme a mucosa excedente. As duas faces da mucosa excisada são, logo após, colocadas borda com borda e eventualmente coladas (tecido cola).

Mais freqüentemente, realiza-se uma destruição a *laser* por vaporização do edema e da mucosa excedente.

### Resultado

Um terço somente dos indivíduos que seguem um tratamento que comporta, ao mesmo tempo, cirurgia e reeducação vocal não apresenta mais problemas vocais.

Para os dois outros terços, as dificuldades persistem ou reaparecem: as queixas expressas, na maioria das vezes, pelo paciente referem-se à potência vocal que ele acha insuficiente e à fatigabilidade da voz. É bem verdade que a intoxicação tabagística é interrompida somente em 20% dos indivíduos aproximadamente.

Notemos ainda que o prognóstico é nitidamente pior nas mulheres do que nos homens.

## LEITURAS SUGERIDAS


BAILLENCOURT DE T. *Mise au point sur les pseudo-myxomespropos d'une nouvelle technique chirurgicale: le lifting des cordes vocales.* Thèse de médecine, université de Paris-VI, 1982.

BONNARDOT V, DAUDE D. *Le devenir de l'œdème des plis vocaux.* Paris: Mémoire d'orthophonie, 1988.

BOUCHE J, PECH A, PIQUET JJ, FRÈCHE C, PARDES P. La laryngite chronique hypertrophique d'aspect pseudo-myxomateux. *In: La microchirurgie laryngée sous suspension.* Paris: Arnette, Société française d'ORL, 1973: 238.

BOURDIAL J. *La laryngite chronique d'aspect pseudo-myxomateux.* Problèmes actuels d'ORL, 1961 : 5-91.

CORNUT G, BOUCHAYER M. Indications phoniatriques et résultats fonctionnels de la microchirurgie laryngée. *Bull Audiophonol* 1977 ; 7, 3 : 41-45.

HAJEK M. Anatomische Untersuchungen über das Larynxödem. *Arch Klin Chir* 1891 ; 42: 46-93.

HAJEK M. Beitrage zur Anatomie der Stimmlippen. *Zeitschrift Hals-Nasen-Ohrenn-Heilkd* 1925-1926; *13* : 161-172.

KRAJINA Z, KOSOKOVIC F, CEPELFA I, VECERINA S. Problème de l'oedème de l'espace de Reinke sous la microlaryngoscopie. *In: Rapport de la Société française d'ORL,* 70e congrès français, Paris, oct. 1973, 42-44.

MOULONGUET A, GIRAUD C. La laryngite chronique à forme pseudo-myxomateuse. *Les annales d'ORL.* Paris: Masson, 1943: 67-68.

PARDES P, POMMEZ J, VERHULST J, DALLEAS B. La laryngite pseudo-myxomatique ou oedème de Reinke, in *Rapport de la Société française d'ORL,* 82e congrès d'ORL. Paris: Arnette, sept. 1985 : 102-106.

REINKE K. Untersuchungen über das menschliche Stimmband. *Fortschritte der Medezin* 1895; *13* : 469-479.

REINKE K. Uber die funktionnelle Struktur der menschlichen stimmlippe mit besonderer Berucksichtigung des elastischen Gewebes. *Anat Hekte* 1897 ; 9, 28-30: 103-116.

VINCENTIIS DE M, GALLO A, MARCOTULLIO D, ERCOLANI F, MUSHARR L. *La laryngite chronique pseudo-myxomateuse : clinique et histologie.* Communication au congrès ORL de septembre 1987. Paris : Arnette, 1987.

WITZIG E, CORNUT G, BOUCHAYER M, LOIRE M. Histopathologie des lésions bénignes de la corde vocale. Communication du 3 octobre 1985 au 41e congrès de la Société française de phoniatrie. *Bull Audiophonol.*


## PÓLIPO DA LARINGE

### Definição

O pólipo é um falso tumor benigno da prega vocal. Esse termo *falso tumor* significa que o pólipo vocal resulta não de um processo de proliferação celular, mas de um processo inflamatório.

## Histórico (segundo Perellò)

A noção de pólipo da prega vocal data da fase inicial da laringoscopia indireta. É Czermack, em 1859, o primeiro a ver e a fazer um esboço de um pólipo da prega vocal (Figura 5.8).

A primeira exérese é realizada, em 1861, por Victor Von Bruns de Turinge em uma época em que a anestesia local ainda não era utilizada, o que constitui uma bela proeza cirúrgica.

➤ Fig. 5.8

**Primeiro desenho de um pólipo da laringe visto em um indivíduo vivo (atribuído a Czermak, em 1859).**

## Epidemiologia

A divisão segundo o sexo é muito menos desigual do que no nódulo. Em 76 casos de nossa estatística, temos 32 homens para 44 mulheres.

Perellò, em um grande número de casos, encontra em relação ao pólipo mais homens que mulheres (507 homens para 383 mulheres).

Quanto à idade, observa-se que o pólipo aparece um pouco mais tarde do que o nódulo (entre 30 e 50 anos).

Quanto à profissão, observa-se que o pólipo é mais freqüente nos casos de profissões de responsabilidade (oficiais do exército, dirigentes de sociedades, etc). No que diz respeito aos educadores, encontram-se nitidamente mais pólipos nos professores universitários do que nos de ensino fundamental.

Prestemos atenção ainda na freqüência dos fatores tabagísticos e dos antecedentes infecciosos que implicam a esfera ORL.

Da mesma forma que para o nódulo, o temperamento nervoso e a tendência à ansiedade são freqüentes.

## Clínica

### *Como tudo começa*

O pólipo da prega vocal revela-se como um incômodo vocal mais ou menos grave, de surgimento bastante repentino. Esse incômodo é interpretado, no início, pelo paciente, como o resultado de uma laringite banal e passageira. No entanto, ela persiste, tornando-se pouco a pouco crônica, com períodos alternados de agravamento e de regressão sem que a voz, contudo, volte completamente ao normal.

A análise evidencia normalmente a noção, em relação aos antecedentes imediatos, esforços glóticos significativos, esforços vocais ou *extravocais* como veremos mais adiante (cf. etiopatogenia).

### *Sintomatologia*

#### SINAIS SUBJETIVOS

Aqui, é a irregularidade da produção vocal que domina: o indivíduo reclama que sua voz foge, perdendo repentinamente a intensidade. Isso acarreta uma fadiga vocal mais ou menos significativa, às vezes com sensação de irritação laríngea, impressão de corpo estranho na garganta, vontade de pigarrear (ham-ham), etc.

Quanto à *voz cantada*, o indivíduo se queixa geralmente que é limitada, irregular, dificilmente praticável.

A *voz de chamamento* é, na maioria das vezes, "incerta", isto é, variável de um momento para outro em sua eficácia. O indivíduo teme um uso que freqüentemente provoca nele uma "irritação na garganta".

SINAIS OBJETIVOS

## ■ Sinais fônicos e alteração do comportamento fonatório

No exame, percebe-se com uma certa freqüência os seguintes caracteres:

– abaixamento da tonalidade da voz conversacional com timbre seja surdo, roufenho ou com pigarro, seja ainda rouco;

– nos testes de *voz projetada*, o timbre normaliza-se com bastante freqüência, mas se percebe, muitas vezes, em compensação, um comportamento de esforço intenso;

– quanto à *voz de chamamento*, é muitas vezes, impossível de se obter um comando, às vezes somente com um timbre roufenho de forma que é preferível não prolongar o teste.

O exame da *voz cantada* mostra freqüentemente:

– uma dificuldade em ajustar a altura tonal (mesmo quando "a escuta" é correta);

– um timbre roufenho implicando uma região tonal mais ou menos precisa (variável segundo o indivíduo);

– falhas de registros (quacs).

## ■ Sinais laringoscópicos (cf. p. 183)

O pólipo apresenta-se na forma de uma pequena massa arredondada desenvolvida a partir da prega vocal.

É variável quanto à sua localização, sua base de implantação, sua cor, seu volume e sua forma, o que possibilita descrever o pólipo da prega vocal em vários aspectos.

A localização é mais freqüentemente semelhante à do nódulo, na junção do terço anterior e do terço médio da prega vocal (o que constitui um argumento a favor da possível transformação do nódulo em pólipo).

Muito freqüentemente, entretanto, é encontrado na comissura anterior, levemente subglótico. Nesse caso, parece ser produzido por esforços de tosse repetidos.

Mais raramente, é implantado na face superior da prega vocal (trata-se então mais freqüentemente de um pólipo angiomatoso).

Tradicionalmente, são descritas duas formas de pólipo segundo o modo como é *implantado* na prega vocal.

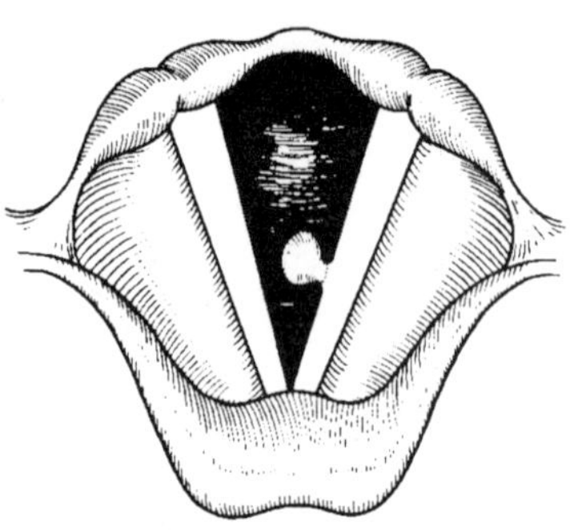

➤ **Fig. 5.9**
**Pólipo pediculado.**

O pólipo pediculado (Figura 5.9) apresenta, como seu próprio nome indica, um pedículo mais ou menos espesso que o une à prega vocal. Às vezes, devido a isso, o pólipo pode, conforme os movimentos respiratórios e fonatórios, colocar-se em posição subglótica ou supraglótica. Fala-se então de pólipo em "*badalo*".

O pólipo séssil (do latim *sessilis*: sentado) está preso à prega vocal por uma base de implantação larga, abrangendo, por exemplo, todo o terço médio da prega vocal, e até mesmo mais (Figura 5.10).

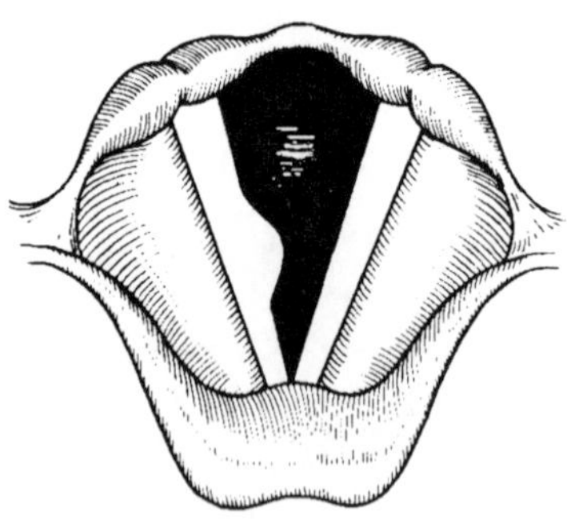

➤ **Fig. 5.10**
**Pólipo séssil.**

A coloração do pólipo pode ser vermelho vivo, tratando-se então de um *pólipo angiomatoso*. Pode, ao contrário, ser pálido, acinzentado. Trata-se, nesse caso, de um *pólipo edematoso*.

O volume é variável: desde a cabeça de alfinete até à de uma pequena ervilha, às vezes maior, correndo o risco então de impedir perigosamente a respiração.

O pólipo edematoso é, às vezes, de forma *bilobular* ou *multilobular*.

O pólipo angiomatoso é, algumas vezes, bem pequeno, dando a impressão de um rubi na borda da prega vocal ou na face superior (o pólipo da face superior da prega vocal é mais geralmente um pequeno pólipo angiomatoso).

A determinação exata do volume e da base de implantação nem sempre é uma tarefa fácil na medida em que a laringe está relativamente encoberta por secreções.

Freqüentemente, observa-se um aspecto inflamatório associado ao conjunto da laringe.

O pólipo da laringe é, salvo exceção, unilateral, mas se nota, às vezes, a existência de um nódulo face ao pólipo, sobre a prega contralateral.

Observam-se, em certos casos, lesões laríngeas preexistentes ao pólipo, tais como sulco(s), vinco(s), membrana(s) (tais como nos palmípedes). Essas lesões podem ser interpretadas como fatores de fragilidade da prega vocal que favorecem o aparecimento do pólipo.

## Etiopatogenia

O pólipo instala-se geralmente logo após um esforço vocal intenso, ocorrido inesperadamente em circunstâncias particulares, tais como uma inflamação das vias aéreas superiores, a má acústica de uma sala ou em circunstâncias psicológicas difíceis.

Em relação ao nódulo, pode-se logicamente pensar na hipótese de que o pólipo corresponda a um esforço vocal mais violento e mais limitado no tempo.

Pode-se dizer ainda que o pólipo ocorre principalmente no caso de fatores *desencadeantes* mais marcados, como, por exemplo, a irritação laríngea por excessos vocais agudos (gritos, discussões, urros, vociferações teatrais), gripe, tosse, sérias contrariedades. O nódulo surge sobretudo no caso de fatores *favorecedores* significativos (particularmente na obrigação sócio-profissional de falar). Lembremos, entretanto, que, segundo os autores clássicos (especialmente Garel), o pólipo pode ser o resultado de uma transformação de um nódulo. Seria mais correto dizer que a alteração profunda da mucosa (pólipo) pode suceder a alteração superficial desta (nódulo).

As pesquisas mais recentes (JB. Roch) sugerem que o pólipo se instale talvez mais freqüentemente não depois de esforços vocais, mas de esforços glóticos extravocais, implicando a função esfincteriana da laringe. Bloqueios glóticos intensos seguidos de descompressões bruscas e traumáticas para a laringe podem, de fato, ocorrer na prática de certos esportes (*aikidô, moto-cross*), em certas atividades, tais como a responsabilidade de tarefas importantes ou na prática mais ou menos ortodoxa de instrumentos de sopro, o trompete particularmente. Acrescentemos a esses traumatismos extravocais aos ataques de tosse prolongados e repetidas que ocorrem freqüentemente nas semanas que antecedem o surgimento do pólipo.

A mucosa em geral não se altera muito, mas às vezes se pode notar uma tendência atrópica.

## Evolução sem tratamento

Uma vez constituído, o pólipo não é suscetível de regredir espontaneamente.

Com uma certa redução de sua eficiência vocal, o indivíduo pode, no entanto, acostumar-se (e às vezes durante anos) com um pólipo grande, mesmo que haja alteração notável da voz.

Na maioria das vezes, porém, o incômodo funcional aumenta progressivamente, tornando a voz cada vez mais difícil. Paralelamente, o volume do pólipo aumenta em etapas a cada período de esforços vocais intensos. Esse aumento de volume resulta, com o passar dos anos, não somente em um bloqueio da voz, mas em um risco respiratório: aumentando bruscamente de volume durante uma laringite banal, pode, com efeito, tornar-se uma obstrução, acarretando então uma asfixia e exigindo um tratamento médico e/ou cirúrgico de urgência.

## Tratamento

O tratamento recorre conjuntamente à ablação cirúrgica e à reeducação vocal.

### *Ablação*

A ablação do pólipo é realizada ou por microcirurgia laríngea instrumental, ou a *laser*[6]. Essa ablação é feita – salvo exceção – com anestesia geral.

O repouso vocal absoluto (4 dias), depois relativo (8 dias) será observado após a intervenção. A moderação vocal será aconselhada durante ainda, no mínimo, três ou quatro semanas. Esse repouso vocal pós-operatório é tão importante que convém escolher a data da intervenção em função da facilidade para o paciente em se submeter a esse repouso necessário de sua função vocal. Para um professor, tudo será programado, por exemplo, para que a intervenção seja realizada antes de um período de férias escolares.

O exame laringoscópico realizado no sexto ou no décimo dia evidencia o desaparecimento progressivo do aspecto inflamatório devido à intervenção e o retorno de uma vibração simétrica em luz estroboscópica.

A partir do momento em que se volta a falar (ver mais adiante), os progressos vocais serão constantes. A voz, um pouco incerta e inábil no início, afirmar-se-á a cada dia com o desaparecimento da irregularidade do timbre e das fraquezas da intensidade.

Será observada, às vezes, uma irregularidade da borda livre na região de implantação do pólipo removido. Tal irregularidade desaparece em geral em algumas semanas. Excepcionalmente, um entalhe definitivo resulta de uma exérese grande demais que tenha seccionado o ligamento vocal e chegado ao tecido muscular. Esse caso felizmente tornou-se mais raro desde a generalização da microcirurgia em suspensão.

Alguns pólipos são mais difíceis de serem extraídos, como o pólipo da comissura anterior. Tal pólipo em uma pessoa de idade ou que corra o risco de ter dificuldades para suportar a anestesia será motivo, às vezes, de renúncia da intervenção, com a condição de que haja uma avaliação anual.

### *Reeducação vocal*

A reeducação vocal, mesmo que possa ser às vezes reduzida a um pequeno número de sessões, é tão indispensável no tratamento do pólipo quanto à ablação cirúrgica deste. Não se deve esquecer, de fato, que, na origem do pólipo, encontra-se geralmente um comportamento de esforço. O hábito do esforço, condicionado há muito tempo, corre seriamente o risco de persistir apesar da ablação do pólipo caso não se proceda à sua retificação desde o momento que antecede a intervenção. *Assim, a reeducação vocal será pré e pós-operatória.*

A duração do período pré-operatório da reeducação será determinada essencialmente conforme o grau de esforço. Entretanto, será preciso considerar igualmente o ponto de vista pessoal do paciente. Para alguns, a idéia de ter um pólipo na garganta cria uma vontade imperiosa de se livrar o mais rápido possível dele.

[6] Cf. *A voz*, Volume 4.

Nesse caso, o interesse será de não adiar demais a intervenção, mesmo que haja um significativo comportamento de esforço. Em outros casos, ao contrário, o paciente teme a intervenção. Uma fonoterapia mais extensa lhe permitirá então aceitar progressivamente essa idéia. Será preciso considerar, enfim, como havíamos dito, a possibilidade para o paciente de respeitar sem muita dificuldade o período de repouso vocal pós-operatório.

Dessa forma, a duração do período pré-operatório da reeducação poderá, em certos casos, limitar-se a alguns dias, o tempo de praticar duas ou três sessões. Estas permitirão ao paciente essencialmente informar-se quanto à significação de seu pólipo e quanto ao funcionamento normal da voz. Em outros casos, ao contrário, na medida em que o pólipo não constitui um incômodo sério demais, essa reeducação poderá ser prolongada durante várias semanas ou vários meses.

A reeducação não deverá sofrer interrupção devido à intervenção. A partir do dia seguinte à intervenção, com efeito, o paciente está completamente pronto para exercitar o relaxamento ou a técnica da respiração, mesmo que o silêncio vocal possa dificultar um pouco mais a comunicação com o reeducador.

Em torno do sexto ao décimo dia, proceder-se-á ao que chamamos de retomada da voz, isto é, as primeiras tentativas de produções vocais um pouco sonoras, fazendo com que o paciente ultrapasse o período de voz murmurada[7].

Esse recomeço de produção vocal será mais facilmente realizado pelo fonoaudiólogo que terá condições de mostrar ao paciente, primeiramente, o bom estado de suas pregas vocais. O paciente será levado progressivamente a produzir sons com um ataque leve e uma tonalidade ascendente: *sirene, ma, me, mi, vogais posteriores ascendentes (u, o)*, mantendo-se atento à técnica da respiração e à verticalidade. Pouco a pouco, o paciente fará exercícios sozinhos sem esquecer os conselhos de moderação e evitando insistir se as produções não são de excelente qualidade.

O acompanhamento da fonoterapia não apresenta nenhum problema específico.

A importância da reeducação vocal é ainda muito freqüentemente mal-avaliada por muitos ORL para os quais o tratamento cirúrgico parece suficiente. Ora, um estudo que realizamos em 1977 em 86 pacientes operados em diversos hospitais parisienses mostrou uma nítida diferença na evolução dos pólipos operados com ou sem reeducação.

Sem fonoterapia, a intervenção obteve um resultado satisfatório somente em 52% dos casos. Dificuldades grandes ou pequenas persistiam em 29,5% dos casos e a recidiva do pólipo era observada em 18,5% dos casos.

Com fonoterapia, obtinha-se um resultado satisfatório em 69% dos casos. Dificuldades – pequenas somente – permaneciam em 25% dos casos e a recidiva ocorria apenas em 6% dos casos.

A vantagem mais particular da fonoterapia pré-operatória é ilustrada pelo caso bastante freqüente de agravamento do distúrbio vocal após a ablação isolada de um pólipo da prega vocal. Vários pacientes, nesse caso, que apresentavam antes da intervenção um distúrbio mínimo foram particularmente afetados por essa evolução totalmente imprevista. A alteração ocorrida na cinética laríngea explica, na verdade, muito bem esse agravamento paradoxal: se uma pessoa caminha há 10 anos com um peso amarrado ao pé, pode ocorrer que o primeiro efeito da liberação desse peso seja o de tropeçar a cada passo.

Um desses pacientes, que era mais reticente em relação à intervenção, apresentou após esta uma quase afonia durante vários meses. Essa quase afonia era provocada evidentemente por um comportamento reacional que aliava o esforço e a contenção. Isso não o impedia de pensar que certamente a intervenção havia sido malfeita e que havia provocado sérios desgastes em seu órgão vocal!

A evolução de um pólipo da laringe operada nem sempre é tão simples como se pode imaginar *a priori*. O pólipo da laringe é uma afecção que, por mais banal que seja, merece ser tratada com muita atenção.

[7] Cf. *A voz*, Volume 4.

## LEITURAS SUGERIDAS

Dirigir-se igualmente à bibliografia do "nódulo da prega vocal", p. 98 (certos artigos ou obras referem-se simultaneamente ao nódulo e ao pólipo).

Histórico:

EHRMANN CH. *Histoire des polypes du larynx.* Strasbourg: Berger-Levrault, 1850.

Textos clássicos:

ARNOLD GE. Vocal nodules and polyps: Laryngeal tissue reaction to habitual hyperkinetic dysphonia. *J Speech and hearing Dis* 1962 ; 27: 205-217.

CABOCHE. Polypes symétriques des cordes vocales au siège habituel des nodules vocaux. *Ann Otol Laryngol* 1929; 7: 754.

CABOCHE. Transformations possibles des nodules vocaux en polypes des cordes vocales. *Soc laryngol Hôpitaux de Paris,* 12 décembre 1928.

COLMET-DAAGE B. *Enquête sur le devenir des polypes du larynx après exérèse.* Paris: Mémoire d'orthophonie, 1973.

LALLEMANT M, DELARME J, LEROUX-ROBERT J. Les polypes du larynx. Étude anatomoclinique. *Ann Otol Laryngol* 1939.

LE HUCHE F. Le polype du larynx. Point de vue phoniatrique (pour dépasser le «stade du miroir»). *Compte rendu du Congrés ORL.* Paris: Arnette, 1977.

LE HUCHE F. L'execution sans jugement du polype du larynx est-elle une thérapeutique acceptable? *Compte rendu du congrés ORL* 1987. Paris: Arnette, 1988.

MAYOUX R. Les tumeurs bénignes du larynx. *Lyon Médical,* 1931 ; 147: 209-222.

QUICHAUD F *et al.* Résultats fonctionnels de la microchirurgic laryngée. *Compte rendu du Congrès ORL* 1977. Paris: Arnette, 1978.

ROCH JB. À propos du polype de la corde vocale. Communication an Congrès de la Société française de phoniatrie. *Bull Audiophonol* 1988.

TARNEAUD J. *Laryngite chronique et laryngopathies.* Paris: Maloine, 1943 : 77-92.

## CISTO MUCOSO POR RETENÇÃO

### Definição

O cisto mucoso é uma tumefação que aparece no nível da prega vocal que resulta de um acúmulo de secreção mucóide devido à obstrução do canal excretor de uma glândula mucosa.

### Histórico

Descrito por New e Erich, em 1938, o cisto foi por muito tempo considerado como uma afecção rara. Em 1956, Ashes e Raum estabelecem claramente a distinção entre o cisto mucoso e o cisto epidérmico (cf. Volume 3). Atualmente, a freqüência do cisto mucoso aparece maior na medida em que sendo melhor conhecido, é mais freqüentemente reconhecido.

### Epidemiologia

Encontra-se o cisto mucoso por retenção tanto na criança quanto no adulto de um ou outro sexo. Parece ser mais freqüente no sexo feminino. Segundo Frèche, o máximo de freqüência está situada, porém, entre 25 e 45 anos.

### Clínica

O cisto mucoso se traduz essencialmente por uma alteração do timbre vocal que se torna surdo e às vezes roufenho ou mesmo momentaneamente bitonal. Observa-se ainda uma diminuição da intensidade vocal, e breves momentos de mudez que correspondem ao que geralmente se chama de buracos na voz.

Por outro lado, há uma particular fatigabilidade da voz que se traduz por uma baixa de qualidade do timbre vocal a partir do momento em que a voz é um pouco mais solicitada.

O exame da voz permitirá avaliar a importância, mais ou menos grande segundo o caso, do comportamento de esforço vocal associado.

### *Exame laringoscópico*

Nos casos típicos, o exame laringoscópico evidencia a lesão na forma de uma arcadura lisa, esbranquiçada ou amarelada, mais ou menos oval, situada na face superior da prega vocal (cf. p. 183). A localização mais freqüente é o ponto nodular.

Seu volume é variável, indo da cabeça de um alfinete a de uma grande tumefação que parece preencher a prega vocal, tornando-se convexa simultaneamente na face superior e na inferior.

Às vezes, o aspecto é menos evidente, permanecendo normal a coloração da mucosa da prega vocal.

Geralmente, o cisto é marcado pela existência na superfície da prega vocal de capilares dilatados que convergem para um mesmo ponto (Bouchayer).

Face ao cisto, observa-se com freqüência um espessamento da mucosa da prega vocal oposta.

Em estroboscopia, é possível ver uma parada relativamente total da vibração da prega vocal considerada.

### *Diagnóstico diferencial*

O diagnóstico diferencial não apresenta dificuldades nos casos típicos. Às vezes, em compensação, uma reação inflamatória da mucosa da prega vocal mascara o aspecto cístico e pode acarretar uma confusão com uma nodosidade. Nesse caso, o exame estroboscópico poderá freqüentemente solucionar a dúvida, pois o cisto aparece nitidamente como uma massa rígida inserida na prega vocal e impedindo mais ou menos a vibração da mucosa.

Muitas vezes, no entanto, o cisto revelarár-se-á somente durante um exame posterior, depois que o início do tratamento fizer regredir o aspecto congestivo da mucosa.

Como veremos mais adiante, em uma monocordite (aspecto inflamatório da mucosa de uma prega vocal) esconde-se freqüentemente um cisto.

Por outro lado, é o exame anatomopatológico que diferenciará o cisto mucoso por retenção do cisto epidérmico cujo conteúdo apresenta cristais de colesterol.

### *Anatomopatologia*

O cisto por retenção situa-se na profundidade do cório, repelindo a massa muscular subjacente.

Apresenta uma parede constituída de duas camadas de células, uma interna formada por células cilíndricas ciliadas, a outra externa formada por células cúbicas. Essa parede circunscreve uma cavidade que contém um líquido mais ou menos viscoso resultante da secreção glandular que não comporta cristais de colesterol.

### Etiopatogenia

É provável que a obstrução do canal responsável pela formação do cisto seja produzida por ocasião de uma inflamação aguda ou subaguda da mucosa da prega vocal, sendo ela mesma produzida eventualmente, ou gerada por um comportamento de esforço vocal.

### Evolução

Sem tratamento, o cisto pode permanecer estacionário durante anos. Muitas vezes, ele tende a aumentar de volume por crescimentos sucessivos; às vezes, no entanto, pode diminuir espontaneamente antes de retomar sua evolução, sendo que a alteração vocal varia paralelamente a esta.

### Tratamento

O tratamento do cisto mucoso por retenção é essencialmente microcirúrgico. Consiste em extrair o cisto após incisão da face superior da prega vocal distante da borda livre desta. O cisto é então dissecado com descolador e removido, se possível em "monobloco".

O cisto rompe-se com freqüência durante a intervenção, o que impõe, dessa forma, uma limpeza cuidadosa da bolsa cística a fim de evitar que fique alguns detritos da parede suscetíveis de engendrar uma recidiva.

A utilização do *laser*, embora mais fácil para o operador, não é indicada aqui, pois não permite a dissecção minuciosa requerida nesse caso.

Evidentemente, o ato cirúrgico será antecedido e seguido por uma reeducação vocal a fim de reduzir o comportamento de esforço associado.

## LEITURAS SUGERIDAS

CORNUT G, BOUCHAYER M. Indications phoniatriques et résultats fonctionnels de la microchirurgie laryngée. *Bull Audiophonol* 1987; *7, 3* : 5-52.

CORNUT G, BOUCHAYER M, WITZIG E, ROCH JB, LOIRE R. Diagnostic et traitement du kyste muqueux par rétention de la corde vocale. *Bull Audiophonol* 1985 ; *1, 3* : 263-274.

LEHMANN N, PIDOUX JM, WIDMANN JJ. *Larynx. Microlaryngoscopie et histopathologie.* Cadempino (Suisse) : Ipharzam, 1981.

## HEMORRAGIA SUBMUCOSA DA PREGA VOCAL – CHICOTADA LARÍNGEA

### Definição

A hemorragia submucosa ou *hematoma da prega vocal* corresponde a uma ruptura vascular em relação a um traumatismo vocal agudo.

Na chicotada laríngea, a hemorragia duplica-se devido à ruptura do músculo tireoaritenóideo.

Nos dois casos, constitui-se um hematoma que resulta em uma superfície de cor vermelho vivo, implicando uma extensão mais ou menos grande da face superior da prega vocal.

### Histórico

O hematoma da prega vocal é descrito pela primeira vez por Frankel, em 1874.

Quanto ao termo de chicotada laríngea, é proposto por Moure, em 1889. Moure havia observado uma hemorragia submucosa da prega vocal em um cantor no momento de um esforço vocal intenso (o célebre "Siga-me" do papel de Arnold, em Guillaume Tell de Rossini), hemorragia que ele atribui a uma ruptura muscular do músculo vocal. O termo lhe é inspirado por analogia à ruptura do tendão de Aquiles em certos esportistas (tendão do tríceps sural; músculo da panturrilha). A ruptura do tendão de Aquiles provoca um barulho seco que lembra o estampido de uma chicotada.

Escat, em 1927, relata um certo número de observações sobre hemorragias submucosas da prega vocal, mas contesta o fato de elas serem provenientes de uma ruptura muscular.

Por sua vez, Tarneaud, em 1935, afirma que não se trata de hemorragia, mas de ectasia vascular sem ruptura de vasos. Tarneaud baseia-se no fato de que, durante a evolução, a coloração vermelho vivo persiste no nível da prega vocal antes de desaparecer sem passar pelas cores violeta, azulada e amarelada como ocorre com os hematomas subcutâneos.

A respeito dessas discussões históricas, nos cabe fazer as seguintes observações. Por um lado, deve-se admitir que, evidentemente, todas as hemorragias submucosas da prega vocal não correspondem a uma ruptura muscular e que é muito abusivamente que se emprega comumente o termo chicotada laríngea para designar todas as hemorragias submucosas. Isso não quer dizer que, mesmo quando rara, a ruptura do músculo tireoaritenóideo não exista. Observamos vários casos desse tipo.

Por outro lado, quanto ao argumento sobre o qual se apóia Tarneaud para negar a existência da hemorragia, não é válido se consideramos que as hemácias continuam a se oxigenar em contato com o ar, através da mucosa da prega vocal, o que lhe permite manter assim sua coloração vermelha, do mesmo modo que ocorre com o hematoma da córnea do olho que permanece igualmente vermelho até a reabsorção completa.

Salientemos ainda que nos parece exagerado falar em hemorragia na presença de ectasias vasculares no contexto do aspecto inflamatório das pregas vocais, em uma simples laringite irritadiça.

## Epidemiologia

A hemorragia submucosa ocorre sempre na ocasião de um grande e brutal esforço vocal, resultando acusticamente em sons intensos e agudos. Essa afecção atinge assim em maior freqüência os cantores líricos de grande potência e os atores que desempenham papéis vocalmente violentos. É encontrada também após excessos vocais em disputas, altercações, urros prolongados. Parece menos freqüente em gritos de pavor que ocorrem por ocasião de acidentes ou de agressões.

Destacamos um certo número de fatores favorecedores, tais como a fadiga geral, a técnica vocal defeituosa e, conforme um outro tipo de raciocínio, a congestão da mucosa das pregas vocais, a existência de dilatações vasculares e o período pré-menstrual.

## Clínica

O início é sempre brutal. Traduz-se por uma baixa súbita da intensidade vocal com alteração mais ou menos marcada do timbre. Em certos casos, isso se traduz por uma quase afonia em um contexto de ansiedade marcada. Nota-se às vezes uma dor cervical.

No exame, algumas horas ou alguns dias depois, observa-se a persistência da alteração vocal, freqüentemente asseverada pela ansiedade do indivíduo. A voz é

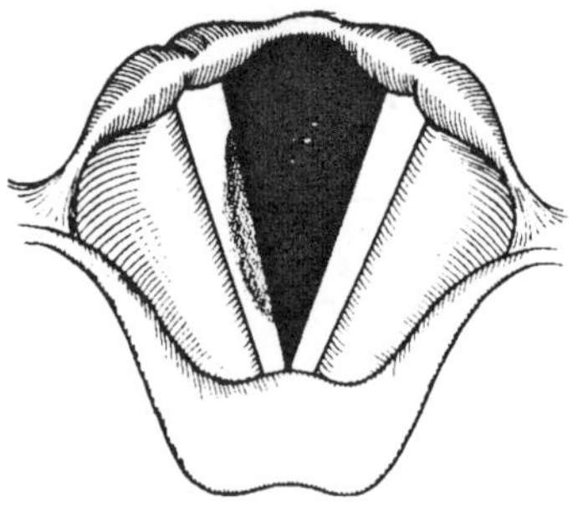

➤ Fig. 5.11
Hematoma submucoso extenso.

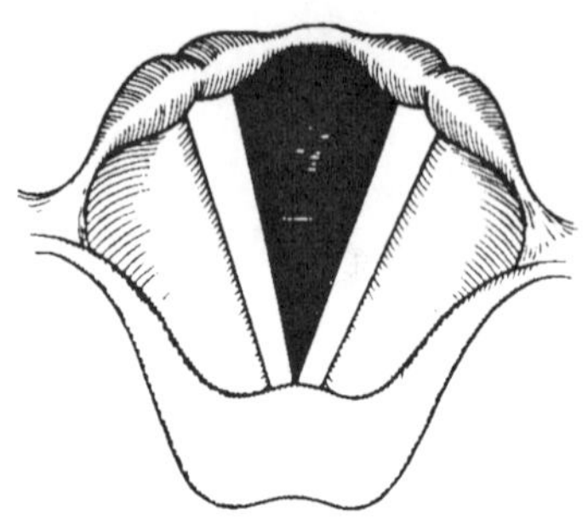

➤ Fig. 5.12
Hematoma submucoso em setor.

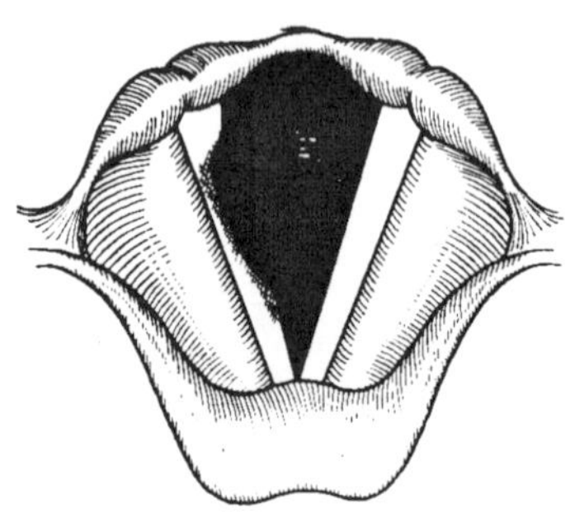

➤ Fig. 5.13
Chicotada laríngea.

surda, às vezes bitonal; poder haver uma afonia mais ou menos completa. Nesse estágio, normalmente a dor já desapareceu.

No *exame laringoscópico*, observa-se uma zona de coloração vermelha viva estendida a uma parte mais ou menos considerável da prega vocal (Figura 5.11). É, em geral, a parte média desta que foi atingida. Algumas vezes, trata-se de uma zona mais reduzida triangular de ponta externa, envolvendo uma parte variável da borda livre da prega vocal (Figura 5.12). Em caso de ruptura muscular, eventualidade rara, observa-se, além disso, um entalhe que implica o terço médio da prega vocal e deixa crescer, na parte de trás, a apófise vocal (Figura 5.13).

O *exame estroboscópico* (prudente) mostra uma parada vibratória, quase completa, no nível da prega considerada.

### *Diagnóstico diferencial*

Será eliminada facilmente a monocordite vasomotora, inicialmente, na ausência de um princípio também brutal, depois se a coloração da prega vocal atingida for rosa e não vermelha, bem como se a distribuição dessa coloração em toda a superfície da prega for homogênea.

## Evolução

A hemorragia submucosa é reabsorvida dentro de duas a quatro semanas aproximadamente, resultando em uma recuperação progressiva e, em geral, completa da voz, ainda que o indivíduo não tenha obedecido durante esse período uma certa moderação vocal. Certos autores (Segré) ressaltaram que o prognóstico não é tão bom para a voz cantada como é para a voz falada. O prognóstico é muito menos favorável caso se trate de uma ruptura muscular que pode acarretar uma alteração durável da voz.

No nível laringoscópico, observa-se a redução progressiva da superfície atingida da prega vocal. A coloração permanece vermelha viva até o final desta evolução. A não-reabsorção do hematoma é às vezes observada, propiciando a constituição de um pseudocisto hemático.

A hemorragia submucosa pode, para o paciente, acarretar a constituição de um comportamento de esforço vocal crônico com eventualmente surgimento de laringopatia disfuncional secundária.

## Tratamento

O tratamento incluirá, em um primeiro momento, uma informação objetiva, precisando a natureza e o caráter benigno (exceto caso se trate de uma autêntica chicotada) desse dramático acidente vocal.

O repouso vocal, ou pelo menos a moderação vocal, serão aconselhados durante algumas semanas. A eventual deficiência da técnica vocal será tratada com fonoterapia.

Quanto ao pseudocisto hemático, será objeto de uma intervenção microcirúrgica. Diversos tratamentos medicinais foram propostos: antiiinflamatórios, antiibioterapia, hormonoterapia, tratamento antiifologístico. Parece que a abstenção é a escolha mais indicada.

## LEITURAS SUGERIDAS

TARNEAUD J. *L'hémorragie sous-muqueuse de Ia corde vocale. Laryngite chronique et laryngopathies.* Paris: Maloine, 1944: 100-104

TARNEAUD J. *La soi-disan t hémorragie d'une corde vocale. Traité pratique de phonologie et de phoniatrie.* Paris: Maloine, 1961 : 381-382.

# ÚLCERA DA CARTILAGEM ARITENÓIDE

## Definição

A úlcera da cartilagem aritenóide, mais freqüentemente chamada *úlcera de contato*, é uma alteração da mucosa por perda de substância que desnuda tal cartilagem. Essa úlcera atinge na maioria das vezes o terço posterior da glote no nível da apófise vocal, mas, às vezes, fica mais acima, situada na face interna da cartilagem.

## Histórico

A primeira descrição dessa úlcera deve-se a Chevalier Jackson, em 1928. Tal alteração é relatada por ele como um martelar das aritenóides durante a fonação.

Há mais ou menos 30 anos, a responsabilidade de um refluxo gastresofágico (Delahunty e Cherry) foi comprovada experimental e clinicamente em um certo número de casos. É por essa razão que damos preferência ao termo *úlcera da cartilagem aritenóide* que, contrariamente à *úlcera de contato*, não indica que se trata de um mecanismo patogênico.

Mais recentemente, falou-se da possível responsabilidade de uma carência em zinco.

## Epidemiologia

A úlcera da cartilagem aritenóide é uma afecção que atinge quase exclusivamente os homens por volta dos 40 anos.

Trata-se com freqüência de um sujeito introvertido, um pouco rígido e brusco em sua maneira de ser, normalmente perfeccionista. Exerce freqüentemente uma profissão que o obriga a falar muito, o que não lhe agrada e resulta nele em um comportamento vocal de retenção.

A anamnese revelará, em um a dois terços dos casos, segundo os autores, problemas digestivos e, particularmente, um refluxo gastresofágico e, às vezes, a noção de uma intubação traqueal.

Notemos que, segundo Paecher, a úlcera da cartilagem aritenóide aparece em mais de 80% dos casos do lado da mão não-predominante.

## Clínica

### *Sinais subjetivos*

Os distúrbios instalam-se de maneira progressiva e insidiosa em algumas semanas ou meses. O indivíduo reclama principalmente de *fatigabilidade vocal*, de estricções e de *dores laríngeas* na fonação prolongada. Às vezes, a dor está localizada no ouvido. Sabe-se que o sofrimento laríngeo resulta, às vezes, assim e que corresponde então a contraturas da musculatura supra-hióidea posterior. Algumas vezes, o paciente queixa-se de *opressão respiratória*. As dores são freqüentemente uma fonte de inquietudes para o paciente, causando-lhe medo de um câncer.

### *Sinais objetivos*

#### SINAIS FÔNICOS E ALTERAÇÕES DO COMPORTAMENTO FONATÓRIO

A voz não aparece muito alterada em um primeiro momento, embora seja, muitas vezes, surda e grave. Um ouvido atento detecta, entretanto, um timbre pobre, "sem ressonância" e uma articulação seca, martelada com golpes de glote freqüentes. No exame de foniatria, nota-se o comportamento de retenção que afeta a voz projetada e de modo inconstante a voz cantada.

SINAIS LARINGOSCÓPICOS

O exame laringoscópico evidencia uma perda de substância que envolve a mucosa no nível da apófise vocal e estende-se às vezes, à face interna da cartilagem aritenóide na forma de uma ulceração oval (Figura 5.14).

Essa ulceração é recoberta por uma capa acinzentada e bordada por uma camada inflamatória avermelhada.

Às vezes, a partir dessa camada periférica se desenvolve uma verruga granulomatosa. Essa verruga pode acabar transformando-se em um granuloma aritenóideo mais ou menos desenvolvido. Apresenta-se então sob a forma de uma massa acinzentada, às vezes, polilobular de consistência dura e de natureza da greda (Figura 5.15).

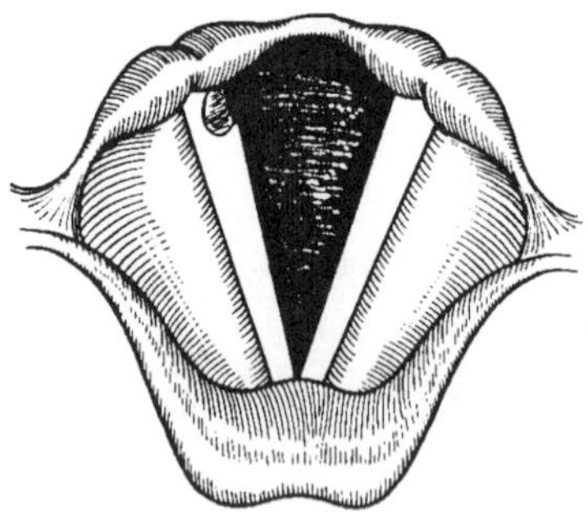

➤ Fig. 5.14
**Úlcera da cartilagem aritenóide.**

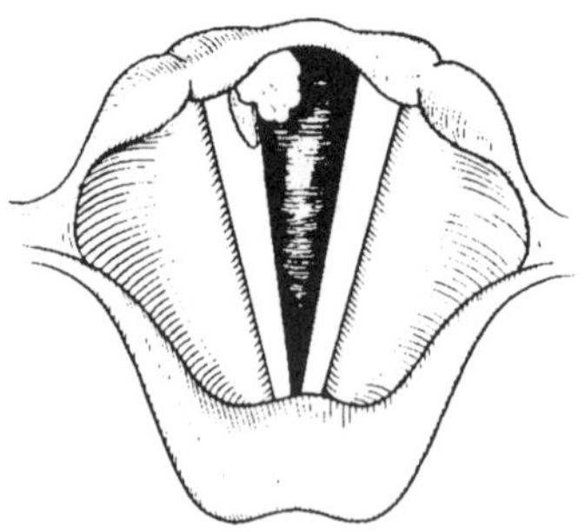

➤ Fig. 5.15
**Úlcera da cartilagem aritenóide com granuloma.**

### *Diagnóstico diferencial*

O diagnóstico da úlcera da cartilagem aritenóide não apresenta, em geral, complicações. Eliminar-se-á um câncer da prega vocal tendo em vista o aspecto particular da lesão e a ausência de alteração da mobilidade da prega vocal. Havendo alguma dúvida, uma remoção possibilitará a realização da análise histológica. Quanto à tuberculose laríngea, rara, sabe-se que está associada, como regra geral, a uma tuberculose pulmonar.

## Etiopatogenia

A etiopatogenia ainda é bastante incerta. Vários fatores provavelmente estão associados: um fator mecânico devido ao martelar das aritenóides em relação a um comportamento fonatório particular; uma alteração da mucosa consecutiva a refluxos gastresofágicos ácidos ou a outras causas de irritações; uma carência em zinco.

## Evolução

A úlcera da cartilagem aritenóide tem uma evolução inconstante e lenta. As recidivas são freqüentes. A evolução maligna é negada por muitos autores. Qualquer que seja, se ela existe, é certamente excepcional.

## Tratamento

A úlcera da cartilagem aritenóide é uma das raras afecções para a qual um silêncio vocal de alguns dias apresenta uma vantagem evidente.

A reeducação vocal é indicada em todos os casos. É, em geral, bastante longa e difícil na medida em que o distúrbio do comportamento vocal se manifesta por sinais bastante discretos e pouco evidentes para o paciente. Os exercícios de relaxamento serão importantes nessa reeducação.

Os exercícios vocais serão orientados para a realização de ataques vocais suaves e, paradoxalmente, para a produção de emissões vocais francas e potentes na voz cantada e projetada, considerando-se que há um comportamento de retenção.

A esse tratamento, será acrescentado o do eventual refluxo gastresofágico com géis antiácidos (*Gasvicon*) ou procedimentos antirefluxo, como a elevação da cabeceira da cama e as prescrições dietéticas apropriadas. Poderá ser associada, além disso, a prescrição de 100 mg por dia de sulfato de zinco para ser tomado entre as refeições.

Quanto ao granuloma, é suscetível de ser eliminado espontaneamente sob o efeito dos tratamentos anteriores. Certos movimentos de expulsão à base de golpes de glote inspiratórios e expiratórios, praticados alguns minutos por dia (Arnoux-Sindt), podem favorecer essa eliminação.

Caso isso não ocorra, a ablação cirúrgica poderá ser indicada, sabendo-se, porém, que ela não garante uma não-recidiva. Esta será realizada somente se o granuloma acarretar dificuldades vocais significativas. Algumas vezes, será preciso realizar ablações sucessivas em alguns meses ou anos de intervalos.

## LEITURAS SUGERIDAS


BLOCH C, GOULD J, HIRANO M. Effect of voice therapy on contact granuloma of the vocal. *Ann Otol* 1981; *90* : 48-52.

BRODNITZ FS. Contact ulcer *of* the larynx. *Arch Otol Laryngol* 1961; *74* : 70-80.

GUERRIER B, ARNOUX B. *Granulomes laryngés postérieurs.* Compte rendu du congrès ORL 1990. Paris : Arnette, 69-75.

JACKSON C. Contact ulcer of the larynx. *Ann Otol Rhinol Laryngol* 1928; *37* : 227-230.

KAMBIC V, ZANGI M. *Laryngite postérieure acide. 81e* congrès français d'ORL. Paris: Arnette, 1984: 159-161.

PEACHER G. Contact ulcer of the larynx. I. History. *J Speech Hear Disord* 1947; *12* : 67-76.

PEACHER G. Vocal therapy for contact ulcer of the larynx a follow-up of *70* patients. *Laryngoscope* 1961; 71 : 37-47.

# 6

# Formas particulares das disfonias disfuncionais

## ROUQUIDÃO VOCAL INFANTIL

### Definição

A disfonia disfuncional da criança é chamada mais comumente de rouquidão vocal infantil. Esse termo talvez não seja o melhor, mas é, no entanto, bastante expressivo para ser conservado.

Essa disfonia caracteriza-se por um comportamento de esforço vocal, freqüentemente muito grave, acompanhado de uma modificação do timbre da voz que se torna grave, rouca e roufenha.

### Histórico

Inicialmente, considerado como resultante de uma laringite crônica, a origem disfuncional da rouquidão vocal infantil já era do conhecimento de Garel, em 1922, (estudo em 434 casos apresentado na Sociedade Francesa de ORL).

Tarneaud, em 1944, reforça esse ponto de vista e, criticando o termo laringite crônica da infância, empregado na época, demonstra a pouca importância etiológica das doenças infecciosas nesse caso.

### Epidemiologia

A rouquidão vocal é mais freqüente no menino (40 meninos para 29 meninas, em uma estatística pessoal de 3 anos).

Constitui-se mais freqüentemente em torno dos 6 ou 7 anos, o que corresponde à "entrada na escola". Pode, no entanto, aparecer mais precocemente, por volta de 3 anos, por exemplo, ou mesmo antes; casos de esforço vocal manifesto foram constatados desde os 3 e 6 meses.

O filho único é particularmente atingido (38 casos sobre 69), bem como o terceiro filho de famílias numerosas.

Quanto ao "temperamento", observam-se dois tipos de crianças disfônicas:

– a criança muito ativa, autoritária, voluntariosa, um pouco rígida; ela ultrapassa uma energia difícil de ser canalizada, apresentando eventualmente uma agressividade latente; pode ser vista como capitão de futebol e líderes de time, o que a obriga a forçar ainda mais sua voz para se impor; é o caso mais freqüente;

– a criança retraída (ou aparentemente retraída), tímida, teimosa (eternamente insatisfeita), perfeccionista.

No âmbito escolar, observa-se que mais da metade das crianças disfônicas estão entre os primeiros da turma: são crianças que dispõem de muita energia.

## Clínica

### Como tudo começa

Tradicionalmente, diz-se que a disfonia da criança ocorre por ocasião de uma alteração passageira da laringe: laringite simples durante a qual a criança não respeitou o repouso ou nem, ao menos, a moderação vocal que deveria ter sido imposta. Um comportamento vocal de esforço resultaria disso, persistindo após o desaparecimento da laringite. Na verdade, em nossos 69 casos, duas crianças somente respondem a essa etiologia.

Classicamente ainda, vê-se a amigdalectomia como origem do problema. A crispação laríngea, devido à dor faríngea, resultaria na constituição de um comportamento de esforço vocal. Nos 69 casos, não encontramos nenhum que corresponda a essa etiologia. Em uma estatística de Cornut, 2,5% das crianças encaixam-se nesse processo.

A disfonia, em geral, instala-se de uma maneira progressiva, por períodos sucessivos. No início, o episódio disfônico é de alguns dias, seguido de algumas semanas de retorno a uma voz normal. Depois, tais episódios se repetem seguida ou espaçosamente de modo irregular, conforme períodos de férias e de escolaridade. Pouco a pouco, a disfonia torna-se constante.

### Sintomatologia

#### SINAIS SUBJETIVOS

Mais freqüentemente, a criança não tem muita consciência de sua disfonia e esta o incomoda pouco. Ela não vê, de forma alguma, nesse caso, a necessidade de tratar sua voz. Os próprios pais nem sempre são sensíveis à disfonia, estando habituados com o timbre vocal particular da criança. Em tais condições, é somente a professora ou o pediatra, ou um parente próximo, que pode insistir para que se leve a criança a uma consulta. Muitas vezes, é somente quando os pais escutam o registro no gravador, e – mais dificilmente – a criança, que tomam consciência da realidade do problema vocal.

Em certos casos, entretanto, a criança fica realmente incomodada e reclama que sua voz "sai dificilmente às vezes". Mas, não se vê praticamente nunca na criança as falhas, as queimações, as tensões, dores ou a opressão respiratória encontradas no adulto. Freqüentemente, ela percebe que tem dificuldade quando deve falar "baixo" e quando precisa ler em aula. A voz para gritar ou para chamar à distância não apresenta, em geral, segundo ela, nenhum problema.

Quanto à insensibilidade dos pais diante de tal disfonia da criança, não é, evidentemente, generalizada: certos pais inclusive ficam mesmo particularmente contrariados com a alteração da voz de seu filho.

Isso é importante, pois, no nível do tratamento, como veremos, tratar-se-á de determinar quem está incomodado com a disfonia, quem é que solicita tratamento: a professora? o médico? um tio? os pais? Tal questão não é tão simples como se pode imaginar.

#### SINAIS OBJETIVOS

##### Sinais fônicos e alterações do comportamento fonatório

A alteração da *voz conversacional* é variável e às vezes considerável. No plano acústico, é mais freqüentemente caracterizada pelos seguintes pontos:

– agravamento da tonalidade;

– modulação reduzida;

– rouquidão do timbre muitas vezes marcada;

– finais às vezes abafados;

– intensidade geralmente alta demais, "desmedida", alternando com uma quase afonia;

– alteração da articulação da fala devido ao esforço vocal.

Essas modificações acústicas acompanham um evidente comportamento de esforço: alteração da respiração fonatória e da verticalidade, turgidez das jugulares, etc.

Em outros casos, mais raros (crianças retraídas, tímidas, etc.), observa-se um comportamento de retenção, apresentando uma voz velada e de tonalidade mais elevada.

No teste de *leitura*, a voz é, em geral, ainda mais alterada do que na voz conversacional.

Em *voz projetada* (teste de contagem projetada), observa-se, ao contrário, uma melhora normalmente bastante significativa da voz que pode, em certos casos, ser completamente clara, embora o comportamento de esforço esteja sempre presente.

A *voz de chamamento* é muito variável de uma tentativa à outra, boas emissões inesperadas alternam com emissões "estranguladas" e com "quacs".

Quanto à *voz cantada*, a extensão é, às vezes, limitada em algumas notas no grave e em algumas notas em um agudo estridente e roufenho. O comportamento de esforço ainda aí é, na maioria dos casos, muito significativo.

### ■ Exame da parede abdominal

Na criança disfônica, e em uma proporção bastante grande (sete crianças sobre dez aproximadamente), é possível constatar uma deiscência da linha alba do abdome. Lembremos que a linha alba corresponde a uma lâmina aponeurótica que vai do apêndice xifóide ao púbis e que serve de inserção ântero-interna aos três músculos do reto anterior do abdome. A deiscência da linha alba corresponde, na criança disfônica, a um defeito de funcionamento dos músculos do reto anterior do abdome e em particular do oblíquo externo (grande oblíquo). Notemos que tal deiscência ocorre na criança não-disfônica, sobretudo antes dos 3 anos, mas sua freqüência é menor (2 crianças a cada 10).

A deiscência da linha alba do abdome pode ser constatada da seguinte maneira: pede-se à criança, deitada, braços colados ao corpo, para elevar bruscamente os pés a 10 centímetros aproximadamente do divã de exame, mantendo as pernas bem rígidas (Figura 6.1): nessa elevação das pernas, vê-se destacar, entre os dois grandes retos, uma tumefação alongada conforme o eixo do corpo, mole ao tocar, dando a impressão de uma fraqueza da parede abdominal nesse nível. Essa saliência é de uma largura variável: de meio a três centímetros. Pode estender-se desde o umbigo até o ângulo xifóide ou abranger somente uma porção dessa zona.

Essa correlação entre a deiscência da linha alba do abdome e a rouquidão vocal infantil pode ser explicada de duas maneiras:

– pode-se imaginar que a criança não sabe utilizar seus abdominais na emissão vocal e estes não são bem desenvolvidos, o que explicaria a fraqueza da parede abdominal;

– pode-se imaginar, ao contrário, que é a parede abdominal que é naturalmente fraca, impedindo a criança de realizar normalmente a respiração abdominal.

A primeira hipótese parece ser mais provável.

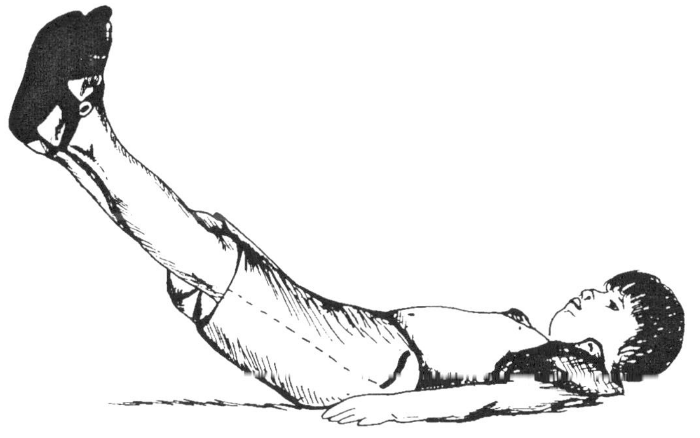

➤ Fig. 6.1

**Busca da deiscência da linha alba do abdome na criança disfônica.**

Os pés dessa criança estão um pouco elevados demais.

■ **Estática geral do corpo**.

Percebeu-se, nas crianças disfônicas, a existência de problemas referentes à estática geral do corpo, manifestando-se por uma tendência a quedas freqüentes. Isso parece estar confirmado por estudos que recorrem às técnicas modernas de estabilometria.

## Sinais laringoscópicos

Como havíamos dito (cf. Capítulo 2), a laringe da criança nem sempre é fácil de ser examinada com espelho laringoscópico. Com paciência, porém, consegue-se, de quatro dentre cinco crianças aproximadamente, obter uma cooperação correta por parte da criança a partir dos cinco anos de idade. Caso tal exame seja realmente impossível, pode-se sempre recorrer à fibroscopia por via nasal, e até mesmo, em último caso, à laringoscopia direta com anestesia geral.

Lembremos que a imagem obtida por fibroscopia nasal permanece bastante pequena e que seu eventual aumento não permite atualmente obter uma definição muito satisfatória.

A laringe da criança disfônica pode apresentar-se, inicialmente, como absolutamente *normal*. Essa normalidade laríngea é observada em 63% dos casos por Cornut e em 40% dos casos em nossa estatística pessoal (28 casos sobre 69).

Em outros casos, observam-se lesões mais ou menos grandes da mucosa das pregas vocais correspondendo a *laringopatias disfuncionais* (Tarneaud), isto é, resultantes do comportamento de esforço.

Um aspecto muito característico, mas relativamente raro em nossa estatística pessoal (3 casos em cada 69), descrito por Garel, é o das pregas vocais em *grãos de cevada* (Figura 6.2). Trata-se de uma espécie de dilatação regular das pregas vocais que pode efetivamente lembrar a forma de dois grãos de cevada.

Mais freqüentemente, observam-se *nódulos* cuja particularidade é ser, em geral, muito anteriores: na união de 1/4 anterior e dos 3/4 posteriores da prega vocal (e não de 1/3 anterior e dos 2/3 posteriores como no adulto). Essa localização particular pode ser explicada pelo tamanho proporcionalmente maior da apófise vocal na criança.

Em nossa estatística pessoal, observamos 24 casos de nódulos sobre 69, ao quais podem ser acrescentados 4 casos de indício nodular.

Muito freqüentemente, o nódulo é bilateral (17 casos sobre 69), apresentando o clássico aspecto de nódulos no espelho (ou "kissing nódulos") (Figura 6.3).

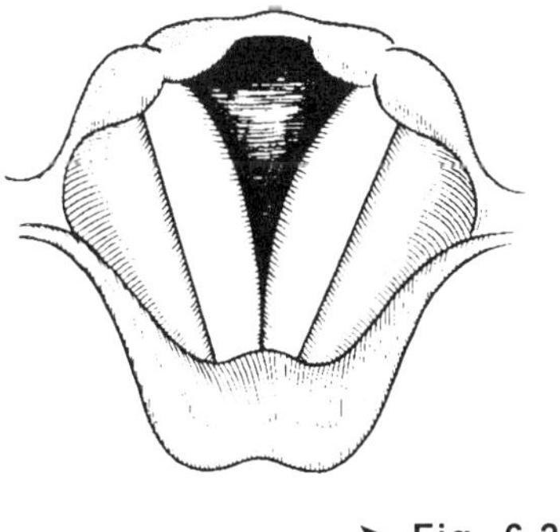

➤ Fig. 6.2

**Pregas em "grãos de cevada".**

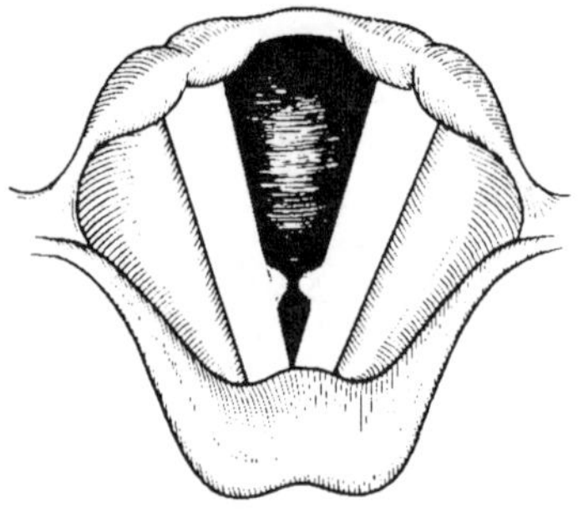

➤ **Fig. 6.3**
**Nódulo em espelho.**

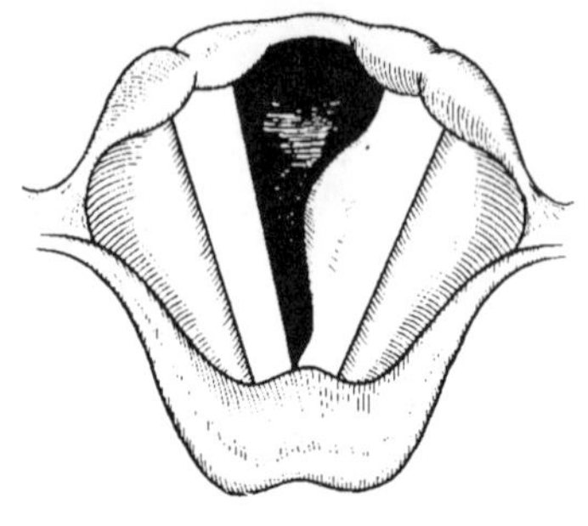

➤ **Fig. 6.4**
**Nodosidade.**

Tarneaud descreveu nódulos unilaterais de tamanho grande com o nome de nodosidade. Talvez, porém, se tratasse, na verdade, de cistos (Figura 6.4).

Mais raramente, por fim, pode-se observar lesões, tais como falsos cistos (e cistos mucosos).

## Diagnóstico diferencial

É essencialmente o exame laringoscópico que permite diferenciar a disfonia disfuncional da criança das disfonias de origem orgânica. É impossível afirmar, de fato, se a origem da disfonia é puramente disfuncional ou não com base somente nos dados clínicos.

A origem puramente disfuncional será eliminada se forem observadas lesões nas pregas vocais, tais como sulco, glote ovalada, palmípede, cisto congenital e principalmente papilomas. Essas lesões deverão ser diferenciadas das laringopatias disfuncionais citadas anteriormente (nódulo, falso cisto, etc.). Evidentemente, como veremos, os caracteres acústicos da alteração vocal podem orientar, às vezes, o diagnóstico para uma disfonia de origem orgânica. Mas é a laringoscopia somente, eventualmente seguida do exame histológico, que o confirmará.

O diagnóstico diferencial tem uma grande importância nas disfonias da criança. Com efeito, a existência ou não de lesões orgânicas *na origem* da disfonia condiciona em larga medida a conduta terapêutica e o prognóstico.

Será preciso lembrar, nesse momento, que nenhuma reeducação vocal poderia ser empreendida sem que um exame laringoscópico tivesse sido praticado ou previsto em seguida?

## Etiopatogenia

Como em todas as disfonias disfuncionais, o distúrbio vocal é decorrente da constituição do círculo vicioso do esforço vocal. Ressaltamos anteriormente que uma laringite ou uma amigdalectomia podem constituir fatores desencadeantes.

Por outro lado, sabe-se que a disfonia está freqüentemente relacionada a dificuldades de ordem psicológica, sob a dependência de problemas familiares (nascimento de um irmãozinho) ou escolares. Tais dificuldades são comprovadas pela existência freqüente de problemas paralelos, tais como enurese, gagueira, dificuldades de adaptação escolar, dislexia, disortografia, tendência à ansiedade dissimulada, às vezes pela exuberância do comportamento.

Citemos, finalmente, a freqüência da imitação na origem da disfonia, seja a imitação de pais disfônicos (para Cornut, 26% das crianças disfônicas têm uma mãe disfônica), de uma professora ou de uma pessoa não-disfônica com a qual a criança tende a se identificar, um professor de voz grave, por exemplo.

## Tratamento

### *Informação*

A informação, como se sabe, é muito importante em matéria de terapêutica vocal. Pode-se dizer que é o segundo elemento do tratamento, sendo o primeiro a escuta. A necessidade da informação é ainda maior em caso de rouquidão vocal infantil. Ela deve ser dirigida tanto aos pais quanto à própria criança.

COMPREENSÃO DO FUNCIONAMENTO DO ÓRGÃO VOCAL E DE SUAS ALTERAÇÕES

Será muito importante, para os pais, saber em que as cordas vocais não são cordas (poder-se-á mesmo dizer-lhes que, oficialmente, são chamadas de "pregas vocais"). Serão advertidos de que, mesmo que a voz se altere muito, isso não compromete necessariamente o futuro vocal de seu filho. Deverão saber ainda que um eventual nódulo não é uma lesão irreversível e que, de qualquer modo, é uma lesão benigna.

Na prática, vê-se que as coisas se esclarecem quando se deixa primeiramente os pais expressarem suas preocupações. Muitas vezes, foi-lhes dito que deveriam fazer alguma coisa, porque "isso poderia tornar-se grave". Sua vontade de controlar o problema da voz de seu filho pode ser expressa da seguinte maneira: "Não queremos que, mais tarde, ele venha nos culpar por termos negligenciado esse problema de voz". Muitas inquietudes desaparecerão de sua cabeça graças a algumas dessas simples explicações. Isso poderá ser benéfico à criança, ainda mais assistir a tal conversa.

Para a criança, será indispensável, desde os 5 anos, dar-lhe uma idéia simples, mas clara, do que é seu órgão vocal. Poderá ser mostrado a ela em um espelho ou no monitor do gravador.

COMPREENSÃO DO SIGNIFICADO DA DISFONIA NA VIDA DA CRIANÇA

Como vimos, a disfonia está muitas vezes relacionada a problemas psicológicos. É importante que os pais percebam como essa disfonia está associada ao temperamento da criança e a suas eventuais dificuldades familiares e escolares.

O aumento da disfonia poderá indicar-lhes então, como um sinal de alerta, que alguma coisa não está bem na vida de seu filho.

ADOÇÃO DE UM COMPORTAMENTO ADEQUADO ANTE A DISFONIA

Os pais serão informados de que não adianta nada proibir os gritos. Na verdade, por um lado, *não é a altura da voz que a prejudica, mas o esforço para produzi-la*; por outro, não é pensando em sua própria voz que se pode regulá-la corretamente, mas sobretudo pensando no efeito que ela produz no ouvido daqueles que a escutam. Eles devem parar, portanto, de dizer coisas à criança do tipo: "Não grite assim, tu arrebenta tuas cordas vocais"; em compensação, serão aconselhados a exprimir, de tempos em tempos, como sentem a alteração vocal de seu filho: "Tua voz tem me feito um pouco mal aos ouvidos ultimamente" ou "Olha só, tua voz parece estar um pouco melhor agora...". Da mesma forma, não hesitarão em falar com seu filho de sua disfonia e da maneira como eles a percebem.

Os pais deverão evitar uma atitude repressiva em relação às atividades vocais: sem proibir futebol, recreações, nem piscina, mesmo que a voz sofra com isso. A experiência prova, com efeito, que as proibições constituem um peso a mais para a criança, o que não acelera a resolução do problema.

Quanto à criança, receberá explicações adaptadas à sua idade sobre o mecanismo do esforço vocal e sobre as modalidades dos eventuais tratamentos.

No que diz respeito à prática do canto na escola, não deverá ser mais obrigatória para esta criança.

## *Tratamento médico*

Segundo Cornut, o tratamento médico é necessário para aproximadamente um terço das crianças. Trata-se essencialmente dos fatores favorecedores e desencadeantes ORL. Citemos em especial a vacinoterapia em caso de infecções rinofaríngeas freqüentes, bem como os tratamentos antibióticos e antiinflamatórios.

### Tratamento cirúrgico

Uma amigdalectomia ou uma adenoidectomia poderão, às vezes, ser necessárias.

Quanto à microcirurgia laríngea, poderá intervir em caso de falso cisto, cisto mucoso ou mesmo de nódulo.

A intervenção, entretanto, será praticada somente após um tratamento reeducativo e somente se a criança apresentar, depois deste, um incômodo muito grande. Essa intervenção será imposta mais freqüentemente no caso de uma criança para a qual a voz cantada é uma atividade importante (criança que participa de uma capela, por exemplo).

### Tratamento reeducativo

#### UMA CONDIÇÃO INDISPENSÁVEL: A MOTIVAÇÃO DA CRIANÇA

Na maioria dos casos, é a reeducação vocal que constitui a parte mais importante do tratamento e, às vezes, é o único tratamento realmente apropriado. Este, no entanto, não é possível de forma alguma antes dos 6 anos de idade.

Uma condição essencial para o sucesso da reeducação é que a criança esteja realmente motivada, e isso implica que compreenda claramente o que tal tratamento acarretará para ela.

Estabelecer a realidade dessa motivação não é um problema tão simples como pode parecer em um primeiro momento. Não se pode evidentemente questionar a criança sobre sua voz: "O que você pensa de sua voz? Ela está bem ou a incomoda? Você pode fazer tudo o que quer com ela? Ela sai todas às vezes ou falha em alguns momentos? Você se incomoda que ela nem sempre esteja bem ou para você tanto faz?" Uma resposta sincera nem sempre é possível na hora. Com efeito, a criança teme uma sanção terapêutica desagradável quando reconhece suas dificuldades vocais: ela irá "para a reeducação em vez de ir brincar com seus amigos"; "serão enfiados objetos em sua garganta" ou "lhe darão injeções". Pouco a pouco, porém, a criança terminará por exprimir seus reais sentimentos sobre o assunto quando sentir que realmente se quer ajudá-la e que não lhe será imposto nada sem que esteja de acordo, apesar da insistência freqüente dos pais para que aceite um tratamento considerado, por eles, indispensável: *a motivação dos pais não pode em circunstância alguma substituir a da criança.*

A partir do momento em que a criança compreende que seu problema vocal está sendo resolvido, evitando dar mais importância do que tem na realidade, sente-se protegida e então é mais fácil saber se há realmente, para ela, um problema suficiente que justifique uma intervenção terapêutica. Talvez mesmo, ela poderá admitir que a mamãe tem o direito de ter seus ouvidos perturbados por sua voz e que isso constitui, para ela, motivo de preocupações em que pode ser ajudada a eliminar.

Na realidade, o que ocorre no primeiro contato em que a mãe quer impor, por razões técnicas, o respeito em relação à motivação da criança, ultrapassa imensamente o problema da voz e então passa-se a agir no plano das relações de poder: permanecendo na dimensão da realidade concreta (a motivação verdadeira da criança é *realmente* indispensável ao empreendimento terapêutico), tem-se, sem o querer diretamente, uma ação determinante no plano das relações psicológicas entre essa mãe e seu filho, no sentido de alcançar a autonomia deste.

Em caso de não-motivação da criança, não se trata evidentemente de desistir: a evolução ocorrerá lentamente, de três em três meses ou de ano em ano, dando aos pais a oportunidade de expressar sua inquietude observando a motivação da criança. A menos que se constate – e isso não é raro – que tudo se resolveu sozinho.

O problema é mais simples quando a solicitação de tal empreendimento vem por parte da escola: o fornecimento de um atestado que declare que o problema está sendo tratado poderá ser suficiente. Seguindo o mesmo raciocínio, às vezes, será necessário ter contato com o médico ORL da criança, preocupado de maneira provavelmente excessiva com a integridade anatômica das pregas vocais, tendo dado orientações para reprimir a disfonia. Sabe-se que o resultado mais evidente de tais orientações é sobretudo o bloqueio do pleno desenvolvimento dessa criança, muitas vezes, transbordando de vitalidade e energia e cujo problema é justamente não encontrar um espaço de vida suficientemente amplo.

## SÉRIES CURTAS DE SESSÕES

A reeducação resultará, como para o adulto, em sessões de duas vezes semanais, depois semanais, sendo, no entanto, preferível estabelecer séries relativamente limitadas de sessões.

Qualquer que seja o resultado (nulo, incompleto ou satisfatório), raramente será interessante ultrapassar as 15 ou 20 sessões. Passando esse número, a reeducação corre o risco de tornar-se rotina ineficaz. A retomada da reeducação alguns meses mais tarde para uma nova série eventual terá muito mais chances de ser proveitosa se houve bom senso de parar antes que a criança se cansasse. Além disso, no espaço de seis meses, muitas coisas podem mudar na vida de uma criança, alcançando condições mais propícias à reeducação.

As sessões serão dedicadas, como para o adulto, à prática de exercícios relacionados ao relaxamento, ao domínio da respiração e da postura vertical, depois à emissão vocal. Alguns exercícios particulares serão dirigidos ao problema da deiscência da linha alba do abdome.

A experiência revela que melhores resultados são obtidos quando um dos pais assiste a cada sessão.

Observou-se, em compensação, que a prática regular ou não de exercícios em casa não tinha incidência no resultado final. Com exceção, entretanto, para os exercícios da *boneca de pano* e da *luta bretanha* praticados com a mãe de tempos em tempos, em forma de brincadeira, bem como os exercícios de *limpa-vidro* e da *cadeirinha*, em caso de deiscência da linha alba do abdome.

## PRÁTICA DO RELAXAMENTO

Descrevemos uma técnica de relaxamento para a criança no Volume 4, a qual remetemos o leitor. Trata-se da *bomba de petróleo* preferível – no início – ao *relaxamento de olhos abertos* e à clássica boneca de pano.

## EM CASO DE DEISCÊNCIA DA LINHA ALBA DO ABDOME: LIMPA-VIDRO E CADEIRINHA

Propomos, em caso de deiscência da linha alba do abdome, dois exercícios destinados a desenvolver os músculos oblíquos e transversos. Estes são mais indicados do que os exercícios abdominais tradicionais (tesoura com pernas alongadas em decúbito dorsal) que desenvolvem somente os Grandes Retos.

■ **Limpa-vidro** (Figura 6.5)

A criança fica estendida de costas, pernas alongadas, braços em cruz, palmas da mão para baixo, ombros relaxados, pescoço descontraído, lombar colada ao solo.

➤ **Fig. 6.5**
**Exercício do limpa-vidro.**

O exercício é composto por quatro movimentos sucessivos. Cada movimento dura aproximadamente um segundo e é seguido de um repouso de um segundo antes de passar ao movimento seguinte:

1. levanta-se a perna direita na vertical, mantendo a esquerda bem estendida;
2. conduz a perna para o lado esquerdo, aproximando-a ao máximo da mão esquerda colada ao solo, tentando manter a outra perna no lugar;
3. a perna volta à verticalidade;
4. a perna retorna à posição inicial.

Repete-se o movimento com a perna esquerda que deve descer na direção da mão direita.

*Observação*: o tempo útil do exercício é o terceiro tempo. Para que seja eficaz, convém ter atenção aos seguintes pontos:

– evitar a curvatura das costas;

– cuidar para que a pelve seja a primeira a retornar à posição inicial: é trazendo ao solo a nádega levantada que a criança consegue voltar com a perna na posição vertical.

A fórmula do exercício é a seguinte:

– perna direita:

para o alto/à esquerda/ao alto/para baixo;

– perna esquerda:

para o alto/à direita/ao alto/para baixo.

Duas ou três seqüências serão perfeitamente suficientes no início do exercício. Elas causam, aliás, um cansaço intenso, demonstrando sua necessidade.

■ **Cadeirinha** (Figura 6.6)

A criança fica na mesma posição do exercício anterior, mas com os membros inferiores flexionados, coxas na vertical, pernas na horizontal, joelhos em ângulo reto colados um contra o outro. As coxas verticais representam os pés na frente da cadeira; as pernas horizontais constituem o assento propriamente dito; os pés (levantados) da criança figuram o encosto da cadeira cujos pés de trás não são representados.

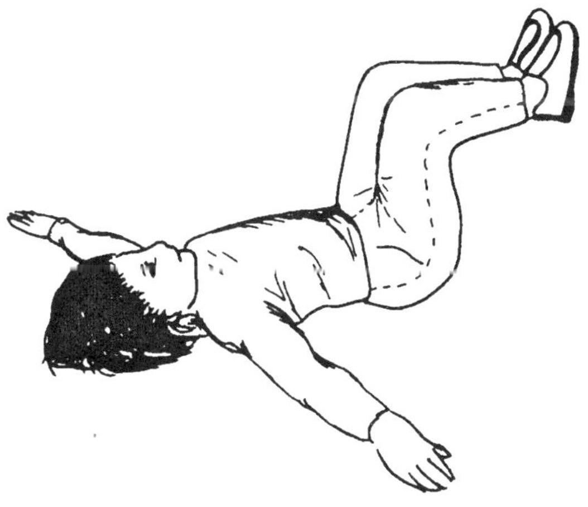

➤ **Fig. 6.6**

**Exercício da cadeirinha.**

O desenvolvimento do exercício é o seguinte:

1. os joelhos são levados levemente à direita, estando os calcanhares implicados nesse movimento (as pernas devem, de fato, permanecer paralelas ao eixo do corpo);
2. os joelhos retornam à posição inicial;
3. os joelhos são levados levemente à esquerda;
4. e, da mesma forma, retornam à posição inicial.

Cada movimento dura aproximadamente um segundo e, como no exercício anterior, ele é separado do movimento, seguido por um tempo de repouso de um segundo aproximadamente. Duas ou três seqüências serão igualmente suficientes no início do treinamento.

*Observação*: nos movimentos de deslocamento lateral dos joelhos, convém ter o cuidado para que a criança não levante alternadamente cada nádega, mas que suas nádegas permaneçam constantemente no solo, ficando a pelve fixa ao solo. Isso provoca um leve movimento de deslizamento vertical dos joelhos um em relação ao outro, acompanhando cada movimento lateral. Desse modo, o plano constituído pelas pernas (o assento) permanece horizontal. Isso corresponde ao que o ocorre quando nos balançamos numa cadeira cuja estrutura tem movimento.

A fórmula do exercício é a seguinte:

– joelhos em ângulo reto:

à direita/ao centro/à esquerda/ao centro/à direita/ao centro etc.

Esses dois exercícios poderão em seguida ser ritmados pela respiração. Serão então executados mais lentamente. Cada movimento será efetuado na expiração, assoprando-se tranqüilamente pela boca, e a inspiração deve ser feita pelo nariz durante o repouso entre cada movimento. Essa respiração deve ser tanto quanto possível abdominal.

A prática desses exercícios possibilita obter a regressão da deiscência em algumas semanas e seu desaparecimento em alguns meses.

## EXERCÍCIO DE RESPIRAÇÃO

No Volume 4, descrevemos o exercício do *pato*, que é uma adaptação para a criança da *respiração ritmada* (*2, 8, 4*), praticada em posição horizontal.

Quanto aos exercícios de respiração em posição ereta, pode-se utilizar o exercício do *sagitário* (cf. Volume 4). Explicações muito detalhadas, entretanto, como freqüentemente se dá aos adultos, devem ser evitadas. A simples imitação será em muitos casos suficiente, sem que para isso se negligencie a referência ao barco imaginário no mar imaginário que continua sendo, tanto para a criança quanto para o adulto, essencial. O reeducador poderá ajudar bastante a criança da seguinte maneira: sentado em uma cadeira ou banquinho, mantém a criança de perfil entre seus joelhos; a cada emissão da respiração, ele exerce uma pressão na parede abdominal da criança com a ajuda de uma mão estendida, impedindo o recuo de seu corpo, colocando a outra mão para trás, no nível de sua altura.

## VERTICALIDADE E ESTÁTICA

A verticalidade é, como se sabe, um dos elementos constitutivos da postura de projeção vocal. As dificuldades nesse caso serão abordadas de modo proveitoso na criança por meio de dois exercícios: *a esfinge e a craveira* (cf. *A voz*, Volume 4).

Quanto aos problemas referentes à estática, poderão ser objeto de certos exercícios, tais como a luta bretã, na qual a criança terá um enorme prazer em praticar com a mãe: o momento de tentar desequilibrar sua própria mãe é interessante no plano psicológico.

### ■ A luta bretã

A criança coloca a borda externa do pé direito junto à borda externa do pé direito de sua mãe. Ela agarra o antebraço direito da mãe com seu antebraço direito, sua mãe, da mesma forma, segura seu antebraço direito.

O jogo consiste então em tentar desequilibrar "o adversário", empurrando, puxando e provocando sacudidelas laterais. Ganha aquele que fizer com que o adversário levante um calcanhar ou desloque um pé.

Durante esse exercício, a criança aprende a utilizar corretamente o contrapeso da pelve.

## PRÁTICA VOCAL

Praticamente todos os exercícios vocais que descrevemos para o adulto – e outros poderão ser inventados – podem ser empregados na criança.

Será evitado, porém, o *Gravollet*, as *vogais* ou a *contagem divertida* os quais não apresentam interesse para ela. Em compensação, além da prática do canto, três exercícios parecem particularmente interessantes: trata-se da *contagem projetada*, da *sirene* (que terá para a criança o nome de *"o lobo"*) e da *leitura expressiva*.

### ■ Leitura expressiva

Conforme o gosto pela leitura e o nível da criança, poder-se-á praticar com ela a *leitura acompanhada e comentada* ou a *leitura indireta invertida expressiva*.

Na leitura acompanhada e comentada, o reeducador e a criança lêem juntos, cuidando ao máximo para apreender o sentido do texto, apesar das preocupações referentes à técnica da respiração e à postura que poderão ser objeto momentaneamente de algumas retificações.

Na leitura indireta invertida expressiva, a criança começa a ler um "início de frase". O reeducador repete esse início de frase, mas preocupando-se com a expressividade autêntica. A criança lê o início da frase seguinte e assim por diante. Quando tudo está se encaminhando bem, a criança progressivamente tende a adotar uma leitura mais expressiva. Quando isso não ocorre, o reeducador poderá chamar a atenção da criança pela sua falta de expressividade por meio do registro no gravador e incitá-la a tentar ler não somente "as palavras", mas "a própria história". Deve-se cuidar para evitar uma expressividade falsa, o que chamamos de "ronrom pseudo-expressivo" ou o "exagero de encantamento", tentando manter uma expressividade autêntica mais próxima do sentimento real suscitado pela história. Como no exercício anterior, algumas orientações serão dadas de tempos em tempos quanto à postura e à técnica da respiração. O reeducador terá todo um cuidado de fazer com que essas preocupações técnicas não alterem a qualidade expressiva da leitura.

■ ... e, por fim, cantar bonito!

Cantigas, canções populares, canções de sucesso, etc., a partir do momento em que a criança começa a poder cantar agradavelmente, está-se próximo da cura.

Ela poderá cantar com o reeducador, depois com a mãe e, por que não, os três juntos, acompanhados por um instrumento musical. A prática harmoniosa da voz cantada é certamente o melhor meio de se conservar uma voz saudável.

## Conclusão

Para concluir, insistiremos nos seguintes pontos:

– a rouquidão vocal da criança é uma afecção freqüente e, na maioria das vezes, benigna. Necessita, porém, do estabelecimento de um diagnóstico preciso no estudo, particularmente, das lesões orgânicas causais;

– a reeducação é freqüentemente muito eficaz, mas se não for rápida, não há interesse em buscar obter um resultado fonatório perfeito. De qualquer forma, a motivação da criança quanto à reeducação vocal é um elemento indispensável ao seu sucesso;

– a rouquidão vocal deve ser substituída no contexto da vida da criança. Ela resulta freqüentemente (mas não obrigatoriamente) de dificuldades de ordem psicológica familiares ou escolares (sinal de alerta);

– se essa disfonia persistir, apesar do tratamento, o mais importante é que ela traga o mínimo possível de incômodo à criança e a seu meio de convívio. Nessa ótica, conseguir com que a criança e sua família compreendam melhor o mecanismo e o significado dessa disfonia é um elemento primordial.

## LEITURAS SUGERIDAS


ACKERMANN R. Vocal Changes of Young People. *Folia phoniatrica* 1978 ; 30, 1 ; 36-43.

AUBRY. Les dysphonies de l'enfance. *Presse médicale* 1933 ; 95.

CHIAUSA DONNADIEU D. *La Raucité infantile.* Paris: Mémoire d'orthophonie, 1985.

CIBOT E. *À propos de la dysphonie de l'enfant. Étude de la ligne blanche de l'abdomen chez l'enfant normal, ses rapports chez l'enfant dysphonique.* Paris: Thèse de médicine, 1972.

CORNUT G. La voix de l'enfant. *Bull Audiophonol* 1980; 3: 3-50.

CORNUT G. Les dysphonies chroniques de l'enfant avant la mue. *J Fr ORL ; 20*, 3 : 419-497.

CORNUT G, BOUCHAYER M, WITZIG E. Indications phoniatriques et résultats fonctionnels de la microchirurgie endolaryngée chez l'enfant et l'adolescent. *Bull Audiophonol* 1984; 5, 17: 474-494.

CORNUT G, RIOU-BOURRET V, LOUIS MH. Contribution à l'étude de la voix parlée et chantée de l'enfant normal de 5 à 9 ans. *Folia phoniatrica* 1971 ; 23, 6 : 381-390.

DINVILLE C. La rééducation des dysphonies de l'enfant. *J Fr ORL; 20*, 3 : 529-534.

DEJONG-ESTIENNE F. *La Belle Histoire de la Princesse Voix.* Louvain-la-Neuve: Académia, 1988.

DEJONG-ESTIENNE F. *Pasifor et Voimenue.* Louvain-la-Neuve: Académia, 1989.

GAREL. *Laryngites chroniques. Monographies oto-rhino-laryngologiques internationales.* Paris: Amédée Legrand, 1921, 5: 436.

GENEVE-LACHARME M, DEMEULEMEESTER-ARNOULD N. *Intérêt de la posturologie dans l'etude de la raucité vocale infantile.* Paris: Mémoire d'orthophonie, 1987.
HAUTANT. Enrouement de l'enfance. *Ann Otol Laryngol* 1932 ; *4* : 17.
KOPPEL H, ARNOUX B, DEJEAN Y. *Grands troubles phoniatriques de l'enfant.* Paris : EMC ORL, 1986; 20 752 A10-10.
LAUNAY C, BOREL-MAISONNY S. *Les Troubles de la parole et de la voix chez l'enfant.* Paris: Masson, 1972.
LE HUCHE F. Dysphonie de l'enfant et déhiscence de la ligne blanche de l'abdomen. *J Fr ORL; 20, 3* : 521-523.
NARCY *et al. Le Larynx de l'enfant.* Paris: Arnette, 1979: 211-221.
TARNEAUD J. *Laryngite chronique et laryngopathies.* Paris: Maloine, Paris, 1944, 60-71.
TROLLIET A. *Intérêt de l'étude de la motricité et de psychomotricité chez l'enfant dysphonique.* Lyon: Mémoire d'orthophonie, 1970.

## DISTÚRBIOS DA MUDA

### Definição

A muda é uma modificação da voz que acomete os rapazes[1] na época da puberdade relacionada a um crescimento rápido (em seis meses aproximadamente) do tamanho da laringe. Tal crescimento é consecutivo às alterações endócrinas características dessa idade.

A muda pode ser perturbada por razões orgânicas (endócrinas) ou funcionais (falha de adaptação do indivíduo às modificações orgânicas).

Consideraremos aqui somente as perturbações de origem funcional.

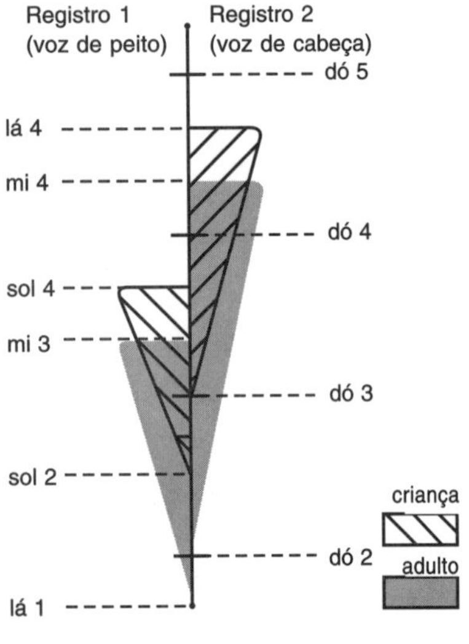


➤ **Fig. 6.7**

**Extensão dos dois principais registros vocais no homem e na criança.**

Neste esquema, fez-se figurar (em impressões sobrepostas) as possibilidades médias de uma voz de criança (área raiada) e a de uma voz de homem (área cinza) em registro 1, dito de peito (à esquerda), e em registro 2, dito leve ou de cabeça (à direita). Observe que, para cada voz, os dois registros se sobrepõem em uma larga extensão (ao menos na oitava).

### Revisão fisiológica e patológica

No rapaz, entre 13 e 16 anos, as pregas vocais aumentam. Esse aumento das pregas vocais ocorre exatamente na mesma época do aparecimento dos pêlos na altura do lábio superior.

Tal aumento determina um "agravamento" da extensão vocal (Figura 6.7). O indivíduo ganha cinco ou seis tons graves. Antes, a voz atingia o *sol2* ou o *mi2;* contudo, pode descer no mínimo ao *lá1* e às vezes, até o *mi1,* alcançando até mesmo o *dó1* (limite extremo).

Em contrapartida, a extensão vocal perde somente dois ou três tons agudos. A voz do homem fica assim mais estendida do que a da criança ou a da mulher, pelo menos potencialmente.

A esse problema do aumento brusco da extensão vocal, acrescenta-se nos países ocidentais pelo menos, a obrigação para o homem de evitar o uso habitual do registro 2, dito leve ou de falsete, tornado socialmente inaceitável. Notemos que tal exclusão surgiu provavelmente há pouco tempo e não mudou, ao que parece, desde o século XVII. Em compensação, esse registro é utilizado de modo perfeitamente normal em outras regiões, na África do Norte e no Oriente principalmente.

Há uma liberdade muito maior quanto ao registro vocal da mulher e da criança. Encontram-se indivíduos que utilizam os dois registros ou que utilizam somente o registro 2 ou somente o 1 (dito de peito).

[1] Fala-se muitas vezes da muda na menina. Essa, no entanto, se realmente existe, não poderia apresentar o caráter brutal e espetacular que apresenta no rapaz, nem possibilitar manifestações patológicas tão particulares. Evidentemente, a voz da menina também se modifica ao longo da adolescência, mas se trata de uma modificação progressiva, imperceptível, poder-se-ia dizer. Se a muda brutal do rapaz não existisse, ninguém teria a idéia de evocar algum tipo de muda na voz da menina!

Para a criança, recomenda-se muito mais freqüentemente o uso exclusivo do registro 2. É o registro exclusivamente utilizado nos corais infantis. Tal limitação provavelmente seja bastante questionável.

No homem, o abandono do registro 2 durante a puberdade torna-se sinal de virilização. De algum modo, o jovem rapaz sacrifica sua voz de cabeça pelo reconhecimento público de sua virilidade. Utiliza-a, contudo, de tempos em tempos, seja para fazer imitações de vozes femininas, seja espontaneamente na excitação psicológica intensa (brincadeiras, risos, etc.).

O registro 2 é teoricamente tão fisiológico no homem quanto o registro 1. A utilização preferencial no homem da voz de peito é, em suma, um fenômeno de civilização.

Lembremos que:

– o registro 1, dito de peito, é obtido por meio de uma junção das pregas vocais em forma de borrachas espessas (Figura 6.8a);

– o registro 2, dito leve ou de cabeça, é obtido por meio de uma junção das pregas vocais em forma de lâminas estreitas (Figura 6.8b).

Isso pode ser observado no exame tomográfico (cf. Capítulo 2). A passagem de um registro ao outro é feita através do "yodel" (pequeno acidente da voz, característico da tirolesa).

Os distúrbios da muda ocorrem quando o indivíduo tem problemas em se adaptar à dupla exigência, qual seja:

– a de sua fisiologia: suas pregas vocais alongaram-se;

– a da civilização na qual vive: não deve mais a partir de então utilizar sua voz de cabeça, exceto de forma marginal.

As razões pelas quais essa adaptação falha são variáveis. As mais habituais são as seguintes, que podem inclusive estar associadas:

– o indivíduo tinha uma voz bonita quando criança e cantava no coral. Resistiu inconscientemente à mudança anatômica, tentando conservar sua voz de criança;

– o crescimento foi rápido como demonstra o comprimento de seus membros superiores (macroquilia); não houve tempo para que se adaptasse a essa mudança precipitada;

– o indivíduo é de tipo introvertido, não se interessou por essa modificação de suas possibilidades vocais;

– não era maduro psicologicamente para tal mudança;

– sua mãe expressou mais ou menos abertamente seu descontentamento aos primeiros sinais de evolução para a voz de homem, manifestando então sua resistência em ver seu filho crescer. Este último caso é evidentemente o mais típico, mas é preciso ter cuidado para não generalizá-lo a todos os problemas de muda.

Salientemos, além disso, que a instabilidade do registro vocal com uso momentâneo mais ou menos prolongado da voz de falsete encontra-se freqüentemente em certas patologias mentais graves, como a esquizofrenia.

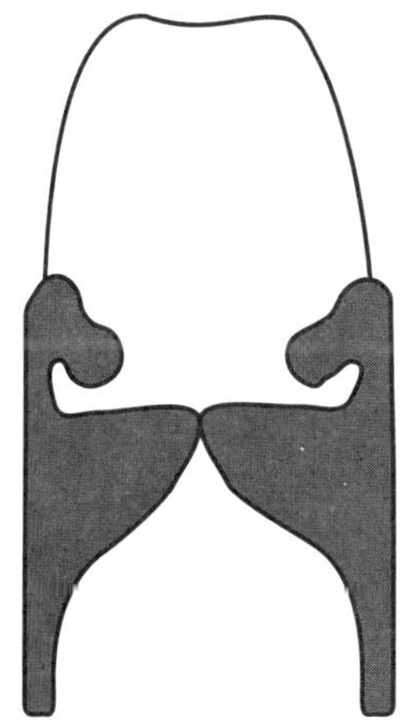

➤ a

Registro 1, dito "de peito".

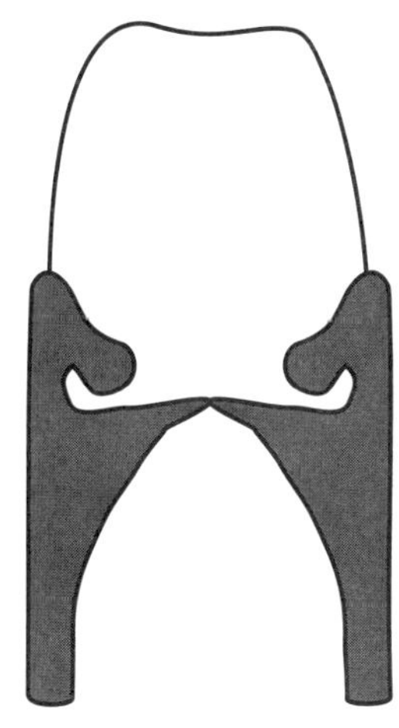

➤ b

Registro 2, dito "de cabeça".

➤ **Fig. 6.8**

**Registros vocais: corte frontal da laringe nos dois principais registros.**

## Clínica

Classicamente e de modo um pouco caricatural, trata-se de um rapaz de aproximadamente 15 anos,[2] de fisionomia bastante fechada, olhar fugidio, acompanhado na consulta por uma mãe de fisionomia decidida, mas, como acabamos de dizer, não se pode generalizar. Notemos ainda a freqüência de um ambiente familiar de predominância feminina, sendo o rapaz, por exemplo, o único homem entre várias irmãs.

[2] No entanto, "uma muda dissimulada, não tratada, não tendo tendência espontânea à cura, pode ser encontrada em qualquer idade" (Pommez).

Durante a consulta, fica-se sabendo que as dificuldades duram desde um ou dois anos e tendem a se acentuar, confinando o indivíduo a uma atitude de retraimento psicológico que pode ser assustadora: irritado com esse problema, só pensa em esconder a voz.

Algumas vezes, o indivíduo se queixa de irritação na garganta e de fadiga vocal.

Em outros casos, a diferença vocal não é percebida por ele como um problema. É pela pressão do ambiente que submeteu-se à consulta.

Dessa forma, como se vê, os distúrbios da muda não são tão caricaturais, nem estereotipados como é comum ouvir. Vê-se que, freqüentemente, podem surgir em um ambiente familiar totalmente normal. Trata-se então somente de um indivíduo que ficou bloqueado com o fenômeno da muda, sendo portanto bastante fácil solucionar o problema por meio simplesmente, às vezes, de algumas explicações relativas à fisiologia vocal e de algumas tentativas. Em compensação, em outros casos, percebe-se que o distúrbio da muda está relacionado a problemas muito sérios e difíceis de se tratar.

### Sinais fônicos

A voz conversacional pode apresentar vários aspectos:

– voz de falsete franca e intensa: esse caso é raro;

– voz de falsete "agravada" e contida: o indivíduo tenta, com um esforço considerável, diminuir a tonalidade da voz de falsete, reduzindo a intensidade desta. Nota-se, muitas vezes, paralelamente a isso, uma alteração do timbre (crepitação, rouquidão). Em suma, é uma voz de falsete que tenta simular a voz de peito. É o caso mais freqüente. Às vezes, tal simulação é bastante hábil para enganar os especialistas mais experientes;

– voz bitonal: essa variedade é mais rara; dá a impressão de que uma prega vocal funciona em voz de cabeça enquanto a outra trabalha em voz de peito. Na verdade, não se trata realmente de uma voz de peito, mas mais provavelmente da flutuação de uma franja mucosa sobre a borda livre de uma prega vocal (fenômeno de "fry", cf. *A voz*, Volume 1);

– alternância dos dois registros: a voz passa bruscamente do registro de cabeça ao registro de peito durante eventualmente uma mesma frase sem que o indivíduo perceba. A escuta da gravação será para ele uma descoberta surpreendente.

### Exame das possibilidades vocais do indivíduo

Muito freqüentemente, o indivíduo, quando tem 14 ou 15 anos, sabe perfeitamente (ele esquece, quando mais velho!) que pode produzir sons do registro 1 seja involuntariamente e como uma surpresa, seja mesmo propositadamente. É interessante interrogá-lo sobre tal assunto: produziu, às vezes, sons muito graves e um tanto surpreendente? Se a resposta for positiva, pode-se pedir a ele, dando um exemplo (o que é mais fácil quando se é do sexo masculino), para que tente produzir tal som. Em muitos casos, o indivíduo, após um pequeno tempo de concentração e de descontração, produzirá então propositadamente um som do registro 1 grave, isto é, na oitava 1 (exatamente onde não há registro 2), sem esquecer de acrescentar que esse som é grave demais para ser utilizado na fala.

Para seu grande espanto, a escuta da gravação lhe provará o contrário. Poderá então ser-lhe sugerido para que produza vogais da mesma maneira. Não é preciso insistir nesse caso, mas se essa emissão não lhe parece difícil, se ela não apresenta nenhuma tendência ao esforço, poder-se-á pedir para que siga contando, com essa mesma voz grave, de modo um pouco autoritário, apresentando-lhe também aí um modelo. Se novamente não houver problemas, poder-se-á finalizar propondo-lhe a leitura, no mesmo tom, de um parágrafo.

Durante a escuta da gravação, deve-se salientar que essa voz que ele produziu e que agora escuta utiliza somente a parte mais grave de seu registro de peito (registro 1), mas que essa "voz de peito" poderá, logo em seguida, subir para a oitava 2. O problema será então evitar, nesse momento, que sua voz não passe para o registro 2, ou seja, para a voz de cabeça (ou de falsete) que utilizou exclusivamente até o presente momento.

Nada está necessariamente resolvido, entretanto, quando isso se passa de modo aparentemente ideal. Isso talvez possa ser percebido ao solicitar sua apreciação sobre essa voz que difere de sua voz habitual, constatando-se aí sua hesitação. A opinião da mãe, caso esteja presente, será igualmente importante. É preciso aceitar eventualmente a sua não-aprovação. Talvez essa mãe faça um protesto veemente: "Mas essa voz é horrível!". De fato, é seu direito considerá-la assim, e, na verdade, essa voz completamente nova deve evidentemente ser um pouco utilizada, pois apresenta de fato um aspecto maltrabalhado. Depois também, essa mãe talvez necessite de um certo tempo para enterrar a voz tão bonita que eventualmente tinha seu filhinho que se tornou grande e que, desde algum tempo, não é mais o que era. Para ela, talvez seja um problema doloroso o qual é preciso evitar tratar com rejeição ou, pior ainda, com ironia ou com a violência de um saber superior.

## Sinais laringoscópicos

O exame laríngeo no espelho ou no fibroscópio permitirá eliminar uma etiologia orgânica, tal como o sulco das pregas vocais ou a laringe infantil. Se tal exame for feito com videofibroscopia, permitirá ao paciente igualmente compreender pela imagem de sua laringe, comentada pelo especialista, que seu problema vocal não se deve a uma anomalia qualquer das pregas vocais.

Em geral, observa-se uma laringe vermelha (devido ao esforço realizado pelo indivíduo) com pregas vocais mais longas e uma mucosa um pouco mole.

Às vezes, no momento do exame da laringe, o "e" laringoscópico é produzido com surpresa por uma voz de peito perfeitamente normal. Isso não é razão, entretanto, para gritar vitória, arriscando provocar um bloqueio psicológico. Melhor é informar com tranqüilidade ao paciente sobre o ocorrido sem insistir muito.

No exame estroboscópico, as ondulações da mucosa têm uma amplitude freqüentemente excessiva.

## Exame médico

Às vezes, é útil realizar um exame endocrinológico. Esse exame apresenta um duplo objetivo:

– dar pistas sobre os casos (raros) em que há um distúrbio endócrino coexistente com a ausência da muda;

– tranqüilizar o paciente sobre o bom funcionamento de suas "glândulas", pois ele pode estar efetivamente angustiado com isso.

Esse exame mostra o aspecto longilíneo do indivíduo, com comprimento marcado dos braços e insuficiência relativa do desenvolvimento do perímetro torácico (o que é característico de um crescimento rápido), bem como uma pequena insuficiência da pilosidade axilar e facial.

## Tratamento

A informação é aqui, como em outros casos, fundamental. O indivíduo deverá compreender como funciona seu órgão vocal e a que correspondem os registros vocais, insistindo particularmente no fato de que se sobrepõem mais de um a oitava (cf. Figura 6.7). Mostrar-se-á a ele o esquema.

Deverá sobretudo compreender bem e admitir que seu órgão vocal é normal, e o que ocorre com ele se deve ao fato de que, por algumas razões, nunca utilizava quando criança o registro 1 de sua voz. Nesse período da sua vida, isso não trazia inconveniente algum, mas passando para a fase pubertária – primeiro passo para a fase adulta – suas pregas vocais, diferentemente das de meninas de sua idade, alongaram-se. Ora, esse alongamento dá novas possibilidades vocais ao registro 1 tipicamente masculinas. Por isso, torna-se difícil para ele, sem que sofra certa marginalização – apesar de sempre existir algum tipo –, continuar a não utilizar esse registro 1 que comprova sua masculinidade. E isso, aliás, qualquer que seja sua inclinação sexual.

Logo após, seguem-se as tentativas de produção de sons elementares nesse registro 1 (*voz de peito*). Como vimos, isso não apresenta problemas. O indivíduo necessitava apenas para isso ser orientado por algumas indicações teóricas e/ou por um modelo (masculino de preferência). Na maioria dos casos, entretanto, a descoberta do registro 1 deverá recorrer a *manipulações cervicais* visando a modificar a disposição das pregas vocais e seu estado de tensão. Trata-se mais precisamente de se obter a cada tentativa o relaxamento das pregas vocais e o abaixamento da laringe.

Para alcançar tal resultado, o reeducador poderá proceder da seguinte maneira: sentado à direita do paciente, ele coloca seu indicador direito bem acima do pomo de Adão do paciente, no sulco da borda superior da cartilagem tireóide, o polegar e o médio são colocados de cada lado, nas asas dessa mesma cartilagem. Com sua mão esquerda, apalpa a parte inferior do occipício do paciente.

Pede-se-lhe então para que tente produzir um som mais grave quanto possível e com uma duração de dois ou três segundos em uma vogal neutra (um [ɸ], levemente nasal, um [a] profundo ou um [u]). Mostra-se o modelo e, no momento preciso da emissão, a qual acompanha com sua própria voz, com a mão direita, o reeducador faz uma leve pressão para baixo sobre a cartilagem tireóide, ao mesmo tempo em que empurra com sua mão esquerda o occipício, fazendo flexionar levemente a cabeça para baixo ou mais exatamente para compensar a tendência do indivíduo (em seu esforço!) a levantar o mento.

Benoît Amy de la Bretèque propõe um procedimento um pouco diferente. Permanecendo em pé atrás do paciente sentado, o reeducador coloca seus dedos médios de cada lado, acima do pomo de Adão, para exercer a mesma pressão sobre a laringe para trás e para baixo.

Se a vogal neutra ou o "[a] profundo" ou o [u] não permite produções em registro 1, poder-se-á pedir-lhe a emissão de alguns impulsos de tosse, suspiros sonoros, sons inspiratórios ou sons de boca fechada com partida em golpe de glote ou de pigarros.

Freqüentemente, ocorre que, ao término da primeira sessão, nenhuma produção tenha sido possível no registro 1. As tentativas alcançam somente certos sons bastante graves, situados na parte inferior da oitava 2, mas produzidos, porém, em registro 2. Ao mesmo tempo forçados e contidos, podem às vezes, aliás, iludir!

Ocorre também que essa produção desencadeia no indivíduo um tipo de mal-estar expresso por reações de vermelhão, suor, crispação corporal, indicando que esse contato com a voz de homem é vivido de maneira dramática.

Convém evidentemente, em um ou noutro caso, não insistir. Uma introdução à prática do relaxamento possibilitará provavelmente a obtenção de um resultado positivo posteriormente. Muitas vezes, os primeiros sons do registro 1 são produzidos somente ao longo mesmo de uma sessão de relaxamento. Uma ajuda psicoterápica poderá ser necessária.

Às vezes, os primeiros sons serão produzidos em registro 1 somente com a ajuda de um reeducador masculino, na medida em que poderá fornecer um modelo crível e provavelmente também apenas porque, para o paciente, é de sexo distinto do de sua mãe.

Uma vez obtidos os sons em registro 1 regularmente e sem esforço por parte de manipulações do reeducador, pode-se passar na mesma sessão ou na sessão seguinte a produções idênticas em que o indivíduo inicia lentamente, ajudando a si mesmo, depois, bem rapidamente em geral, sem qualquer tipo de manipulação.

A seqüência do programa é bastante fácil de se imaginar. Passa-se a produções mais variadas, progredindo prudentemente na ascensão da oitava 2 e terminando na voz projetada e na leitura expressiva. Exercícios relativos à prática do relaxamento e de respiração ou de verticalidade são bastante úteis. Uma evolução psicológica será decorrente dessa progressão, permitindo que o indivíduo adquira a segurança que freqüentemente lhe falta.

## Passagem ao uso

Em raros casos, a "revolução vocal", que, para o indivíduo, representa o uso de seu registro 1 na vida cotidiana, é rápida, podendo ir de algumas horas a alguns dias. Mais comumente, essa revolução demanda um certo tempo: algumas semanas ou alguns meses, até mesmo em certos casos mais de um ano. Qualquer que seja o seu tempo de adaptação, o indivíduo não deve se sentir obrigado a utilizar imediatamente sua "voz grave". Tudo bem que tenha aprendido a utilizá-la, na conquista de seu registro 1, com um certo atraso, mas isso faz apenas algumas semanas!

Freqüentemente, no início, o indivíduo tenta amenizar o timbre de sua nova voz como se desejasse fazê-la parecer um pouco com sua voz de cabeça, a fim de que essa transformação passasse, tanto quanto possível, despercebida. Mudar de voz em uma idade mais tardia do que o normal nem sempre é uma experiência fácil de se viver.

A duração total do tratamento é assim bastante variável: uma meia hora nos casos excepcionalmente favoráveis; de dois a quatro meses nos casos mais gerais; mais de um ano nos casos em que o distúrbio da muda é sustentado por problemas psicológicos sérios. Quanto mais precoce, porém, for o tratamento mais rápida será a resolução, pois não há tempo para que o indivíduo se prenda, por exemplo, a um registro 2 agravado e forçado. É relativamente fácil, se o tratamento é feito antes dos 16 anos, e torna-se mais difícil após os 20 anos. Passados os 25 ou 30 anos, esse tratamento pode se tornar problemático.

Observamos, no entanto, o caso de um homem, arquiteto de 40 anos aproximadamente, que havia "falhado", mais ou menos inconscientemente, em sua reeducação aos 16 anos, "aproveitando-se", de algum modo, da relativa satisfação de sua reeducadora, agravando, com sua conivência, o registro 2. Ele tinha total consciência de poder emitir sons "muito mais graves" em todos os sentidos do termo... "com a condição de relaxar completamente", o que sem uma ajuda mais vigorosa lhe era psicologicamente impossível na época.

Consultando 20 e poucos anos depois, pois sua voz de falsete agravada irritava sua laringe, esperava inicialmente poder dissimular, para seu reeducador (desta vez masculino), suas reais possibilidades vocais. Felizmente, mesmo que tenha sido difícil revelá-las e demorado a apropriar-se delas, ficou totalmente feliz no final das contas em poder recuperar assim o "primeiro plano" de sua voz. Era fatigante ter de subir a toda hora o segundo!

### Evolução

Que seja em alguns minutos ou em alguns meses, uma reeducação bem conduzida produz regularmente um resultado favorável, exceto em alguns casos excepcionais em que fatores psicológicos mais sérios estejam em primeiro plano.

Uma pesquisa com 23 pacientes mostrou, no entanto, que, após um período em que a voz está grave e o timbre meio rouco (lembrando a de um garoto de 15 anos), a evolução ocorre freqüentemente para uma voz um pouco mais aguda do que a normal, pouco timbrada e de intensidade reduzida, dando a impressão de relativa doçura. Freqüentemente, nota-se um certo incômodo vocal e articulatório, tendendo à inibição vocal. Isso não acarreta nenhum problema funcional notável, mas sugere que um acompanhamento reeducativo, alguns anos após o primeiro tratamento, poderia ser necessário.

## LEITURAS SUGERIDAS

AMY DE LA BRETÈQUE B. La mue vocale des jeunes chanteurs. *Rev Laryngol* 1990; 3, 4: 377-378.
CALVET, MALHIAC. Courbes vocales et mue de la voix. *J Fr ORL* 1952: 115.
CORNUT G. Ètude comparative des voix de mue pathologique avant et après rééducation. *J Fr ORL* 1965 ; 4: 419-424.
CORNUT G. Les troubles fonctionnels de la mue et leur rééducation. *J Fr ORL* 1960 ; 9, 2 : 173-175.
LABARRAQUE. Voix infantile chez l'adulte et son traitement. *Revue de phoniatrie* 1935 : 184.
POMMEZ J. Les troubles fonctionnels de la mue. *Rev Laryngol* 1971 : 137-156.
PUGLIESE E. *Facteurs de mauvais pronostic chez les sujets atteints de mue faussée* Paris: Mémoire d'orthophonie, 1994.
VANDELLE J. *Les Troubles de la mue.* Lyon: Mémoire d'orthophonie, 1972.
VERGNE M, VOSK D. *Le Devenir des mues pathologiques.* Paris: Mémoire d'orthophonie, 1973.

## PROBLEMA VOCAL DOS TRANSEXUAIS

Os transexuais sempre existiram em todas sociedades. Um transexual é definido como uma pessoa cuja íntima convicção é que o sexo que lhe foi atribuído em seu nascimento não corresponde ao que é na realidade.

Que tal convicção seja racional ou ilusória é evidentemente uma questão pertinente, questão a qual duas respostas opostas podem ser dadas. Pode-se pensar que uma pessoa, dita transexual, é 'na realidade' um indivíduo que apresenta uma síndrome de Benjamin[3], e que se trata ou de uma mulher em num corpo de homem (síndrome de Benjamin feminina ou SBF), ou de um homem em um corpo de mulher (síndrome de Benjamin masculina ou SBM). Também pode-se pensar que o transexualismo corresponde a um problema psicológico de identidade que necessita de um tratamento psicoterápico.

Os problemas apresentados pelos transexuais foram extremamente reavaliados a partir da década de 1950, na medida em que o desenvolvimento das técnicas cirúrgicas e dos tratamentos hormonais permitiram então a esses indivíduos obter uma transformação de sua aparência física conforme o desejavam. Tal transformação é vivida por eles como uma reafirmação de seu sexo genital de modo a entrar em conformidade com seu sexo psicológico.

Na prática, isso corresponde a um longo percurso marcado por sucessivas intervenções médico-cirúrgicas, por um lado, e a processos administrativos, por outro, com o objetivo de ser finalmente reconhecido(a)(s) como pertencente, na realidade, ao "outro sexo".

[3] Harry Benjamin (1885-1986), endocrinologista americano, autor de *The Transsexual Phenomenon*.

Nada garante que essa transformação traga a total satisfação ao indivíduo e isso resultará em dificuldades no momento da eventual reeducação vocal.

A voz, como se sabe, é um caráter sexual secundário, e sua modificação é, para o transexual, tão importante quanto a de seus órgãos genitais, de sua pilosidade facial e de sua silhueta, daí a indicação de reeducação vocal.

No caso de uma transformação "mulher-homem", isso não apresenta nenhum problema, pois o tratamento hormonal produz, como no período da puberdade no adolescente, modificações laríngeas que facilitam imensamente a aquisição de uma voz masculina. O mesmo ocorre com a transformação "homem-mulher", de longe a mais freqüentemente praticada. Com efeito, o alongamento e o espessamento das pregas vocais, bem como o desenvolvimento da hipofaringe, que ocorrem na puberdade, são definitivos. Essas modificações anatômicas do instrumento vocal, atribuídas à impregnação hormonal, apresentam um resultado acústico e este é revelador de seu caráter masculino.

## Técnicas reeducativas

Pode parecer lógico em caso de transformação "homem-mulher" que a reeducação seja orientada para a aquisição dos caracteres femininos da voz. Nessa ótica, será preferível uma reeducadora em vez de um reeducador, pois somente ela será capaz de fornecer um modelo válido e buscar-se-á principalmente promover a elevação da altura tonal. Achamos, no entanto, que essa orientação não é a melhor. Para nós, de fato, o essencial da técnica reeducativa, associada ou não a uma eventual intervenção nas pregas vocais, consiste não na busca da imitação de uma voz feminina, mas em encontrar um meio de esconder o caráter masculino da voz, o que não é a mesma coisa. A passagem da voz masculina para a voz feminina apresenta-se essencialmente para o transexual, na nossa opinião, como uma *operação de subtração*. Isso não significa que a voz feminina não tenha caracteres próprios, mas pensamos que a melhor maneira de adquiri-los é tentar sobretudo eliminar ou, ao menos, reduzir, os caracteres masculinos da voz.

Essa forma de pensar permite fazer com que o paciente pare de se polarizar quanto à altura tonal de sua voz e quanto à idéia de que o essencial seria subir o fundamental habitual. É verdade que, de modo geral, esse fundamental é mais elevado na mulher. Deve-se observar, porém, que certas mulheres, que apresentam um edema crônico nas pregas vocais devido ao tabagismo e que produzem por isso normalmente sons na oitava 1, conseguem perfeitamente, mesmo ao telefone, fazer com que se reconheça, sem deixar a menor dúvida, a sua identidade feminina; ou seja, a altura tonal, mesmo que intervenha, não é o principal.

O que, em compensação, caracteriza indubitavelmente a voz masculina é uma certa riqueza do timbre que demonstra a potência maior da masculinidade laríngea, mesmo que isso seja mais nítido, evidentemente, na oitava 1 e na parte baixa da oitava 2. Um outro sinal bastante revelador da masculinidade do órgão vocal é o abismo marcado na passagem do registro 1 (dito de peito) ao registro 2 (leve, dito de cabeça). Lembremos que o registro 2 está presente na voz masculina no contexto, por exemplo, da fantasia, do riso, do espanto ou da excitação psicológica.

Para controlar essa força tornada inoportuna do órgão vocal, um treinamento visando a dominar a tensão psicomotora por meio da prática cotidiana do relaxamento será indicado, devendo ser completado depois pela aquisição do domínio da respiração. O controle da emissão vocal será extremamente facilitado.

Em seguida, poderá ser realizada a exploração e a utilização em registro 1 da zona vocal que compreende a parte superior da oitava 2 e a parte inferior da oitava 3 por meio de exercícios variados, tanto cantados quanto falados, primeiramente em sons simples e depois aumentando bastante a velocidade na leitura de textos. É preciso ter atenção para suavizar o timbre por meio de uma emissão levemente expirada, e também os ataques. Isso é extremamente importante. O trabalho da autenticidade expressiva pode vir na seqüência com as técnicas da Expressão Cênica[4].

Procedendo dessa maneira, evitar-se-á o erro mais freqüente que é de contar com a utilização do registro 2, tido como o mais característico da voz feminina, o que resulta normalmente no estilo "gaiola das loucas" que, salvo exceção, é catastrófico. Depois, constatar-se-á que esse registro 2 é totalmente utilizável, devendo ter um timbre atenuado e uma potência contida. O trabalho para que a *passagem* seja a mais discreta possível possibilitará uma flexibilidade interessante na utilização da voz. O exercício da *contagem divertida*[5] é para isso um instrumento ideal.

Em caso de resultado não-satisfatório, há ainda a possibilidade de uma intervenção cirúrgica complementar que aja no músculo vocal, trate-se de encurtá-lo, estendê-lo ou diminuir sua espessura[6].

Certas dificuldades, porém, poderão sempre estar relacionadas a problemas psicológicos subjacentes para alguns, ao transexualismo[7]. A resistência em abandonar a voz masculina pode significar uma resistência inconsciente em abandonar o sexo masculino, apesar do grande desejo no plano consciente de pertencer ao outro sexo. Deve ficar claro, entretanto, que não cabe ao reeducador trabalhar a partir de tal perspectiva.

## LEITURAS SUGERIDAS

BRUIN DE MD *et al.* Speech Therapie in the management of Male-to-Female transsexuals. *Folia Phoniatrica* 2000; 2 : 220-227.

CHILAND C. *Changer de sexe.* Paris: Odile Jacob, 1997.

FRIGNET H. *Le transsexualisme.* Paris: Desclée de Brouwer, 2000.

WAGNER I. *Place de la chirurgie laryngée dans le traitement hormono-chirurgical de réassignation sexuelle dans le sens mâle-femelle.* Mémoire pour le DIU de phoniatrie, université de Paris-Nord, 2000.

## DISFONIA NOS CANTORES OU DISODIA

A patologia da voz cantada mereceria longos desenvolvimentos e poderia ser objeto de uma obra inteira.

Os problemas apresentados diferem-se muito conforme se trate de profissionais ou amadores, de crianças ou adultos, da arte lírica, de *jazz*, de variedade, etc., e conforme o tipo de problema, um acidente agudo isolado ou alterações duráveis ou repetitivas.

Abordaremos aqui somente o problema do acidente agudo e algumas observações referente a duas categorias opostas em vários pontos de vista: os cantores líricos profissionais e os cantores de variedade.

[4] Cf. *A voz*, Volume 4.
[5] Cf. *A voz*, Volume 4.
[6] Cf. *A voz*, Volume 4.
[7] Notemos que o termo transexualismo é o mais freqüentemente mal-aceito pelos transexuais devido à sua conotação sexual. Eles preferem normalmente a designação "pessoas que apresentam uma síndrome de Benjamin".

## Acidente agudo

É o problema clássico da alteração vocal brutal que ocorre na véspera da apresentação ou mesmo algumas horas antes.

Na origem dessa disfonia (que pode confinar às vezes em afonia), podem estar causas infecciosas, um mau trato vocal, fatores psicológicos associados à apresentação (inquietude, insatisfação, conflitos profissionais), uma fadiga geral, entre outros.

Trata-se, assim, de determinar se um tratamento emergencial que associe antibióticos, antiinflamatórios por via oral ou em aerossol[8], o relaxamento e até mesmo a sofrologia pode ou não salvar a apresentação.

Nesse caso, convém preservar o paciente do efeito nocivo de tal tratamento emergencial praticado excessivamente e observar a necessidade de tratar a(s) causa(s) da deficiência de sua voz se esta se repete mais ou menos com freqüência. Ser-lhe-á proposto, tão logo possa, além disso, um exame completo de voz.

## Cantores líricos profissionais

A exigência de qualidade é, nesse caso, muito grande e faz com que os cantores consultem desde a primeira dificuldade, antes mesmo das complicações. A ansiedade referente ao estado da laringe é grande: a carreira de um cantor é tributária da saúde de sua laringe.

Os erros de classificação, que classicamente são responsáveis pela maioria dos distúrbios constatados nos cantores, são, na verdade, bastante raros atualmente.

O tratamento é muitas vezes difícil. Às vezes, é delicado fazer com que os cantores dessa categoria compreendam que pode haver um erro técnico em sua maneira de proceder. Ora, são infelizmente prisioneiros de técnicas muito rigorosas e relativamente anormais, nas quais confiam cegamente (apoio da respiração, impulso, posição dos lábios, lugar da voz, funções dos ressonadores, etc.). Alguns cantores temem também que uma análise científica demais de sua maneira de cantar prejudique seu talento.

Com exceção do que vem a seguir, a patologia em um cantor lírico é a mesma que em um paciente "qualquer": esforço vocal, perda de verticalidade, etc. Uma noção difícil de ser assimilada pelo cantor é a da economia de energia. O cantor tende, ao contrário, a contar com um suplemento de energia para resolver seus problemas. Um certo charlatanismo pseudocientífico, infelizmente, tem aceitação por parte do cantor lírico na medida em que, sem dúvida, o que ele mais quer é ser tranqüilizado.

Notemos, por outro lado, que o problema vocal do cantor lírico não provém somente de uma técnica defeituosa ou de uma sobrecarga vocal. Muitas vezes, são encontradas pequenas anomalias congênitas das pregas vocais (cistos, sulcos, micropalmípedes) que, após muito tempo compatíveis com uma atividade vocal de boa qualidade, provocam, ao longo dos anos, uma "descompensação" progressiva (Cornut).

Quanto ao reeducador, é desejável, sim, que tenha uma voz trabalhada e um certo conhecimento do repertório. Mas isso não é tão indispensável como freqüentemente se diz: não se deve confundir o trabalho do reeducador com o do professor de canto.

## Cantores de variedade

A exigência de qualidade aqui é muito menor. A voz, algumas vezes, não tem para esses cantores uma importância primordial, o que conta realmente é a riqueza ou o vigor do contato com o público. A técnica vocal desses artistas é freqüentemente

[8] Cf. *A voz*, Volume 4.

defeituosa, negligentes, muitas vezes, em relação ao seu órgão vocal, procuram um especialista somente quando a disfonia já está bastante evoluída (nódulo, pólipo, etc.). O comportamento de esforço é intenso, e normalmente é difícil impor-lhes uma parada nas atividades por mais de alguns dias para que a laringe repouse, e depois iniciar um tratamento acompanhado.

Os cantores de variedade são freqüentemente pouco sensíveis às vantagens de se tomar cuidado com a voz, caso se queira que a atividade do canto dure. No entanto, é possível prestar-lhes um grande serviço em poucas sessões: os erros de técnica são enormes, e o mínimo que se faça para corrigi-los é bastante compensador.

Enquanto, nos cantores líricos, a microcirurgia é o procedimento indicado em todas as lesões irreversíveis das pregas vocais, convém ser prudente quando se trata dos cantores de variedade. Certas lesões ou anomalias acarretam particularidades do timbre vocal que representam uma vantagem para o cantor. A retificação microcirúrgica deve ser nesse caso evitada.

## LEITURAS SUGERIDAS


AMY DE LA BRETÈQUE B. *Le chant: contrainte et liberté.* Éd. Fuzeau Courlay, 1991.
AMY DE LA BRETÈQUE B. *L'équilibre et le rayonnement de la voix.* Marseille : Solal, 1997.
BLIVET JC. *La voie du Chant.* Paris: Fayard, 1999.
BARTHÉLÉMY Y. *La voix libérée.* Paris : Robert Laffont, 1984.
CASTARÈDE MF. *La voix et ses sortilèges.* Paris: Les Belles Lettres, 1987.
CORNUT G. Les thérapeutiques phoniatriques de la voix chantée. *Rev Laryngol* 1985; 4 : 289-294.
DINVILLE C. *La voix chantée, sa technique.* Paris: Masson, 1982.
HUSSON R. *La voix chantée.* Paris: Gauthier-Villers, 1960.
LEHMANN L. *Mon art du chant.* Paris: Éd. Rouart Lerolle, 1902.
MADELAINE (DE LA) S. *Théories complètes du chant,* 1952.
MANCINI R. *L'art du chant.* PUF, «Que sais-je ?», 1969.
MILLER R. *La Structure du chant.* IPMC, 1990.
POIZAT M. *L'opéra ou le cri de l'ange.* Paris: Métaillé, 1986.
RONDELEUX LJ. *Trouver sa voix.* Paris: Le Seuil, 1977.
TARNEAUD J. *Le Chant. Sa construction, sa destruction.* Paris: Maloine, 1946.
TARNEAUD J. *Traité pratique de phoniatrie.* Paris: Maloine : 312-326.


## GLOTE OVALADA

A glote ovalada associa uma alteração vocal particular a uma ausência de contato das pregas vocais na fonação.

No exame laringoscópico, a borda livre das pregas vocais toma, de fato, uma forma curva, dando esse aspecto ovalado à glote ou, mais exatamente, lenticular, característico (Figura 6.9). Esse aspecto é constante, diferentemente do que ocorre nos casos de disfonias disfuncionais simples em que se observa esse aspecto ovalado da glote, mas na qual o indivíduo é perfeitamente capaz de colocar em contato corretamente suas pregas vocais em certos momentos (cf. p. 83).

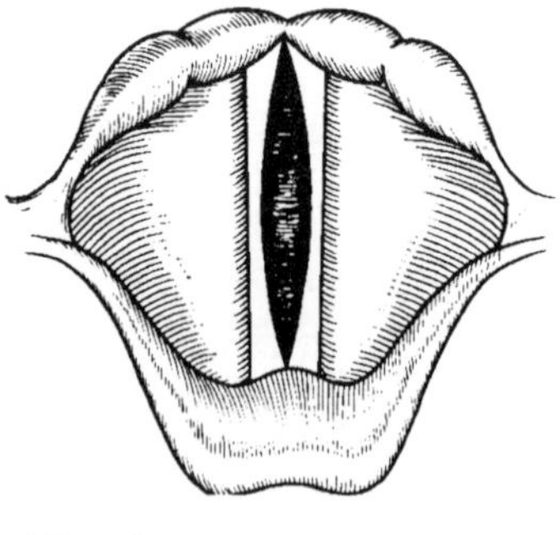

➤ **Fig. 6.9**
**Aspecto ovalado da glote.**

Classicamente, esse aspecto é atribuído a uma hipotonia das pregas vocais, hipotonia constitucional ou disfuncional, conforme os autores.

Desde os trabalhos de Cornut e Bouchayer, sabe-se que a glote ovalada está mais freqüentemente associada à existência de uma lesão, tal como a estria, sulco (sulcos), ou cisto epidérmico da prega vocal. É possível, entretanto, que esse aspecto resulte, em certos casos, de uma desordem puramente funcional, o que justifica sua abordagem neste capítulo.

### Clínica

Como no sulco ou na estria da prega vocal[9], a voz caracteriza-se mais freqüentemente por uma alteração do timbre que é surdo e abafado, bem como por uma tonalidade elevada (ao menos, no homem), com limitação no grave (oitava 1 inacessível) e conservação de uma voz de chamamento um pouco "alta", mas funcionalmente satisfatória em geral. Deve-se notar igualmente uma fatigabilidade com o uso prolongado da voz.

O exame laringoscópico mostra a incurvação pseudo-atrófica característica das pregas vocais na fonação.

Com luz estroboscópica, pode-se observar a amplitude excessiva da vibração das pregas vocais.

### Tratamento

Recorre à reeducação vocal que deve ser conduzida da mesma maneira que no sulco da prega vocal.

Eventualmente, pode ser utilizada também a microcirurgia laríngea e injeções de substâncias amorfas nas pregas vocais (silicone, secreção autológica)[10].

## MONOCORDITE VASOMOTORA

### Definição

A monocordite vasomotora corresponde a um aspecto particular da laringe em que se nota uma diferença de coloração das pregas vocais, uma das duas aparece rosada, contrastando com o aspecto normal nacarado da outra.

### Histórico

No final do século XIX, a vermelhidão unilateral de uma prega vocal indicava uma tuberculose laríngea relacionada, como habitualmente se imagina aliás, a uma lesão tuberculosa do pulmão.[11]

Por volta de 1860, entretanto, Türck, depois Tobold, e mais tarde McKenzie observam casos de monocordite sem relação alguma com uma crise tuberculosa, acometendo especialmente cantores.

Tarneaud, em 1935, confirma a existência de monocordite associada ao esforço vocal. Examinando a laringe de uma cantora. Inicialmente ele a acha normal, mas constata em um novo exame, após 15 minutos de canto, o surgimento de uma monocordite. Pensa que esse estado congestivo unilateral está relacionado a uma irritabilidade do sistema vegetativo do mesmo lado, provocada por uma lesão homolateral distante, envolvendo, por exemplo, o aparelho dentário, o pulmão, o aparelho genital (cisto do ovário), os rins, etc. A relação dessas lesões distantes com a monocordite nunca foi provada, apesar do hábito que perdurou durante muito tempo de procurar sistematicamente tais lesões na monocordite.

[9] Cf. *A voz*, Volume 3.
[10] Cf. *A voz*, Volume 4.
[11] A tuberculose da laringe não é observada fora de uma bacilose pulmonar ativa (cf. *A voz*, Volume 3).

Cornut e Bouchayer observaram que, em um terço dos casos aproximadamente, a monocordite coincidia com a presença de um cisto na prega vocal atingida.

Apesar desse último dado trazer alguma informação nova, a patogenia da monocordite permanece ainda muito maldefinida.

### Epidemiologia

Nota-se uma freqüência maior nos profissionais da voz e particularmente nos cantores. Observa-se igualmente uma predominância na mulher.

### Clínica

A monocordite vasomotora traduz-se geralmente por uma fatigabilidade vocal progressiva que se instala em algumas semanas ou em alguns meses. Muitas vezes, é acompanhada por dores cervicais na fonação prolongada.

No exame da voz, percebe-se, em *voz conversacional*, uma alteração do timbre que perdeu seu ataque e aparece surdo e velado. Em *voz projetada*, mais do que um comportamento de esforço que permanece moderado, observa-se freqüentemente um comportamento de contenção, com hesitação evidente quanto à *voz de chamamento* e a *voz cantada*.

O exame laringoscópico com luz normal realiza o diagnóstico, revelando que uma das pregas vocais está mais ou menos rosada, contrastando com sua homóloga contralateral de aspecto branco nacarado normal. Às vezes, aparece um entrelaçado vascular. A motricidade continua normal.

Em luz estroboscópica, observa-se algumas vezes uma parada da vibração em certas freqüências no nível da prega vocal atingida. Em certos casos, o modo vibratório e ondulatório da prega vocal permite supor a existência de um cisto.

### Tratamento

A reeducação vocal com exercícios de relaxamento, geralmente muito indicada, fará, na maioria das vezes, desaparecer a fatigabilidade e as dores na fonação em alguns meses, retornando ao aspecto normal da laringe.

Às vezes, porém, a reeducação ainda é ineficaz. O estudo da prega vocal pela cordotomia (ato benigno que não se deve hesitar em aconselhar) permitirá então descobrir eventualmente um cisto na prega vocal cuja ablação levará à cura.

## VOZ E FECHAMENTO DAS PREGAS VESTIBULARES

### Definições

Voz das pregas vestibulares (bandas ventriculares) e fechamento das pregas vestibulares devem ser cuidadosamente distinguidas.

Na *voz das pregas vestibulares*, o som fundamental da fala é produzido pela vibração das pregas vestibulares.

No *fechamento das pregas vestibulares*, a voz continua a ser produzida pelas pregas vocais, mas sua qualidade é alterada pela aproximação mais ou menos marcada das pregas vestibulares, desempenhando, de algum modo, a função de um pedal de surdina.

## Voz das pregas vestibulares

Descrita pela primeira vez por Czermack, em 1860, a voz das pregas vestibulares (ou fonação das bandas vestibulares) é produzida em duas situações distintas.

No primeiro caso, vem substituir a vibração das pregas vocais lesadas, ausentes ou deficientes. Constitui, desse modo, freqüentemente uma eventualidade saudável, fornecendo uma *voz de substituição*. A avaliação permite observar o fato patológico que origina esse fenômeno de compensação. Trata-se mais freqüentemente de uma paralisia recorrencial, de uma cordectomia ou de um traumatismo laríngeo.

No segundo caso, a voz das pregas vestibulares é produzida, apesar da integridade das pregas vocais, no contexto de uma desordem funcional séria. Trata-se, nesse caso, de uma *voz de usurpação* (Perellò). A avaliação permite em geral nesse caso relacionar essa utilização das pregas vestibulares a dificuldades de ordem psicológica.

As pregas vestibulares, sabe-se, formam um esfíncter que tende a se espasmar nas situações de angústia. Ele se fecha, poder-se-ia dizer, quando a atmosfera – em todos os sentidos do termo – torna-se irrespirável. Compreende-se em tais condições que certos indivíduos angustiados acabam produzindo sons a partir da crispação de suas pregas vestibulares (Figura 6.10).

Mais raramente, essa voz pode ocorrer no contexto de uma síndrome neurológica (síndrome cerebral, por exemplo). Observou-se ainda casos de voz das pregas vestibulares que seguiram a episódios de tosse prolongada relacionados a laringotraqueítes (Lejska, 1963). Há ainda casos que ocorrem no contexto de uma laringite crônica[12].

### *Sinais fônicos*

A voz produzida pelas pregas vestibulares é de tonalidade grave, comparável à que se observa em casos de edema crônico. Ela modula pouco e é relativamente monótona. Seu timbre é rude e seco. Lembra o do tambor de fricção[13]. Sua intensidade é limitada.

Nota-se que, apesar de seu caráter pouco inestético, sobretudo na mulher, podendo chocar um pouco, essa voz é muitas vezes perfeitamente utilizável na conversação normal. Com barulho, no entanto, a voz se torna muito difícil de ser compreendida.

A projeção vocal é possível e pode ser eficaz, contanto que o indivíduo se contente com uma intensidade limitada.[14]

Para a voz de chamamento, falta extensão, ficando limitada a alguns metros.

A voz cantada não é totalmente impossível, mas não pode se estender muito por mais de duas ou três notas. Alguns indivíduos conseguem cantar em uma oitava ou mais, mas isso é excepcional.

O comportamento de esforço vocal está presente. É mais marcado na fonação ventricular por usurpação. Pode não ocorrer de forma alguma quando se trata de um mecanismo compensatório.

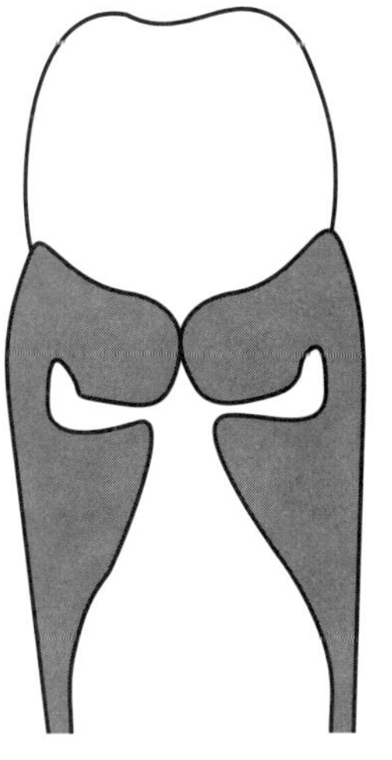

**Fig. 6.10**
**Mecanismo da voz das pregas vestibulares.**
Observe a hipertrofia das pregas vestibulares e o aspecto normal das pregas vocais. Trata-se de uma voz das pregas vestibulares por usurpação.

[12] Cf. *A voz*, Volume 3.

[13] Trata-se de um instrumento de música um pouco arcaico, feito de uma pele de coelho estendida em uma selha ou um pote (chamado *rommelpot* em flamengo, ou *brama-biau* em occitano). A pele tem um furo na qual penetra um bastão. Este é empurrado e puxado rapidamente através da pele que faz vibrar.

[14] Lembremos que voz projetada não é sinônimo de voz forte. A voz projetada corresponde à intenção de atingir o interlocutor, de agir sobre ele e isso pode ser obtido com uma intensidade vocal moderada (cf. *A voz*, Volume 1).

### Sinais laringoscópicos

Com *iluminação normal*, o exame mostra inicialmente a eventual alteração laríngea causal: imobilidade de uma prega vocal em caso de paralisia recorrencial, neocorda (em geral pouco desenvolvida) em caso de cordectomia, mudanças mais ou menos significativas em caso de traumatismo laríngeo[15].

No caso de uma voz dita de usurpação, percebem-se pregas vocais de aspecto normal ou de aspecto atrófico.

Na fonação, o contato das pregas vestibulares esconde totalmente as pregas vocais.

O exame com *iluminação estroboscópica* permite sozinho afirmar que a vibração se produz realmente no nível das pregas vestibulares. Elimina-se assim o diagnóstico de simples aproximação em que seriam as pregas vocais que, embora estivessem dissimuladas, vibrariam e forneceriam as impulsões sonoras.

Às vezes, durante a vibração, nota-se um estreitamento da borda livre das pregas vestibulares, dando a estas um aspecto muito semelhante ao das pregas vocais.

Em certos casos, o contato é feito entre uma prega vestibular e a prega vocal oposta. A voz é dita cordo-ventricular (Oreskovic).

Um exame radiológico (tomografia), e até mesmo uma laringoscopia em decúbito, com anestesia, podem ser indicados para determinar o estado das pregas vocais e eliminar o diagnóstico de uma lesão maligna.

### Tratamento

O tratamento pode ser orientado para produzir a melhora da voz das pregas vestibulares. Essa orientação será a única talvez no caso da voz das pregas vestibulares por substituição.

Poderá visar ainda ao retorno de uma atividade vibratória no nível das pregas vocais. Tal orientação convém particularmente no caso de voz das pregas vestibulares por usurpação.

Os dois objetivos não excluem, entretanto, um ao outro, podendo perfeitamente ser trabalhados ao mesmo tempo, visando à melhora da voz das pregas vestibulares e à recuperação da voz produzida pelas pregas vocais.

#### TRATAMENTO CIRÚRGICO

No caso da fonação das bandas ventriculares, dita de usurpação, pôde-se, no passado, propor tratamentos cirúrgicos destinados a impedir a vibração das pregas vestibulares, na esperança de fazer com que, dessa forma, o indivíduo voltasse a utilizar suas pregas vocais que, sendo normais, não tinham razão para não exercer sua função. Procedeu-se assim a excisão e a cauterização das pregas vestibulares, bem como a excisão do músculo estilofaríngeo (Réthi). Trata-se, neste caso, de um tratamento puramente sintomático, mais arriscado, deixando um pouco séptico tanto os resultados a curto quanto a longo prazo.

No caso de fonação das bandas ventriculares por substituição, pode, em compensação, ser oportuno tratar a lesão causal. Uma injeção de secreção autológica na prega vocal paralisada ou em uma neocorda pode permitir à prega vocal sadia encontrar, de fato, sua função.

[15] Cf. *A voz*, Volume 3.

TRATAMENTO REEDUCATIVO

Para a melhora da voz das pregas vestibulares, pode-se recorrer, evidentemente, ao relaxamento e à técnica de respiração. Quanto aos exercícios vocais, serão orientados mais especialmente para o aumento progressivo da extensão vocal.

As tentativas de recuperação de uma atividade vibratória no nível das pregas vocais podem utilizar manipulações laríngeas e exercícios de produções sonoras em voz de cabeça que permitem passar, na seqüência, a emissões em voz de peito.

Um exercício muitas vezes útil é o da *sirene*, chamado ainda *som nas bochechas*[16].

TRATAMENTO PSICOLÓGICO

No caso de voz das pregas vestibulares por usurpação, o tratamento reeducativo apresenta, evidentemente, uma ação psicológica graças ao relaxamento. No entanto, deverá freqüentemente ser complementado por um tratamento psicoterápico.

De um modo geral, o tratamento reeducativo[17] é uma etapa intermediária que faz com que o paciente aceite um tratamento psicológico que lhe é necessário.

### *Evolução*

A evolução é muito variável segundo a etiologia. Às vezes, a recuperação de uma voz normal ocorre de uma forma brusca em caso de voz por usurpação, mas as recidivas são freqüentes.

Em certos casos, o indivíduo obtém uma voz de registro agudo produzida pelas pregas vocais que lhe permite ser escutado à distância e uma voz produzida pelas pregas vestibulares adequada para a conversação normal, sem extensão. Mesmo imperfeita, tal eventualidade constitui um resultado aceitável.

## Fechamento das pregas vestibulares

O fechamento das pregas vestibulares corresponde, como dissemos, a uma aproximação destas que prejudica a emissão da voz produzida pelas pregas vocais.

A união das pregas vestibulares na fonação (pedal de surdina) dá à voz um caráter surdo e abafado, em um contexto de esforço freqüentemente bastante intenso.

A *voz projetada* é a mais comumente difícil e ineficaz.

A *voz cantada* é muito limitada.

No exame da laringe, percebe-se em respiração, quando visíveis, pregas vocais freqüentemente congestivas, mas às vezes normais, contrastando com pregas vestibulares vermelhas e hipertróficas que recobrem mais ou menos as pregas vocais.

Na fonação, nota-se a aproximação das pregas vestibulares, escondendo completamente as pregas vocais. Nenhuma vibração, porém, é produzida neste nível, como o prova o exame com iluminação estroboscópica.

Por outro lado, a laringe aparece congestiva.

### *Tratamento*

Como dissemos, as pregas vestibulares são o esfíncter da angústia, e seu fechamento corresponde sempre a um estado de ansiedade crônica.

Como na voz das pregas vestibulares por usurpação, o tratamento reeducativo será útil graças essencialmente ao relaxamento, sendo sobretudo, porém, o eventual caminho para um tratamento psicoterápico.

[16] Cf. *A voz*, Volume 4.
[17] Cf. *A voz*, Volume 4.

## AFONIAS E DISFONIAS POR INIBIÇÃO VOCAL DITAS PSICOSSOMÁTICAS

Preferimos não separar as afonias por inibição vocal das disfonias que respondem ao mesmo mecanismo. Com efeito, apesar de uma sintomatologia um pouco distinta, trata-se, acreditamos, da mesma afecção.

Adotamos a denominação de *afonias e disfonias por inibição vocal* preferencialmente à de afonias e disfonias *psíquicas*, imprecisa demais, e à de disfonias e afonias histéricas ou pitiáticas, que geram facilmente confusão. De fato, se essas disfonias são realmente sintomas histéricos, pois correspondem à conversão de dificuldades de ordem psicológica em distúrbio funcional, aparecem apenas muito raramente, hoje em dia menos, no contexto de uma personalidade histérica.

### Definição

As afonias e as disfonias por inibição vocal definem-se como o desaparecimento da voz ou a alteração de uma ou de várias de suas características acústicas devido a um processo de inibição psicológica.

### Histórico

A afonia por inibição vocal é conhecida desde a Antigüidade. Encontra-se menção na *Ilíada*: "Antíloco arrepiou-se ao escutar essa história. Ficou afônico durante algum tempo; seus olhos se encheram d'água e sua forte voz sumiu."

Harrisson Griffin, citado por Castex (1890), conta o caso de uma jovem histérica, afônica para falar, mas que cantava sem nenhum problema vocal.

O próprio Castex ressalta: "as paralisias das cordas vocais terminam com a emoção ou com a simples laringoscopia". Denuncia, nesta ocasião, a ação intempestiva da cauterização das cordas vocais praticada nas afonias e que provoca laringites.

Citemos Musucci que, em 1898, conta o caso de dois indivíduos que apresentavam uma paralisia das cordas vocais com afonia completa, em um contexto clínico que beirava à esclerose em placas, curados totalmente, sendo que um dos casos sem tratamento e o outro com tratamento elétrico.

Lembremos ainda o célebre caso de Dora, descrito por Freud, em 1905. Tratava-se de uma jovem que apresentava afonias periódicas associadas a episódios de tosse persistente e enxaquecas. Foi neste caso que Freud se baseou para formular suas concepções, publicadas alguns anos antes, sobre a patogenia dos sintomas histéricos (*Estudo sobre a histeria*, 1895).

Depois, Babinski, no início do século, cujas afonias relacionadas à emoção e suscetíveis de cura por sugestão recebem o nome de pitiáticas.

É nessa óptica que são abordadas as afonias de guerra.

É a idéia de pitiatismo que gera a atitude terapêutica clássica de sugestão, simples ou "armada", que estudaremos mais adiante. Tarneaud, em 1939, retomando Isserlin, tenta se distanciar de tal concepção monolítica das afonias, propondo a seguinte classificação: afonia *timogênica* "que nasce do pânico" e surge quando as condições de vida estão insuportáveis; afonia *ideogênica*, provocada pela vontade de chamar atenção e causar piedade; e, por fim, afonia *simulada*, cujo objetivo, unicamente reivindicativo, é obter vantagens materiais, indenizações ou pensões.

No plano terapêutico, a única preocupação nesta época ainda era a recuperação da voz de qualquer maneira, boicotando a "tática" do doente ou do chamado falso doente.

É preciso esperar a década de 1960 para que os especialistas começassem a pensar menos nos sintomas e um pouco mais no doente com a introdução, um pouco vaga inicialmente, da idéia de uma eventual psicoterapia.

## Epidemiologia

A freqüência da afonia e da disfonia por inibição vocal varia pouco segundo os autores: representa 5% aproximadamente do conjunto de casos de disfonias disfuncionais.

É uma afecção que atinge predominantemente as mulheres. Em 133 casos estudados para um encontro na Sociedade Francesa de Foniatria, em 1974, havia 122 mulheres para 11 homens. Isso confere totalmente com outros estudos, tais como o de Chavalier-Jackson (1940) e o de Cornut (1965).

Essa afecção atinge essencialmente o adulto jovem (20 a 50 anos), com um pico de freqüência na faixa etária dos 30 aos 39. Observamos, entretanto, que pode ser encontrada na criança (três indivíduos com menos de 15 anos em 269 casos, em uma estatística pessoal).

A classificação por categorias socioprofissionais não é realmente significativa. Notemos, porém, em nossa estatística, a presença de indivíduos que pertencem a um meio sociocultural elevado (executivos, professores, etc).

Quanto à situação familiar, observa-se o número significativo de solteiros. Isso com certeza tem algum significado.

## Clínica

### *História da "doença"*

#### COMO TUDO COMEÇA

Na *primeira crise*, o início é brutal em quase metade dos casos. Em uma manhã, ao levantar, a voz não saiu mais, e a afonia perdurou durante dois ou três dias para desaparecer depois repentinamente. Às vezes, a voz desaparece em alguns minutos após acordar; mais raramente, a afonia se instala ao longo do dia, apesar do esforço do indivíduo para conter a voz.

*Recidivas* ocorrem normalmente algumas semanas, meses ou anos mais tarde. A instalação da afonia é, em geral, menos brutal na primeira crise, quando a voz vai-se alterando aos poucos, perdendo progressivamente o timbre e a intensidade antes de desaparecer totalmente. A duração da afonia tende a aumentar com o número de recidivas.

Freqüentemente, a afonia é seguida por um período de disfonia mais ou menos marcado, que se estende por alguns dias ou semanas.

#### CAUSA PROVÁVEL

Como causa da primeira alteração vocal, o doente e as pessoas que o acompanham ressaltam, na maioria das vezes, um episódio inflamatório: gripe, angina, "resfriado", etc.

Às vezes, o distúrbio é atribuído a um traumatismo ou a um ato cirúrgico que tenha necessitado de uma intervenção. Mais raramente, o doente, bem como seu meio de convívio, menciona problemas psicológicos. Na verdade, é raro, ao longo do tratamento, o indivíduo não revelar a experiência de um acontecimento traumatizante recente de ordem familiar, profissional ou mais raramente sentimental

Quanto às recidivas, são atribuídas a causas similares, a contrariedades, preocupações, mas freqüentemente o indivíduo não encontra nenhuma explicação. Tratase, na sua opinião, de uma afonia caprichosa: sente que sua voz vai desaparecer em poucos minutos e isso realmente acontece.

#### ANTECEDENTES VOCAIS

Na maioria dos casos, a voz era completamente normal antes da primeira crise. Em um caso dentre cinco, porém, havia uma disfonia passageira ou permanente. Devese ressaltar ainda uma potência vocal freqüentemente modesta.

#### ANTECEDENTES MÉDICOS

Encontra-se, com muita freqüência, nos antecedentes, uma anorexia mental (perda completa do apetite, recusa da alimentação por razões puramente psicológicas). Observa-se, às vezes, uma alternância entre anorexia e afonia. A passagem da afonia para a anorexia constitui um deslocamento de sintoma muito complicado. Contrariamente à anorexia, de fato, a afonia jamais é mortal.

### *Sintomatologia*

#### SINAIS SUBJETIVOS

O paciente tem a sensação de que sua voz está impossibilitada ou artificial ou muito difícil, provocando um grande cansaço. Sua impressão é de que "quanto mais quer sua voz, menos a tem".

Em um terço dos casos aproximadamente, surgem sensações de coceira, de queimação, de dor, como nas disfonias disfuncionais simples.

Às vezes, o paciente manifesta uma inquietude: parece agitado, descontente com um mal-estar interior; outras vezes, ao contrário, apresenta afonia com a maior serenidade.

#### SINAIS OBJETIVOS

Total na maioria dos casos, a afonia pode, entretanto, às vezes ser incompleta ou substituída por uma disfonia de caráter particular, como veremos mais adiante, podendo ser considerada como um equivalente disfônico da afonia.

##### ■ Afonia completa

Quando se trata de uma afonia completa, a voz fica, por definição, sussurrada. Notase às vezes, entretanto, algumas pequenas produções sonoras de freqüência aguda por alguns instantes, comparáveis a pequenos rangidos que acompanham a fala.

Às vezes, há um comportamento de esforço (um quarto dos casos aproximadamente) que se traduz pela postura característica da voz de alerta, com crispação do pescoço estendido para frente, exaltação na respiração torácica superior, abaixamento esternal e perda da "verticalidade". Em alguns casos, a articulação fica prejudicada devido à intensidade desse comportamento de esforço, ao ponto de tornar a fala completamente ininteligível, sendo que o próprio paciente não percebe.

##### ■ Afonia incompleta

Nesse caso, momentos de afonia completa são seguidos por momentos em que a voz sai relativamente bem sonorizada. Essas passagens da afonia ao ressurgimento momentâneo da voz acompanham o estado de tensão do indivíduo que fala: completamente afônico ao falar de seus problemas, encontrando a voz para dizer algo sem importância. Quanto mais se chama a atenção do paciente sobre sua voz, menos presente ela fica.

### ■ Equivalente disfônico da afonia

Algumas alterações vocais podem ser, na nossa opinião, consideradas como equivalentes da afonia:

– Pode tratar-se de um timbre vocal marcadamente roufenho, adquirindo mesmo, às vezes, o caráter de uma bitonalidade.

– Pode-se observar ainda um abafamento significativo do timbre com desperdício de respiração.

– Outras vezes, trata-se de uma grande nasalação.

– Às vezes, por fim, tem-se uma voz "estridente" de tonalidade superelevada e de fraca intensidade.

O caráter comum a todas essas alterações é o de "voz impossível". O termo de desnaturação é o que melhor corresponde a esse aspecto clínico. A voz sofre, de fato, uma transformação caricatural "como se" se tratasse de deixá-la incompatível com o uso convencional.

## EXAME DA VOZ

Como o diagnóstico de afonia é evidente desde o primeiro instante, raramente se pratica um exame sistemático das possibilidades vocais. Este limita-se, na maioria das vezes, a algumas tentativas infrutíferas de leitura ou de emissão de vogais cantadas.

No caso da afonia incompleta, pode-se observar que a afonia se agrava ou aparece nos testes de leitura. Às vezes, a afonia aparece somente na voz de chamamento.

O mesmo ocorre na presença de um equivalente disfônico da afonia.

Pode-se perceber igualmente que a voz se produz espontaneamente na tosse e no riso.

Lembremos, finalmente, que, em muitos casos, pode-se recuperar uma voz normal no paciente mais ou menos durável com artifícios de sugestão que, como veremos adiante, são utilizados (de forma discutível) como tratamento.

## EXAME DA LARINGE

Notemos, inicialmente, a hiporreflexia velar que ocorre na metade dos casos e mesmo, mais raramente, a arreflexia velar (4 casos em 92, observados por Maximov); não há, no entanto, problema motor.

No exame laríngeo, encontramos em três quartos dos casos, *pregas vocais estritamente normais*.

Um quarto dos casos, porém – o que não é uma noção clássica – apresentava lesões laríngeas variadas (tais como nódulo, aspecto inflamatório, irregularidade da borda livre, aspecto atrófico das pregas vocais, entre outros). Tais lesões, contudo, não parecem ser suficientes em nenhum caso como explicação para a afonia.

No exame, nota-se que o "e" laringoscópico é produzido com uma voz completamente normal. Quando se mostra isso ao paciente, ele constata que, de fato, pôde produzir esse som, mas isso não o impede de continuar a ser afônico depois do exame e ele não consegue explicar tal paradoxo.

Além do caso anterior em que se observa um contato normal das pregas vocais, o exame da laringe, durante as tentativas de fonação, permite apreender um certo número de comportamentos possíveis da laringe:

– as pregas vocais unem-se e depois afastam-se para se posicionarem no meio, com uma emissão pouco audível;

– as pregas vocais aproximam-se mas sem se encostar, adquirindo o aspecto da falha de contato longitudinal, o que resulta na emissão de uma voz sussurrada mais intensa do que no caso anterior;

– as pregas vestibulares (bandas ventriculares) aproximam-se, bloqueando hermeticamente a laringe;

– a coroa laríngea apresenta contrações espasmódicas produzindo pequenos sons superagudos;

– as pregas vocais permanecem imóveis em posição intermediária ou em abdução completa, apesar dos esforços fornecidos pelo paciente para produzir o som solicitado.

Notemos que o comportamento laríngeo do paciente pode variar de um momento para o outro durante o exame, ou de um exame a outro.

## Diagnóstico diferencial

### *No caso de uma afonia completa*

Utilizando-se da laringoscopia e por meio da avaliação, serão eliminadas, primeiramente, as afonias que se seguem a uma lesão orgânica da laringe, como a *laringite aguda*, o *câncer* da prega vocal, a *paralisia recorrencial* (no caso de bitonalidade), as afonias após *cirurgia laríngea* (cordectomia, intervenção por papilomatose, etc.), as afonias após *intubação*.

Notemos, entretanto, que, em todos os casos, pode-se observar a existência de um fator psicológico de inibição vocal associado. A explicação para isso é simples: a alteração orgânica determina uma certa alteração vocal; esta pode então engendrar, na cabeça do paciente, uma hesitação quanto à sua voz, por temer que seu órgão vocal se altere muito. Como veremos mais adiante, trata-se de um dos mecanismos possíveis da inibição vocal.

Em segundo lugar, serão eliminadas as afonias que ocorrem por ocasião de *distúrbios neurológicos*, tais como o *mal de Parkinson*, apresentando tremores de palilalias, festinação da fala, distúrbios motores concomitantes[18], e o *choque no hemisfério dito menor* em que a afonia representa uma apraxia vocal[19].

Por último, serão eliminadas as afonias que ocorrem em certas *afecções psiquiátricas*, como, por exemplo, a *esquizofrenia* (em que o indivíduo murmura principalmente) ou a fase depressiva da *psicose maníaco-depressiva*.

### *No caso de uma disfonia*

Serão eliminadas:

– uma *lesão cerebelar*;

– uma *lesão bulbária* ou *pseudobulbária*, no caso da nasalação equivalente à afonia;

– uma *disfonia espasmódica*, a partir do momento em que se conhece a evolução possível da disfonia (e da afonia) por inibição vocal à disfonia espasmódica, como veremos a seguir;

– uma *disfonia disfuncional banal*: a disfonia por inibição vocal e a disfonia disfuncional banal, resultantes de um comportamento de esforço, dão clinicamente uma impressão completamente diferente. A inibição vocal procede do fato de

[18] Cf. *A voz*, Volume 3.
[19] Cf. *A voz*, Volume 3.

que a emissão vocal é vivida pelo indivíduo, consciente ou inconscientemente, como nociva. Trata-se de um mecanismo psicológico bem particular que é percebido intuitivamente como tal por qualquer observador experiente.

Há, como se sabe, em outras disfonias disfuncionais, eventuais fatores psicológicos, tais como perfeccionismo, imaturidade excessiva, tendência depressiva, crises reacionais a dificuldades pessoais, familiares ou profissionais que desordenam o comportamento vocal.

A disfonia resultante disso não apresenta, entretanto, essa aparência tão específica que caracteriza os casos em que a inibição vocal está em primeiro plano no quadro clínico. Nada impede, porém, que se possa observar uma associação da inibição vocal com os fatores psicológicos anteriores. Encontra-se assim freqüentemente, por trás de uma disfonia aparentemente banal, um certo grau de inibição vocal que não ocupa o primeiro plano da cena, mas se revela ao longo da reeducação. Na prática, essa tendência à inibição vocal aparece durante os exercícios de projeção vocal como uma espécie de hesitação em dar uma intensidade vocal normal, ou na forma de dificuldade em conservar a postura física de projeção vocal (verticalidade, olhar nos olhos, etc.).

## Etiopatogenia

A afonia pode ser compreendida como um sintoma de conversão histérica, isto é, como uma manifestação corporal constituída pela deficiência de uma função (a fonação), que exprime simbolicamente um conflito psíquico inconsciente. O sintoma permite ao indivíduo evitar a angústia relacionada ao conflito reprimido.

Sabe-se, por outro lado, que a personalidade histérica é caracterizada pela necessidade de chamar a atenção sobre si, a dependência afetiva, a falta de controle emocional, a encenação, o sentimento exagerado.

Isso posto, não resta dúvida de que a inibição vocal pode atingir indivíduos que não apresentam de forma alguma esse tipo de personalidade. Freqüentemente, de fato, tratam-se de pessoas bem-inseridas socialmente e muitas vezes voluntariosas, mais voltadas à eficácia humilde e discreta do que para as demonstrações escandalosas em suas atividades profissional e pessoal.

Deixando de lado esse aspecto da personalidade do paciente (e mais freqüentemente da paciente), pode-se dar à inibição vocal algumas simples explicações que não se relacionam com nada além da existência ou não de uma histeria subjacente, mas que permitem apresentar ao indivíduo hipóteses, em seu ponto de vista, mais aceitáveis de seu sintoma.

A inibição vocal pode resultar da *simples emoção forte*. A angústia fecha a garganta, todos já passaram por isso, e ela pode ser a única causa responsável pela impossibilidade de qualquer emissão vocal.

A voz traduz a emoção. Quando se está emocionado, isso é sentido pelas irregularidades características da emissão vocal que fogem ao controle. Ora, há casos em que se sente uma emoção por razões que não se quer revelar ou ainda que não se quer reconhecer para si mesmo. Um mecanismo inibidor completamente inconsciente intervém, então, permitindo evitar a angústia dessa *traição da voz*. É mais confortável, às vezes, apresentar-se como afônico – para o qual se pode apresentar justificativas médicas – do que se mostrar vítima de uma emoção que não se quer comentar.

A inibição vocal pode resultar do único *medo de prejudicar o órgão vocal* por um uso intempestivo. Para alguns indivíduos que tiveram problemas laringoscópicos banais e para quem a voz é muito importante profissionalmente, o medo de perder a voz é uma obsessão quase permanente. Por se preocuparem e se cuidarem, acabam por desnaturar seu comportamento vocal e chegar na afonia que tanto temem. Tal comportamento é ainda induzido por prescrições excessivas de repouso vocal.

O *medo de uma voz mal-adaptada* às circunstâncias também pode acarretar uma afonia por inibição vocal. Algumas pessoas temem que sua voz seja mal-interpretada por seus interlocutores e que, por sua voz, toda sua pessoa seja mal interpretada. A voz pode então sumir progressivamente até desaparecer por inteiro.

Lembremos que isso é o simples exagero de um fenômeno normal. Há, com efeito, fatores inibidores normais e completamente inconscientes que impedem a emissão vocal de se adaptar às circunstâncias.

O *medo de ser repentinamente curado da afonia* é igualmente um fator possível de inibição vocal. O retorno repentino da voz acarreta a obrigação de explicá-lo; isso pode ser constrangedor. Por outro lado, a cura da afonia significa a retomada de uma vida normal. Esta pode ser perfeitamente impossível por razões psicológicas profundas. Mecanismos inconscientes de defesa podem então manter essa afonia que permite ao paciente desculpar-se de sua incapacidade em retomar uma vida normal. A afonia pode ser um refúgio.

## Tratamento

### PRIMEIRA ATITUDE

Uma primeira forma – *com a qual não concordamos* – de tratar a afonia "psicogênica" é utilizar o poder da sugestão.

De fato, pode-se obter a restituição imediata da voz fazendo o paciente crer na cura imediata, de um jeito ou de outro, com segurança suficiente.

Essa maneira de proceder comporta três regras práticas.

1. Obter, custe o que custar, a recuperação da voz "em uma única sessão": a recuperação em uma *sessão única* é considerada indispensável para que o doente permaneça na dependência do terapeuta até a "cura total". Um resultado incompleto poderia prejudicar a ascendência do terapeuta: este deve aqui afirmar a certeza do resultado imediato e obtê-la.

2. Essa recuperação deve ocorrer na presença de terceiras pessoas: a presença de testemunhas, ou melhor, de pessoas íntimas do doente é considerada necessária, pois "assim nenhuma reivindicação ou contestação posterior é possível" (Tarneaud).

3. Utilizar certos procedimentos destinados a reforçar a sugestão. Destacamos os mais utilizados, classificando-os em três categorias:

– procedimentos violentos e dolorosos (às vezes, ainda aplicados, infelizmente!): ameaças, intimidações, bofetadas, faradizações; métodos laringoscópicos dolorosos (extração de um pequeno pedaço de mucosa da epiglote); queimação da orofaringe com termocautério, etc;

– intervenções simuladas ou consideráveis: pseudo-intervenção na laringe com anestesia geral, (em um caso, há aproximadamente uns 30 anos) deixando cicatriz no pescoço! Falsa extração do pólipo; falsa irradiação por meio de uma ampola colorida; leitura sob surdez (teste de Lombard-Tarneaud, p. 22); pulverizações faríngeas ao modo Lucas-Championnière (trata-se de um aparelho há bastante tempo em desuso que produz vapor de forma exagerada, etc;

– sugestões simples: afirmação prolongada, olhando nos olhos, de que a voz é possível; sugestões sob sofrologia ou hipnose, etc;

Esses três tipos de procedimento resultam freqüentemente em um retorno da voz mais ou menos rápido, sem dificuldade, às vezes, com um esforço intenso por parte do indivíduo que se sente cansado e esgotado no momento em que a voz volta completamente.

Nenhuma alusão é feita a alguma causa psicológica possível na medida em que o princípio de tal tratamento é *fixar o doente em seu sintoma*.

O inconveniente desse tipo de tratamento é que ele é puramente sintomático: trata-se apenas a ausência da voz, deixando-se de lado o problema psicológico subjacente.

Nas recidivas que ocorrem em inúmeros casos, o retorno da voz pode ser cada vez mais trabalhoso e exigir procedimentos cada vez mais peníveis. Em certos casos, as recidivas tendem a se tornar cada vez mais freqüentes!

Outro inconveniente, quando se trata realmente de histeria, é que, desse modo, agrava-se a doença, podendo surgir um outro sintoma de conversão, tal como a anorexia mental ou o pé varo eqüino. Este último problema consiste em uma contração da perna, em geral da perna esquerda, resultando, em posição ereta, em uma flexão do joelho em rotação ou interna e com extensão do pé, impedindo o apoio do calcanhar no chão, o que torna o andar difícil.

Essa primeira atitude, apesar de seus evidentes inconvenientes, ainda é atualmente muito empregada. É preciso dizer que é muito gratificante para o terapeuta realizar, assim – nos casos favoráveis –, uma espécie de milagre terapêutico com base na vontade de vencer, impor, submeter. Tal atitude assemelha-se um pouco a uma violação quando acompanhada de movimentos intrabucais dolorosos. Ao menos, é sentida como tal para um certo número de pacientes.

## SEGUNDA ATITUDE

Uma segunda atitude, com a qual também não concordamos, consiste em tentar obter, num primeiro momento, o retorno da voz por procedimentos de sugestões, mas excluindo qualquer movimento brutal ou doloroso. Em um segundo momento, a partir do retorno da voz, que em geral é acompanhado por uma crise de choro ou por um estado de esgotamento passageiro, tenta se obter do indivíduo confidências acerca das circunstâncias nas quais surgiram a afonia e problemas psicológicos eventualmente em questão, o que permite em seguida encaminhar o paciente a um tratamento psiquiátrico.

Essa passagem à psiquiatria, mesmo lógica, apresenta dificuldades. Não é por acaso que os afônicos consultam os terapeutas do órgão vocal mais do que os do psiquismo.

O atendimento direto dos afônicos pelo psiquiatra parece bastante raro e os resultados terapêuticos não são muito favoráveis (menos de 80% de cura, segundo nossa pesquisa de 1974).

É provável, no entanto, que os pacientes que consultam o ORL e o foniatra não sejam os mesmos que consultam o psiquiatra.

## TERCEIRA ATITUDE

Uma terceira atitude, que indicamos, consiste em desfazer conversão com o paciente de seu sintoma vocal. Deve-se, primeiramente, entrar em acordo quanto à significação psicológica de sua afonia. Proceder-se-á, então, com tato e sem *a priori* apresentar ao indivíduo hipóteses, evitando conseqüentemente qualquer solicitação de consentimento por parte dele.

Tal projeto de desconversão deverá respeitar os seguintes princípios:

a) Manter uma relação simples com o paciente: nada de encenação, de "teatro". Nada disso parece realmente útil. Estabelecer um contato real de pessoa para pessoa parece muito mais importante.

b) Dar conta exatamente do estado do órgão vocal e, portanto, na maioria dos casos, afirmar sua integridade completa. Serão mostradas ao paciente suas pregas vocais pelo registro no vídeo da imagem laríngea após fibroscopia (cf. p.

34). É o papel, particularmente, do foniatra: permitir ao paciente que constate assim sua normalidade orgânica.

c) Informar o paciente (adaptando a informação à sua personalidade) de forma a lhe permitir a mais satisfatória compreensão possível de seu problema. Deve-se explicar assim o mecanismo da inibição vocal. É sempre fácil fazer com que o paciente admita a influência de fatores emocionais na voz. A informação pode começar por aí.

d) O paciente não deve ser submetido a um interrogatório de estilo policial, forçando seu depoimento e suas confidências: permanecerá livre para omitir tudo o que deseja. Deve-se explicar a ele que se está ali para ajudá-lo a compreender o que está acontecendo e não para obrigá-lo a revelar isto ou aquilo. Mesmo que se recuse a crer na existência de fatores psicológicos, não se pode abandoná-lo por isso, tentar-se-á ajudá-lo apesar de tudo.

e) Alguns tipos de explicações possíveis sobre a inibição vocal podem ser dadas ao paciente, tais como:

– quando se está angustiado, a voz some, fica trancada na garganta, pode-se perder assim o controle da voz, trata-se então de retomá-lo;

– a voz é uma delatora: quando se está emocionado, isso pode ser percebido pela voz. Às vezes, é extremamente prejudicial que essa emoção seja percebida; entram em cena então mecanismos inconscientes de defesa que suprimem a voz de forma que tal emoção não seja delatada. Em geral, é mais fácil viver afônico do que mostrar uma emoção não-desejada.

As outras hipóteses suscetíveis de explicar a inibição vocal, tais como expusemos (cf. p. 151), lhe serão apresentadas como possibilidades de explicação resultante da observação de outros casos semelhantes ao seu, sem, evidentemente, obrigar o paciente a assimilar pura e simplesmente seu caso pessoal: trata-se somente de exemplos que lhe são dados de maneira que possa integrar o conceito de inibição vocal, o que tem como efeito desmistificar a dramatização de seu problema, mostrando-lhe que não apresenta nada de excepcional nem de misterioso.

f) O paciente é avisado de que não é necessário recuperar sua voz imediatamente nem mesmo rapidamente. Também não será obrigado a utilizar a voz, mesmo que a tenha recuperado; de fato, talvez seja preciso algum tempo para que digira realmente a recuperação. Igualmente não será necessário informar a verdade a seu meio de convívio. Para as pessoas que o cercam, poder-se-á até mesmo mentir, se isso eventualmente o ajudar de alguma forma. Poderá dizer que sofreu de laringite sem fazer nenhuma alusão, se assim o deseja, a problemas de ordem psicológica. Tal discrição será observada sobretudo em relação às pessoas mais próximas e aos familiares, ou seja, as tentativas de produção sonora serão realizadas na ausência de qualquer testemunha.

g) Após esses diversos esclarecimentos, pede-se ao paciente que conceda algumas tentativas.

Garante-se a ele que se conseguir relaxar, poderá produzir alguns pequenos sons sem risco para ele quanto à integridade de seu órgão vocal. Uma pequena ajuda pode lhe ser dada, pedindo-lhe que flexione a cabeça para frente e mobilizando levemente sua laringe a fim de evitar qualquer tipo de crispação involuntária.

Pede-se então para que produza um som breve, agudo ou grave conforme o caso. Na ausência de comportamento de esforço, será solicitado um som agudo. Se há comportamento de esforço, será mais interessante pedir-lhe um som grave. Esse som é quase sempre obtido. Às vezes, muito facilmente, com um comportamento de esforço por parte do indivíduo, traduzindo-se especialmente por crispações na musculatura cervical anterior.

Analisa-se, então, com o indivíduo o que se passou: como era este som? Normal? Fácil? Difícil? Chama-se atenção eventualmente para as crispações cervicais.

Um pouco mais tarde – um certo repouso é indispensável – uma segunda tentativa é realizada e então se fica diante da seguinte alternativa:

1. *Este som é de melhor qualidade que o anterior*: pode-se prever então que o indivíduo vai recuperar sua voz normal dentro de alguns minutos. Será preciso somente orientar, sem precipitação, na produção de sons cada vez mais longos e cada mais próximos da fala, tomando a cada vez o tempo de falar. Em seguida, passa-se progressivamente, nos minutos seguintes, da possibilidade de produzir um som cantado prolongado de boca fechada à produção de sílabas, depois à possibilidade de leitura indireta e, finalmente, à fala normal, que pode estar estabilizada – provisoriamente talvez – em 20 minutos aproximadamente.

Tal resultado inicial, no entanto, não deve ser considerado como final, devendo ser proposto ao paciente uma "reeducação vocal" para a sua consolidação. Essa reeducação, cuja duração será muito variável (de uma a 20 sessões, ou mais), é apresentada como necessária à aquisição do domínio completo do comportamento vocal. Isso não quer dizer que se deixará de lado os problemas psicológicos subjacentes, mas será preferível não abordá-los prematuramente.

2. *Este som é de pior qualidade ou não se produz*: declara-se então que é inútil insistir neste momento, que o essencial foi adquirido, qual seja, a certeza da possibilidade de produzir sons. Antes de avançar, será preciso iniciar um treinamento preparatório, visando a dominar sua tensão emocional (tensão psicomotora) na forma de uma prática pessoal do relaxamento[20].

Às vezes, tal treinamento é impedido por uma quase impossibilidade; o indivíduo se mostra incapaz de assumir seu próprio corpo. Talvez isso caracterize precisamente os casos de real histeria. É interessante observar que, nos mesmos pacientes, pode-se obter um relaxamento bastante facilmente por procedimentos em que o indivíduo mantém os olhos fechados, permanece passivo e em que o terapeuta utiliza a sugestão hipnotizante ou a sofrologia[21], procedimentos que talvez apresentem resultados no tratamento dos casos graves, mas que continuam a ser, em nossa opinião, de um manejo delicado.

Essa grande dificuldade ou total impossibilidade para o paciente de conseguir relaxar, isto é, assumir seu próprio corpo, apresenta uma problemática terapêutica: pouco a pouco, faz-se o paciente aceitar o caráter particular de tal dificuldade e seu significado psicológico evidente. Este será o momento para que tal indivíduo tome consciência da realidade de seus problemas psicológicos. Prepara-se assim "calmamente" a eventual passagem para a psiquiatria, ou melhor, se for possível, para a psicanálise.

Neste caso, parece ser mais indicado não forçar o paciente a recuperar sua voz (ao mesmo tempo que sua angústia), correndo o risco de uma nova conversão talvez menos inofensiva. Mas essa impossibilidade de abordar o controle do corpo (e portanto do instrumento vocal que é parte deste) não é encontrada senão muito excepcionalmente.

Mais freqüentemente, esse treinamento alcança em algumas sessões uma mudança tal, que a voz retorna mais ou menos espontaneamente e que nos deparamos com a situação do indivíduo que recuperou sua voz desde a primeira sessão.

Não nos estenderemos sobre a seqüência do tratamento senão para dizer que as sessões de reeducação vocal constituem o momento para o indivíduo tirar todas as suas dúvidas a partir do ato vocal (que é instrumento de relação com o outro).

[20] Cf. *A voz*, Volume 4.
[21] Cf. *A voz*, Volume 4.

Ele tomará consciência de suas reais possibilidades de expressão e exercerá a projeção vocal, triunfando pouco a pouco em relação às suas inibições.

Em suma, terá não somente recuperado seu poder expressivo anterior, mas o aumentado, o que nos parece facilitar imensamente a obtenção de um equilíbrio psicológico durável.

Essa reeducação também será o momento de admitir simplesmente o fato de que se pode ter dificuldades psicológicas e que é totalmente normal nessa área recorrer a uma ajuda exterior, venha esta do foniatra, do ortofonista, do psicólogo, do psiquiatra ou do analista.

Recidivas sempre poderão ocorrer, mas se o tratamento foi bem conduzido, estas não serão entendidas pelo paciente como um fracasso do tratamento, mas simplesmente como uma necessidade de ser ainda ajudado. Pouco a pouco, entretanto, o indivíduo saberá dar a mão a si mesmo e sair sozinho de sua afonia, caso ela se apresente de novo. Contrariamente aos procedimentos que utilizam a sugestão, essa atitude terapêutica visa a dar ao paciente autonomia e a evitar a dependência ao tratamento.

Caminho realizado, intermediando a ajuda dessa "reeducação", o paciente terá conseguido ver seus problemas profissionais ou familiares, supostos responsáveis por sua afonia, com distanciamento. Em certos casos, porém, é preciso constatá-los: somente a resolução desses problemas levará ao desaparecimento definitivo da afonia.

## LEITURAS SUGERIDAS


BANCEL C. *L'aphonie psychogène. Enquête auprès des malades.* Paris: Mémoire d'orthophonie, 1970.

BLOCH P. Les dysphonies de refuge. *J Fr ORL* 1964 ; 13 : 309-313.

BRILL, BENCHETRIT. *Enquête auprès des psychiatres sur leur attitude face aux aphonies et dysphonies psychogènes.* Paris: Mémoire d'orthophonie, 1973.

BRODNITZ. Fonctional aphonia. *Ann Otol Rhino Laryngol* 1969; 78: 1244-1253.

CASTEX A. *Maladies de la voix.* Paris: Masson et Cie, 1902.

CHEVALIER- JACKSON. *Le Larynx et ses maladies.* Paris: G. Douin, 1940: 300-305.

CORNUT G. Aphonies psychogènes. *J Fr ORL* 1965 ; 14 : 721-726.

CORNUT G. *Gazette médicale de France* 1971 ; *78* : 4561-4566.

CROATTO L. *Malattie delle voce di natura funzionele Semeiotica foniativo delle disfonie psychogene* Rela Ier Congré Soc. Italie Fon Sper, Parme, 1953 : 45, 73 et 117.

DELMAS M. *Traitement des aphonies psychogènes.* Paris: Mémoire d'orthophonie, 1970.

FERENCZI S. *CEuvres complètes. T.* 2 Anomalies psychogènes de la phonation. Paris: Payot.

GALTAT C, ALLALI A. *Devenir des aphonies psychogènes.* Paris: Mémoire d'orthophonie, 1973.

GARDE J. Les dysphonies psychiques de la voix parlée. *Ann Otol Laryngol* 1963 : 585-598.

GUTZMANN H. On psychogenic aphonia. *Arc Ohr Nas Kehlkopfheik* 1959; 175 : 437-441.

HUET P, GARDE J. Aphonic d'origine psychique survenue à l'occasion d'une angine diphtérique et attribuée à une parésie organique des cordes vocales. *Ann ORL* 1947 ; 64 : 8-9, 511-512.

HURST AF. Aphonia istérica in soldati. *J Laryngol* 1919 : 6-34.

LANDEAU M. Phoniatrie et diplomatie. Comment traiter une aphonie psychique. *Les cahiers d'ORL* 1988; *23*, 1 : 34-35.

LE HUCHE F, YANA M. Aphonies et dysphonies par inhibition vocale (aphonies et dysphonies psychogènes). *Bull Audiophonol* 1974; 4, 8 : 51-104. Rapport présenté au XXXIe Congrès de la Société française de phoniatrie.

LE HUCHE F. Inhibition psychologique rencontrée au cours de la rééducation vocale. *Rev Laryngol* 1969 ; *1*, 3 : 201-206.

LE HUCHE F. *À* propos de l'article de Monsieur Landeau. Comment traiter une aphonie psychique. *Les Cahiers d'ORL* 1988 ; *23*, 4.

LEVY M. *Essai clinique, pathogénique et thérapeutique sur les aphonies et dysphonies psychogènes.* Paris: Mémoire d'orthophonie, 1972.

MAXIMOV. De la symptomatologie des aphonies fonctionnelles. *Rev Laryngol* 1961 ; 9-10: 896-905.

MAXIMOV. *Étiopathogénie dans l'aphonie fonctionnelle.* Proceedings of the XIIth Padoue: Congres IALP, 1962 : 142-145.

MAXIMOV. Le dynamisme de l'image laryngoscopique des aphonies fonctionnelles. *Rev Laryngol* 1965; 11-12: 1064-1070.
MUSUCCI. Paralysie hystérique des cordes vocales. *Ann ORL* 1898 : 159.
PERELLÒ L. *Dysphonies fonctionnelles.* Bâle: rapport du XIIe Congrès de l'IALP, Karger, septembre 1962 : 159-205.
POMMEZ. Les dysphonies pithiatiques. *Rev Laryngol* 1967 : 60-67.
TARNEAUD J. *In : G.* Canuyt, *Les Maladies du Larynx.* Paris: Masson, 1939.
TARNEAUD J. *Précis de thérapeutique vocale.* Paris: Maloine: 73-76.
VEITH. *Histoire de l'hystérie. Psychologie contemporaine.* Paris: Seghers, 1972 : 20.

## DISFONIA ESPASMÓDICA

### Definição

A disfonia espasmódica é um distúrbio raro, mas freqüentemente grave, da função vocal, de instalação insidiosa e progressiva, caracterizada pela presença de espasmos laríngeos e/ou respiratórios que perturbam a fala de uma maneira imprevisível e desconcertante. Esse distúrbio acarreta freqüentemente uma perturbação na vida relacional do indivíduo em um contexto de esforço e de ansiedade considerável.

O termo de disfonia espasmódica é mais indicado do aquele antigamente utilizado – disfonia espástica – para evitar uma confusão com a noção de espasticidade que, em neurologia, corresponde a lesões orgânicas bem particulares.

A disfonia espasmódica entra no quadro das *distonias focais* ou *distonias de função*. Lembremos que a distonia[22] é um distúrbio motor, caracterizado por contrações musculares parasitas sustentadas e prolongadas, desencadeadas pela incitação motora e parando, em princípio, no momento de repouso.

Contrariamente às distonias generalizadas ou localizadas (em um lado do corpo ou em um segmento de membro), as distonias focais atingem os músculos implicados em uma mesma função: a escrita na cãibra do escritor, a orientação (ou a apresentação) da face no torcicolo espasmódico, o olhar no blefarospasmo, a mímica facial na distonia oromandibular, a articulação da fala na gagueira, a fonação na disfonia espasmódica:

– a *cãibra do escritor* se manifesta por uma contração que bloqueia os movimentos da mão e dos dedos no momento em que o indivíduo se dispõe a escrever, sendo os movimentos dessa mão e desses dedos completamente normais quando se trata de realizar outra coisa;

– o *torcicolo espasmódico* se manifesta pela inclinação da cabeça para trás ou para o lado, apesar dos esforços do indivíduo para mantê-la reta;

– o *blefarospasmo* se manifesta por um abaixamento da pálpebra superior em que quanto mais o indivíduo tenta manter o olhar mais forte é o abaixamento;

– a *distonia oromandibular* se manifesta mais freqüentemente por um incontrolável movimento de abaixamento do maxilar no momento de falar;

– a *gagueira* se manifesta por repetições de sílabas, prolongamentos de sons e/ou de bloqueios da articulação da fala, impedindo a função de comunicação verbal.

O que caracteriza as distonias de função é, primeiramente, que, ao contrário das distonias localizadas ou generalizadas, não têm como causa um problema dos órgãos implicados na função em questão ou de sua inervação; em segundo lugar, as perturbações motoras que constituem são causadas e agravadas pela atenção dada pelo indivíduo a suas dificuldades e pelo esforço para reprimi-las e escondê-las do outro. Pode-se dizer que, se as distonias focais (ou de função) implicam a neurologia, trata-se de uma neurologia particular que poderíamos chamar, em nossa opinião, *neurologia disfuncional*.

### Histórico

Os primeiros casos de disfonia espasmódica foram descritos por Troube, em 1871, depois por Schnitzler, em 1875, com o nome de *disfonia espástica*.

[22] Cf. *Voz*, volume 3.

Desde 1879, Proser James, aproximando essa afecção da noção de gagueira, propunha nomeá-la *gagueira das cordas vocais*.

Durante muito tempo, a disfonia espasmódica foi mais ou menos confundida com a união das pregas vestibulares das disfonias hipertônicas (hipercinéticas). Foi Kiml que, em 1965, estabeleceu claramente a distinção das duas afecções. Aproximando-a, como Proser James, da gagueira, nomeou-a de *disfonia espasmódica de tipo gagueira vocal*.

## Epidemiologia

### *Freqüência*

A disfonia espasmódica é considerada, adequadamente, como uma afecção rara. Nota-se, entretanto, que sua freqüência parece aumentar de uma década para outra. Provavelmente, porque seja mais bem conhecida e, portanto, mais bem detectada. Tarneaud, nos anos 1950, constatava, segundo dizia, dois ou três casos por ano; atualmente, vemos, por ano, cinco ou seis casos em média. É certo, porém, que muitos ORL jamais terão a oportunidade de observar um único caso durante toda sua carreira.

### *Estatística segundo o sexo*

Apesar das divergências entre os autores, parece que a disfonia espasmódica atinge igualmente homens e mulheres (30 mulheres para 26 homens, em uma estatística pessoal), contrariamente ao que ocorre na afonia por inibição vocal, em que, como vimos, há uma clara predominância do sexo feminino.

Para Bloch, bem como para Arnold, a estatística segundo o sexo dependeria das circunstâncias: seria mais freqüente nos homens em fase de guerra e nas mulheres em tempo de paz.

### *Estatística segundo a idade*

Os distúrbios aparecem excepcionalmente antes dos 20 anos. Ressaltamos, em nossa estatística, o caso de uma menina de 10 anos e de uma jovem de 17 anos.

Há um pico de freqüência na faixa etária dos 50 aos 59 anos (quase um terço de nossos casos).

Observamos ainda que, no homem, os distúrbios iniciam raramente após os anos 1960, contrariamente ao que se observa na mulher.

### *Estatística segundo a profissão*

Classicamente, a disfonia espasmódica é exclusividade das pessoas que exercem uma profissão de grande responsabilidade (executivos, profissionais liberais, etc.). Um terço aproximadamente apenas de nossos pacientes estão neste quadro, o que manifesta provavelmente uma predominância, mas não uma exclusividade.

### *Temperamento*

O que choca na maioria dos casos desse tipo de disfonia é o caráter voluntário, a combatividade, a recusa do fracasso que levam o indivíduo a despender uma energia considerável (mas com mais ou menos bom senso) com problemas que enfrentam em sua vida.

Para Aronson – e compartilhamos a mesma constatação – há nesses pacientes um perfeccionismo marcado juntamente com uma intolerância particular com os erros dos outros e com os seus próprios, uma tendência a reprimir seus sentimentos e as manifestações, verbais ou não, destes.

### *Antecedentes*

Nota-se que tais indivíduos apresentavam, na infância, uma dificuldade motora caracterizada, impedindo-lhes brincadeiras, ou uma gagueira.

Em outros casos, tem-se uma doença grave que ameaçou a vida do indivíduo ou o imobilizou durante algum tempo mais ou menos longo (difteria, poliartrite reumatismal, tuberculose óssea, entre outras). Isso interessa bastante ao plano etiopatogênico.

Terese Finitzo ressalta, aliás, que em 10% dos casos o distúrbio vocal iniciou nos meses que se seguiram a um traumatismo craniano grave.

## Clínica

### *Como tudo começa*

Os distúrbios normalmente apresentam-se de forma progressiva e insidiosa. Em 41 casos, um início brutal foi observado somente quatro vezes.

O indivíduo apresenta, inicialmente, acidentes isolados em algumas sílabas. Durante alguns segundos, sua voz parece "estrangular-se na garganta", dando uma sensação de estricção. Mas esses acidentes permanecem por muito tempo pouco perceptíveis para o ouvinte, embora bastante incômodos e preocupantes para o próprio indivíduo devido a seu caráter imprevisível e inesperado.

Pouco a pouco, os acidentes tornam-se mais freqüentes e mais audíveis. Em certos casos, a voz apresenta passagens bruscas para o falsete. Ao mesmo tempo, a tensão do indivíduo torna-se mais evidente, dando a impressão de controle permanente.

Às vezes, a voz conversacional é completamente normal e é somente a voz projetada, e particularmente a voz de chamamento, que parece, por algum momento, faltar, apertar-se ou asfixiar num contexto de crispação desagradável.

Esses distúrbios aparecem mais freqüentemente quando o indivíduo toma a fala após um silêncio prolongado.

Mais raramente (2 casos, em nossa estatística), a disfonia espasmódica sucede uma afonia por inibição vocal.

O aspecto mais ou menos congestivo das pregas vocais, resultante do esforço vocal, acarreta, muitas vezes, a prescrição de um tratamento antiinflamatório ou antiinfeccioso que é completamente ineficaz. Mais inoportunamente, prescreve-se o silêncio vocal. Na maioria das vezes, este tem um efeito agravante: desde o fim do tratamento (10 dias ou mais), o indivíduo constata, com muita freqüência, infelizmente, que suas dificuldades pelo menos duplicaram.

Por outro lado, a avaliação é o momento em que se percebe com bastante freqüência a noção de um período de grandes dificuldades que o indivíduo acabou de atravessar. Pode-se tratar de problemas familiares (enterro, por exemplo) ou profissionais. Muitas vezes, a disfonia instala-se no momento em que o indivíduo começava a superar seu problema.

Tais dificuldades são freqüentemente objeto de um tipo de amnésia (de uma negação mesmo), como se a dificuldade vocal atual apagasse a lembrança das dificuldades profissionais (ou outras) anteriores. Por isso, um exame um pouco rápido pode levar à conclusão de que não há antecedentes de ordem psicológica nesse tipo de disfonia. Às vezes, no entanto, a lembrança retorna como no caso apresentado a seguir.

Trata-se de uma senhora de 63 anos, acompanhada por seu marido. Ela expressa-se em um ritmo rápido, precipitado e duro, com uma voz apertada, espasmada, de timbre estridente. Estamos quase no início da consulta.

FLH. – Há três anos então. E como isso começou naquela época?
SENHORA X. – Bem, algumas vezes, veja o senhor, eu desafinava. A voz ficava bloqueada. Mas eu tomava ar e ela voltava. Mas agora, não adianta eu fazer, ela não volta. Sinto que agora a coisa se agravou.
FLH. –... a senhora passava por uma fase difícil no início desses problemas vocais, tinha preocupações, problemas familiares ou profissionais?
SENHORA X. (*rapidamente*) – Ah, não. De jeito nenhum. Eu sou muito nervosa, mas aí o doutor me deu uns remédios para os nervos... Não adiantou nada.
FLH. – A senhora se lembra do nome dos medicamentos?
SENHORA X. (*com uma voz repentinamente normal*) – Ih, não, não me lembro mais.
FLH. – Vejam só! Sua voz voltou ao normal de repente.
SENHORA X. – Ah, sim, de tempos em tempos ela volta. Mas é muito raro, enquanto que antes...
MARIDO – Ele lhe receitou Maxilase... (o que segue é inaudível na fita cassete).
SENHORA X. (*falando ao mesmo tempo*) – Sim, mas, enfim, isso não resolveu nada, absolutamente nada!
FLH. –... mas isto aí ocorre justamente com as pessoas muito nervosas, com uma moral à toda prova, e também com muita determinação. E freqüentemente, quando se quer vencer algo penoso.
SENHORA X. – Sim, mas bom, nós não tivemos nada disso...
FLH. – A senhora não passou por nenhum momento difícil?
MARIDO – É preciso dizer que há quatro anos...
SENHORA X. (*simultaneamente*) –... ah não!
FLH. – Há quatro anos?
SENHORA X. – Não aconteceu nada. Nada fora do normal. Nunca tivemos problemas...
MARIDO – Quero dizer que tivemos problemas no plano profissional...
SENHORA X (*rapidamente*) – Trabalho, sim, trabalho.
MARIDO – Um ambiente muito ruim...
SENHORA X. – Ah, sim. Um ambiente muito ruim. Isso poderia ser a causa? É por isso que me aposentei aos 60 anos.
FLH. – Quando a senhora se aposentou?
SENHORA – Naquele ano.
FLH. – Então em...
SENHORA X. (muito rapidamente) – Sim, sabe doutor, parei de trabalhar há três anos quando isso aconteceu e isso aconteceu quando parei realmente, pois tinha tido tantos problemas...
- Sim, não pensava em lhe dizer isso, sim, sim. Ah, sim, isso ocorreu naquela época e me lembro que, na oficina, quando discutia, começava a desafinar. E depois, em seguida, em casa, eu pensava tanto nisso... veja, talvez seja isso mesmo.
MARIDO – Foi uma fase muito difícil.

• • •

SENHORA X. (*muito sentida*) – Ah, sim, não me lembrava disso. Porque, veja, quando estava nervosa e queria falar, não podia. Ficava bloqueada, mas, enfim, a voz logo voltava e algumas vezes não tinha nada, falava muito bem.
FLH. – Veja, geralmente, o espasmo vocal não é contemporâneo aos problemas, vem depois.
SENHORA X (*rapidamente*) – Ah, sim, porque fiquei muito contrariada em casa, quando parei de trabalhar...
FLH. – Sim... É normalmente quando se pára...
SENHORA X. (*rapidamente*) – Principalmente quando se está em pleno inverno. Não teria pensado em lhe contar isso. Mas também ninguém me perguntou isso antes; e ninguém nos falou de um foniatra. É a primeira vez... Não me arrependo de ter vindo.

### Sinais subjetivos

Quando o distúrbio se instala, o paciente experimenta, na maioria das vezes, sensações de opressão respiratória e falta de ar. Outras vezes, queixa-se de sensações de aperto e bloqueio no pescoço. Mais raramente, ressalta contrações abdominais, dores na deglutição, um incômodo articulatório.

Quanto à voz, é seu caráter imprevisível que é sentido de forma muito dolorosa. Voz normal em alguns momentos que é bloqueada e exige um grande esforço em outros. Às vezes, apesar dos esforços, o indivíduo tem a impressão de que não chegará ao final da frase iniciada.

Em geral, o paciente ressalta que sua voz é melhor pela manhã e quando está calmo e que ela se altera com o cansaço e o nervosismo. No entanto, em muitos casos, percebe que sua voz melhora à medida que fala.

Diante do grande esforço que devem despender para emitir sons, certos pacientes falam de "constipação verbal"; outros, observaram que, quando riem (durante o riso), sua voz volta completamente ao normal (trata-se do sinal do riso, descrito por Garde, em 1964). O consumo de álcool e a surpresa provocam freqüentemente o mesmo resultado.

### Sinais objetivos

Observemos que nem sempre é oportuno insistir no esclarecimento dos sinais fônicos objetivos. Será interessante, neste caso particularmente, reduzir os testes de leitura, de voz de chamamento e de voz cantada desde o surgimento dos primeiros espasmos: o comportamento de esforço intenso despendido pelo paciente pode ser traumatizante para ele e agravar seu distúrbio. Fazê-lo tomar consciência com demasiada rapidez da extensão da deterioração de sua função vocal também deve ser evitado.

#### SINAIS FÔNICOS E ALTERAÇÃO DO COMPORTAMENTO FONATÓRIO

São espasmos respiratórios e vocais que, neste caso, caracterizam realmente a emissão vocal e permitem a realização do diagnóstico com a simples escuta da voz.

Em sua forma típica, os *espasmos respiratórios* resultam de uma tensão respiratória intensa que envolve os músculos inspiratórios (diafragma, intercostais, cervicais) e expiratórios (torácicos e abdominais), acarretando uma emissão vocal falhada, vibrante, com uma espécie de oscilação que provoca irregularidades na intensidade da voz. Às vezes, a essa irregularidade do fluxo, sobrepõe-se um tremor regular.

Globalmente, essa voz aparece assim: tensa, contida e irregular. Além disso, torna-se mais grave, pouco intensa e, às vezes, nasalada.

Em alguns casos, observam-se emissões vocais invertidas, ou seja, a voz se produz no momento da inspiração (voz invertida). Em outros casos, os espasmos respiratórios desencadeiam uma dessonorização completa em algumas sílabas, palavras, e até mesmo em alguns finais de frases. Aliás, às vezes, pode-se observar uma passagem à afonia parcial ou completa.

Quando os espasmos respiratórios predominam, fala-se classicamente de disfonia espasmódica em abdução, salientando que se trata nesse caso de uma distonia dos músculos cricoaritenóideos posteriores. É bem possível que se possa observar, de fato, nesse caso, um traçado de supra-inervação patológica nesses músculos, que classicamente são os únicos considerados abdutores das pregas vocais, não sem antes ressaltar que sua disposição anatômica e suas inserções não explicam muito bem por quê, na abertura ativa da glote, a borda livre das pregas vocais permanece, em geral, retilínea[23]. Mas qualquer que seja, dentre as disfonias espasmódicas ditas em abdução, o essencial da distonia implica muito mais com certeza a musculatura respiratória do que a da laringe. Isso explica provavelmente que – como dizemos mais adiante – a infiltração botulínica dos supostos músculos responsáveis seja menos eficaz nesta forma clínica. Vê-se igualmente por esse exemplo que os laringologistas tendem ainda, apesar dos trabalhos de Tarneaud, a esquecer que a voz requer não somente a atividade dos músculos laríngeos, mas também a dos músculos respiratórios.

Quanto aos *espasmos vocais*, resultam de uma união laríngea que, opondo-se à emissão vocal, provoca um impulso expiratório intenso.

Isso resulta, em certos casos, em uma voz muito irregular, caracterizada por momentos de união em que, durante alguns segundos, a voz fica reduzida em intensidade, ao passo que a tonalidade aumenta e o timbre fica abafado ou gutural. Esses momentos de união são entrecortados por falhas bruscas em que a intensidade vocal aumenta repentinamente com um timbre muitas vezes roufenho. Tem-se, em suma, a impressão de que "a voz não quer sair apesar do esforço" e de que "quando sai, a união retorna imediatamente com mais força".

Em outros casos, a voz não apresenta esse caráter de grande irregularidade, mas dá uma impressão de trepidação fechada, com agravamento da tonalidade e adjunção do "*fry*"[24] que, como se sabe, é um timbre particular resultante da vibração isolada da franja da borda livre da prega vocal. Às vezes mesmo, a voz, permanecendo completamente fechada e espasmada, apresenta constantemente ou em alguns momentos um caráter quase sussurrado.

Do mesmo modo que nos espasmos respiratórios, um estremecimento regular acaba sobrepondo-se aos espasmos vocais. Pode-se observar ainda uma tendência à nasalação ou, ao contrário, a um timbre rude ou estridente.

Os espasmos vocais e/ou respiratórios são acompanhados geralmente de um comportamento de esforço mais ou menos marcado com perda da verticalidade, protração do mento, crispação facial e cervical, envolvendo especialmente a musculatura extrínseca da laringe com tensão freqüentemente muito intensa do soalho da boca.

Notemos que, como para a gagueira, a disfonia espasmódica é relativamente fácil de ser imitada por uma pessoa que não tenha problemas vocais.

[23] Ver, sobre este assunto, *A voz*, Volume 1, a concepção de Ganz.
[24] Cf. *A voz*, Volume 1.

### ■ Voz conversacional

Observemos, primeiramente, que a voz conversacional pode parecer completamente normal para o ouvinte inexperiente, apesar de um grande incômodo sentido pelo indivíduo. Um ouvido mais treinado perceberá, no entanto, algumas irregularidades que afetam a intensidade de certas vogais, algumas escapadas de ar ou uma atitude característica de atenção com a fala.

Mais comumente, nota-se na voz conversacional espasmos respiratórios e vocais de intensidade variável, associados ou não, intermitentes ou constantes, conforme a gravidade do distúrbio.

Segundo o caso, tem-se um fluxo entrecortado, um tom lamentoso, um timbre roufenho ou nasalado, saltos de registro, momentos de vocalização invertida, um tremor que acompanha, e até mesmo a repetição de sílabas lembrando uma gagueira associada.

Outras vezes, observa-se momentos de espasmos que interrompem qualquer vocalização durante alguns segundos, sendo que o paciente continua no entanto a articular apesar da deficiência momentânea de sua fala.

Em caso extremo, a vocalização pode ser substituída por ruídos de contatos faríngeos (chiado) como produzem certos laringectomizados. Mas mesmo nos casos em que a alteração do comportamento vocal também não é marcada, raramente escapa ao interlocutor a impressão de alguma coisa de penível, de preocupante, de dramático, de incompreensível.

Mais freqüentemente, nota-se que o distúrbio varia de um momento para o outro, *que se agrava quando o indivíduo fica atento à sua voz* ou quando está emocionado.

Em compensação, o distúrbio desaparece completamente durante o riso: é como dissemos, o *sinal do riso de Garde*. Isso explica-se muito bem quando se sabe que, segundo Spencer, a risada corresponde a uma descarga de energia obtendo uma baixa repentina da "tensão interior". O distúrbio desaparece igualmente após o bocejo, o que pode ser explicado da mesma maneira. Pode ainda sumir totalmente – mas de modo provisório – quando o indivíduo adquire uma voz anormal, como, por exemplo, uma voz cantante, uma voz de falsete ou uma voz mais intensa.

Quanto à voz sussurrada, geralmente é normal.

### ■ Leitura

Na maioria dos casos, a leitura, e especialmente a leitura projetada, agrava consideravelmente as dificuldades da emissão vocal. Observa-se, nesse momento, um bloqueio completo da voz. Em outros casos, contudo, (um terço de nossos casos), a leitura facilita a emissão vocal.

### ■ Voz de chamamento

Em geral, o chamamento é impossível em voz de peito, resultando as tentativas em um completo bloqueio. Em contrapartida, o *hou-hou* feminino em voz de "cabeça" é realizado perfeitamente.

Lembremos que a alteração da voz de chamamento constitui o primeiro sinal da afecção. Paradoxalmente, entretanto, essa voz de chamamento pode ser relativamente conservada apesar de uma significativa alteração da voz conversacional.

### ■ Voz cantada

A voz cantada é freqüentemente impossível (um terço de nossos casos) ou muito descoordenada.

Em outros casos, pode permanecer totalmente conservada ou parcialmente atingida. A alteração atinge então tanto o agudo quanto o grave.

O ajuste tonal é, muitas vezes, impossível devido a um tremor subjacente.

O comportamento de esforço é considerável.

### SINAIS LARINGOSCÓPICOS

O exame das pregas vocais é freqüentemente difícil em laringoscopia indireta devido a discinesias associadas que atingem a região bucal, faríngea e cervical. Essas discinesias podem mesmo, em situação extrema, acarretar contrações e espasmos que, ao se acentuarem no momento do exame, impossibilitam-no totalmente.

Na maioria das vezes, observa-se que as pregas vocais são completamente normais. Às vezes, entretanto, apresentam um aspecto congestivo que traduz a irritação laríngea devido ao esforço.

Freqüentemente, há uma união das pregas vestibulares que podem-se espasmar violentamente no exame, escondendo as pregas vocais. Estas, geralmente, são animadas, fora de qualquer fonação, por um movimento rápido de abdução-adução, descrito com o nome de *dança das aritenóides*. Esse movimento normalmente intensifica-se até um pouco antes da tentativa fonatória.

Em certos casos, o exame da faringe revela um clono isolado de um feixe muscular da parede faríngea, de um pilar da amígdala ou da base da língua.

### EXAME NEUROLÓGICO

O exame neurológico não revela normalmente nenhum sintoma patológico. Porém, observam-se dificuldades referentes às praxes bucofaciais (descoordenação motora). Percebe-se eventualmente, além disso, uma distonia associada (cãibra dos escritores, torcicolo espasmódico, gagueira, distonia respiratória, tremor essencial).

### EXAME ELETROLOGOGRÁFICO

Lembremos que o exame eletrologográfico (cf. Capítulo 2) resulta do registro simultâneo do *glotograma* (eletroglotográfico de Fabre) e do *fonograma* (registro oscilográfico da fala do indivíduo).

O exame eletrologográfico evidencia alterações mais ou menos marcadas, mesmo nos casos em que o distúrbio é pouco perceptível ao ouvido. Tais alterações são constituídas essencialmente por variações de amplitude e de freqüência.

As variações de *amplitude* apresentam-se no fonograma sob a forma de bruscas mudanças durante a pronúncia de vogais ou mesmo de consoantes. Elas podem ser breves ("instantâneas"), ocorrendo somente em algumas ondas, e até mesmo em uma única; tratam-se de ondulações que traduzem um estremecimento, o que é expresso por uma irregularidade da "curva de envelope" do registro (Figura 6.11).

Outras vezes, nota-se uma variação regular da amplitude, dando a imagem característica de uma *pilha de pratos* (Figura 6.12) que pode ser interpretada como uma série de espasmos incompletos. A um grau acima, pode-se observar a existência de brancos entre as sílabas de uma palavra (espasmo completo). Pode ocorre até de uma vogal ficar fragmentada em várias seqüências separadas por silêncios. Esses brancos constituem pausas ditas *longas*, se sua duração for igual ou superior a 4/100º de segundo, ou *curtas*, caso contrário.

As alterações do glotograma nem sempre são paralelas às do fonograma, o que prova que a perturbação nem sempre é de origem glótica, mas provém às vezes, da musculatura extrínseca.

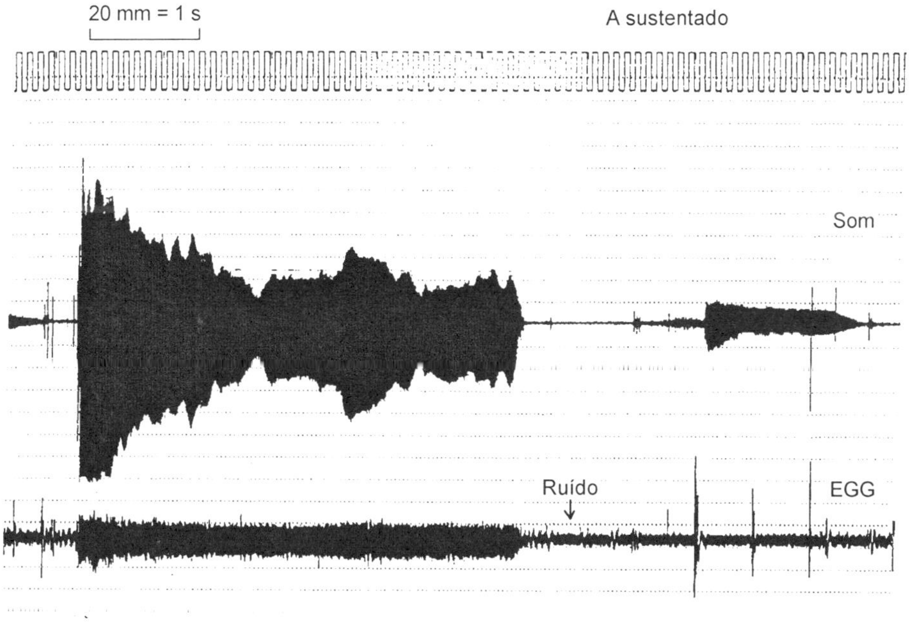


➤ **Fig. 6.11**

Neste registro de um "A sustentado", nota-se no fonograma (som) a partida brusca e a irregularidade da curva de envelope que traduz a irregularidade da intensidade (imagem Inserm).

Quanto às variações de freqüências, apresentam-se ou no início de uma vogal ou de uma palavra, na forma de uma baforada de freqüência aguda, o que corresponde a um tipo de explosão de partida, ou por uma passagem brusca a uma freqüência muito elevada, ou por uma passagem à oitava inferior (meia freqüência), como nas mudas, com alternância, às vezes, onda grande-onda pequena (Figura 6.13).

É possível quantificar em porcentagens o total de alterações que afetam uma dada amostra de fala. Essa porcentagem permite seguir a evolução da disfonia espasmódica.

## Diagnóstico diferencial, sentimento de incerteza vocal

Na literatura de foniatria, encontram-se advertências relativas a uma possível confusão da disfonia espasmódica com a disfonia *hipertônica* (mais freqüentemente chamada hipercinética) que resulta de um simples comportamento de esforço, havendo ou não *fechamento das pregas vestibulares*. Na realidade, tal confusão só é possível quando se fica restrito a uma análise estritamente acústica e superficial da voz emitida: o timbre vocal pode, com efeito, ser alterado nas duas afecções de forma bastante parecida.

Qualquer hesitação desaparece quando a avaliação vai além da alteração do timbre vocal, integrando o comportamento fonatório do indivíduo e a relação tensa que mantém com sua própria voz cujo controle lhe escapará nitidamente.

O indivíduo que apresenta uma simples disfonia hipertônica desenvolve um esforço significativo, mas esse esforço é realizado sem inquietude quanto à origem do resultado vocal. Na disfonia espasmódica, o indivíduo se sente à mercê de um acréscimo de *dificuldade imprevisível* que pode, a qualquer momento, tornar sua voz insuportável para ele.

Nos casos de disfonia espasmódica mais imperceptíveis, basta escutar o paciente por menos de um minuto para perceber a discreta deficiência, a pequena irregularidade reveladora dessa tão característica *incerteza perpétua do indivíduo em relação à sua voz*.

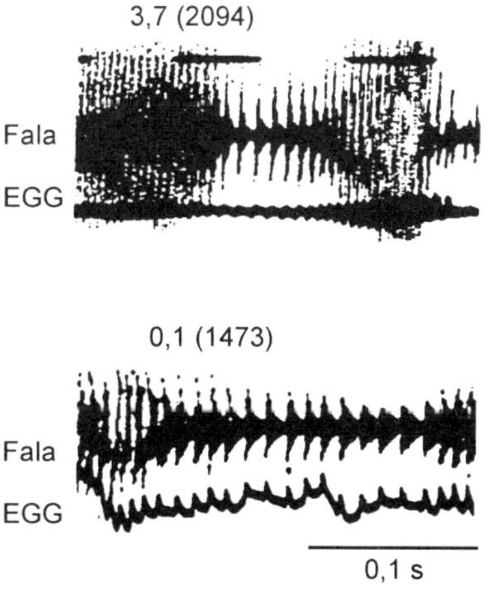


➤ **Fig. 6.12**

Esses dois traçados ditos "pilhas de pratos" caracterizam-se por uma sucessão de partidas bruscas entre as quais se intercalam vários harmônicos, o que corresponde, no plano acústico, a um timbre com pigarro de freqüência grave (imagem Inserm).

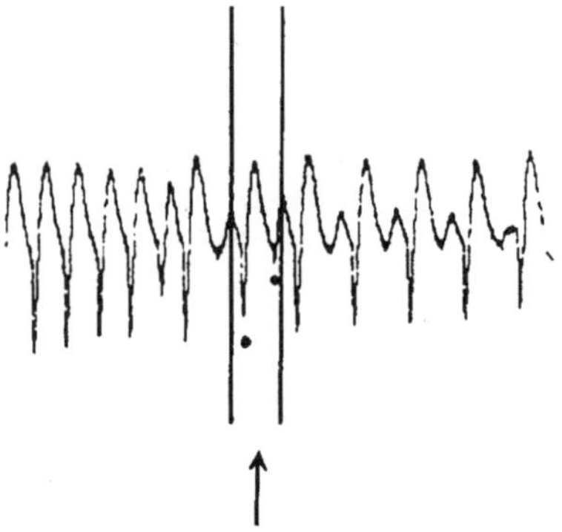

➤ **Fig. 6.13**
Nota-se, nesse registro eletroglotográfico, a passagem de uma freqüência regular a uma estrutura dicrótica.
A seta, delimitada por duas linhas verticais, designa a primeira onda dicrótica com seu duplo ápice de mesma polaridade (imagem Inserm).

Quanto às alterações vocais mais avançadas, vê-se que, contrariamente ao que ocorre na disfonia espasmódica, a risada (sinal de Garde) tende sobretudo a agravar a alteração do timbre na disfonia hipertônica.

Na verdade, apesar da existência de diversas variedades clínicas de disfonia espasmódica, basta ter escutado três ou quatro pacientes diferentes para não mais confundir essa afecção com nenhuma outra.

A irregularidade da voz nas *síndromes cerebelares*[25] apresenta um caráter muito mais explosivo e maciço, associado a um relentar do fluxo.

Quanto à *voz dos parkinsonianos*[26], distingue-se pela monotonia, pela aceleração do fluxo (festinação), pela existência de palilalias. E se a voz espasmódica pode apresentar um tremor, constata-se que, paradoxalmente, a voz do parkinsoniano não o apresenta.

De qualquer forma, o exame eletrologográfico sempre poderá dar um *diagnóstico de certeza* graças à especificidade dos registros que permite obter.

## Etiopatogenia

A etiopatogenia da disfonia espasmódica é atualmente controvertida. Certos autores consideram que a disfonia espasmódica está relacionada a uma alteração do sistema nervoso e mais precisamente do sistema extrapiramidal, mesmo que o exame neurológico não dê provas. Outros consideram, ao contrário, que essa afecção resulta de uma perturbação de ordem psicológica.

Critchley (1939), em um estudo com base em 34 indivíduos, conta que, quando fazemos os neurologistas escutarem as vozes de pacientes que apresentam uma disfonia espasmódica, estes concluem, em geral, que se trata de um distúrbio psicológico, ao passo que os psiquiatras, após a mesma escuta, concluem que se trata provavelmente de distúrbios neurológicos.

Pensamos que será preciso aqui ultrapassar novamente a idéia de uma causa e pensar em termos de fatores suscetíveis de se associar de forma variável segundo o caso.

É provável, de fato, que a disfonia espasmódica possa se desenvolver tanto a partir de lesões (mínimas) do sistema nervoso quanto a partir de perturbações de ordem psicológica.

Mas o que é característico é *a reação do indivíduo* à alteração vocal resultante dessas primeiras expectativas, reação que, como em toda distonia focal, segue no sentido de um esforço para passar à força, apesar da dificuldade, negando-a de algum modo.

Assim, a alteração primeira pode resultar de um tremor ou de um clono isolado de um músculo faríngeo, como também de uma sobrecarga de tensão devido ao esforço crônico para sair de uma situação difícil ou para esconder emoções julgadas inoportunas. Sabe-se que tais eventualidades são suscetíveis de prejudicar a emissão vocal de forma mais ou menos marcada, sem que se possa falar, no entanto, de anomalia patológica: a voz treme um pouco paralelamente ao clono ou ao tremor muscular; ela se fecha muito ou pouco conforme a emoção sentida, expressa assim vocalmente da maneira mais natural.

Pode-se pensar que, no indivíduo com disfonia espasmódica, essas alterações vocais permaneceriam, como em qualquer um, limitadas, momentâneas e sem grandes conseqüências, se não existisse, no caso dele, essa tendência a passar diretamente com força "à cegueira", sem considerar as diferenças naturais de sua mecânica vocal que se encontra por isso alterada, e depois tensa.

[25] Cf. *A voz*, Volume 3.
[26] Cf. *A voz*, Volume 3.

A clínica mostra, muitas vezes, que paralelamente, nesses pacientes, há em relação à expressão de sentimentos uma atitude repressiva explicitamente formulada: "Sempre preferi guardar minhas emoções para mim. Não gosto de me expor. Tenho horror das pessoas que falam o tempo todo de si mesmas".

Pode-se facilmente compreender assim como tal ação de contenção repressiva pode aumentar a tensão psicomotora do indivíduo e como isso pode resultar em acidentes vocais mais marcados, engendrando a intensificação da passagem com força até que essa escalada termine por resultar em espasmos caracterizados. Isso lembra o mecanismo patogênico da *gagueira*, tal como a concebemos.

Não é tão surpreendente encontrar analogias entre a gagueira e a disfonia espasmódica. Lembremo-nos, aliás, que a disfonia espasmódica foi chamada por Proser James *gagueira das cordas vocais*, e que a gagueira pode ser compreendida como uma distonia de função atingido acessoriamente talvez o órgão vocal, mas principalmente os órgãos da articulação da fala.

Com efeito, concebemos uma teoria da patogenia da gagueira, teoria dita dos *seis erros fundamentais na fala do gago*, erros ou "desvios".

O primeiro desses erros é, na realidade, para nós, completamente comum à gagueira e à disfonia espasmódica. Anuncia-se da seguinte forma: Inversão do reflexo normal de *descontração no momento das dificuldades de fala*. Isso significa, quanto à gagueira, que o que a caracteriza não é a existência de dificuldades na fala (todo mundo tem), mas uma reação particular no momento dessas dificuldades (dessas hesitações) que resulta em um aumento da tensão psicomotora do indivíduo, numa situação em que normalmente se observa uma diminuição dessa tensão. A diminuição de tensão resulta acusticamente em uma queda da intensidade e da tonalidade da voz, em um relentar do ritmo e em uma menor precisão articulatória. O gago, ao contrário, reage, pelo menos no início, com um aumento de tensão, com uma "supertensão" que atinge os órgãos da fala, favorecendo o aparecimento de novos acidentes. Em suma, o que para nós caracteriza a gagueira não é a presença de acidentes na fala, mas a maneira particular que o indivíduo tem de reagir, por aumento de tensão na situação em que o não-gago reage com diminuição de tensão. Pode-se imaginar como este primeiro erro pode surgir na infância, em situações de esforço para falar bem, num contexto de exigência proveniente do convívio ou da própria criança. Essa dificuldade parece ocorrer também na disfonia espasmódica, com a diferença, entretanto, de que a supertensão motora implica neste caso, não a mecânica articulatória, mas a mecânica vocal.

Segundo nossa teoria, os quatro erros seguintes ocorrem sucessivamente e devem ser compreendidos como tentativas de compensação dos inconvenientes da supertensão engendrada pelo primeiro. Certamente ocorrem na disfonia espasmódica, mas de forma muito menos evidente do que na gagueira (onde aliás são inconstantes), é por isso que nos limitaremos a citá-los:

– o segundo erro apresenta-se assim: *perda do caráter espontâneo da fala*. Significa que o gago direciona sua atenção freqüentemente para o detalhe de execução da fala, o que desvia sua atenção do que realmente quer dizer (o referente) e de seu interlocutor;

– o terceiro erro é constituído pela *perda do comportamento tranqüilizador*, isto é, perda dos sinais extraverbais (gesto, sorriso, olhar) que se dirige inconscientemente a seu interlocutor quando a fala se torna mais fluida, o que tem como efeito tranqüilizar este quanto ao porvir do discurso;

– o quarto erro é a *perda de aceitação da ajuda do interlocutor*. Normalmente, aceita-se a palavra sugerida pelo interlocutor; para certos gagos, isto é impossível;

– o quinto erro é a *perda da auto-escuta*, isto é, a impossibilidade de reescutar mentalmente nos últimos segundos da fala emitida por si mesmo, o que impede a tomada de consciência e a análise dos defeitos de sua própria fala.

Quanto ao sexto erro, *trata-se da alteração da expressividade*. Na fala normal, vê-se, com efeito, que o indivíduo expressa muito mais do que as palavras poderiam dizer, se nos detemos em seu aspecto puramente semântico. Pelo tom da voz, pela escolha e a organização das palavras, informa ainda – sem expressar diretamente – suas intenções e o que sente em relação ao que diz e quanto ao seu interlocutor. Antes mesmo que se saiba o que tem a dizer, é possível saber se vai expressar seu consentimento, contrariedade, desinteresse, entusiasmo ou dúvidas em relação ao que acaba de ser dito. Na realidade, o que se percebe sobretudo quando tal indivíduo fala é seu sentimento em relação a seu distúrbio de fala e ao suposto julgamento do outro. Esse sentimento (negativo), que se exprime pelo comportamento fonatório, a atitude, a mímica, dissimula e oprime, mais ou menos completamente, a expressão do sentimento que poderia vir a sentir o indivíduo em relação ao que fala. Esse sexto problema está presente também na disfonia espasmódica, ao menos quando o distúrbio vocal tornou-se grave e constante.

Resta explicar agora por que o indivíduo que apresenta uma disfonia espasmódica tende a reagir pela força às primeiras dificuldades vocais que encontra, o que, para nós, é o desvio inicial que suscita progressivamente o surgimento de espasmos.

Uma primeira explicação pode ser encontrada no temperamento particular desses indivíduos, tal como o ressaltamos no parágrafo referente à epidemiologia, com esse caráter voluntário e combativo muito característico.

Essa tendência voluntariosa é exagerada paralelamente à evolução do distúrbio vocal, levando o indivíduo a mobilizar sua energia – na tentativa de se livrar disso – em atividades físicas intensas, das quais, ao que parece, não poderia passar sem um agravamento de sua disfonia. Dessa forma, o tal indivíduo atravessa a França de bicicleta, pelo menos uma vez por mês; outro faz caminhadas todos os finais de semana; outro ainda não pode ficar sem suas três sessões matinais de esporte em lugares fechados.

Uma segunda explicação diz respeito à relação com o corpo cuja anamnese revela freqüentemente que já havia problemas antes do surgimento do distúrbio vocal. Esses problemas são consideráveis. Como mostrou M. Constantidinis, certos indivíduos cometam erros surpreendentes nos testes que avaliam a qualidade do "esquema corporal". Tal indivíduo, por exemplo, quando vai montar um personagem recortado em uma tábua de papelão, que figura no teste, coloca as pernas no lugar dos braços sem chegar a perceber seu erro!

Pode-se pensar que essa deficiência está relacionada a problemas de saúde que freqüentemente atribuímos à infância do indivíduo e dos quais falamos anteriormente, acidentes que adquiriram para o indivíduo a significação de um encontro com a morte. Às vezes, trata-se da morte de um outro, como o do pequeno garoto de 4 anos, no caso 2 relatado mais adiante (cf. p. 173).

De modo geral, tem-se freqüentemente a impressão, face a esse tipo de indivíduo, que de alguma forma ele abandonou seu próprio corpo. Um dos pontos mais importantes na reeducação será justamente permitir ao indivíduo que recupere a si mesmo.

### Evolução sem tratamento adaptado

Por falta de estudos suficientes, é difícil saber como evolui a disfonia espasmódica sem tratamento. É somente pela anamnese dos pacientes que consultam que se pode ter uma certa idéia sobre como isso se dá.

Pode-se dizer, entretanto, que a disfonia espasmódica evolui lentamente e por etapas, em situações traumatizantes ou devido a terapias inadequadas, particularmente se houve prescrição do silêncio vocal. Não parece haver regressões espontâneas, mas *estabilizações* são possíveis, podendo durar muitos anos: tudo ocorre como se o paciente, após ter lutado contra seu distúrbio vocal, terminasse por se acostumar, incorrendo, porém, em uma certa redução de sua atividade geral.

### Tratamento

Desde a primeira descrição da afecção, em 1871, até o surgimento do tratamento pela infiltração de toxina botulínica nas pregas vocais, um certo número de procedimentos foram utilizados sozinhos ou associados. Se a impressão de incurabilidade dominava muito antes dessa "era botulínica", todos esses procedimentos não estavam, porém, desprovidos totalmente de eficácia e alguns dentre eles continuam perfeitamente atuais como coterapia ou tratamento complementar.

### Tratamento antiinflamatório

Por falta de uma alternativa melhor, tal tratamento pôde ser prescrito e, evidentemente, a mucosa da laringe pode ficar irritada com o esforço vocal resultante da disfonia. Tendemos facilmente a crer que ele não tenha uma real eficácia, pois não age sobre o processo distônico subjacente.

### Silêncio vocal e repouso

Prescrito por um período de alguns dias e até duas ou três semanas, às vezes, esse tratamento se mostra *não somente ineficaz, mas nocivo*. Nota-se regularmente nos casos estudados que o paciente – confiante nesse tratamento particularmente penível que seguiu à risca – constata que, no final desse período de silêncio, suas dificuldades intensificaram-se, como se o intervalo no funcionamento de sua mecânica vocal tivesse aumentado em um grau a tendência desta ao mau funcionamento. A explicação dessa nocividade do repouso vocal na disfonia espasmódica não é evidente. Ainda aqui trata-se, no caso dessa afecção, de uma contra-indicação absoluta. O repouso geral, aconselhado quando o indivíduo apresenta essa tendência ao desgaste físico intenso, que ressaltamos anteriormente, revela-se igualmente catastrófico tanto para o equilíbrio do indivíduo quanto para sua função vocal. No entanto, os exercícios de musculação nos pareceram mais nocivos e trazem benefício ao serem substituídos por práticas mais naturais no sentido hébertista do termo.

### Tratamento medicinal

Não há medicamento que administrado por via geral cure realmente a disfonia espasmódica. Muitos produtos foram experimentados, mas seus efeitos são transitórios e fenômenos de adaptação reduzem seu interesse. Citemos, porém, o diazepam (Valium), o clorazepate dipotássico (Tranxene) ou ainda a codeína que, na espera de um tratamento mais eficaz, podem atenuar as dificuldades em certas circunstâncias em que o paciente necessita particularmente de uma voz melhor.

### Reeducação vocal

Parece que nenhum resultado favorável possa ser obtido quando a reeducação inicia logo pela emissão vocal, como costuma ser a regra em certos métodos clássicos. Isso pode ser compreendido facilmente se nos lembrarmos que um dos sintomas da disfonia espasmódica é que a *atenção* dada à emissão vocal agrava os espasmos. Pode-se, em compensação, esperar resultados interessantes quando essa reeducação recorre inicialmente a uma prática de relaxamento e a exercícios orientados para a reconstrução do *imaginário corporal* e do controle da respiração antes de dar início (prudentemente e sem insistência) a algumas tentativas de produção vocal controlada. Pode-se obter, desse modo, graças somente à reeducação, a regressão ou a estabilização dos distúrbios em mais da metade dos casos. A cura completa é possível, mas quando somente a reeducação é empregada, essa cura ocorre apenas em menos de cinco por cento dos casos, necessitando de um cuidado prolongado que pode se estender a no mínimo dois anos e freqüentemente mais.

Não entra mais em questão atualmente, para nós, considerar a reeducação vocal isoladamente. Pensamos que deva ser conduzida, tanto quanto possível, conjuntamente com a infiltração botulínica das pregas vocais. Está claro, de fato, que, a partir do momento em que os espasmos constituem um incômodo considerável para o paciente, deve-se com urgência fazê-los desaparecer sem demora de maneira a marcar um corte no processo distônico que se alimenta dos esforços totais produzidos pelo indivíduo para falar apesar dos espasmos. A botulização cria uma pausa nesta luta patogênica, pausa que permite à reeducação agir de forma infinitamente mais eficaz do que antigamente.

Para nós, essa reeducação passa, como dissemos, pela reconstrução do imaginário corporal. Por isso, começamos, da mesma forma que nas disfonias disfuncionais habituais, por exercícios em posição horizontal. Não pelo *relaxamento com olhos abertos*, freqüentemente inacessível logo no início para esse tipo de paciente, mas principalmente pela *respiração ramificada*, para passar em seguida à *respiração ritmada* (2, 8, 4), e depois eventualmente ao exercício do *hara* ou ao das *quatro casas*[10].

Esses exercícios podem ser trabalhados e aprofundados durante muito tempo com maior proveito. O reeducador ficará espantado com a extrema dificuldade de colocar em prática tal exercício, de execução relativamente fácil, que é a respiração ramificada tem por base, entre outras coisas, a coordenação da respiração com um movimento dos braços, seguindo a lógica das técnicas de Feldenkreis. Em alguns casos, o paciente está tão desorientado que o reeducador deve manobrar ele mesmo seus braços a fim de lhe permitir pouco a pouco a coordenação. Esse exercício, com suas variantes e suas proposições metafóricas, é certamente o melhor para reativar o imaginário corporal do paciente.

O estabelecimento da *respiração ritmada* será também muito revelador das dificuldades motoras que sustentam a disfonia espasmódica. Com o tempo, entretanto, o paciente terminará por controlar sua respiração, com a condição de que seja bem amparado de modo motivador na lenta recuperação do controle de sua *energia psicomotora*. Neste momento, ver-se-á desaparecer certos distúrbios associados (distúrbios digestivos, cãibras abdominais, dores na nuca, etc.).

O reeducador deverá conter sua vontade de pular as etapas, pois dessa forma evitará a eventualidade de um deslocamento de sintoma e especialmente o surgimento de uma *distonia respiratória*.

A distonia respiratória caracteriza-se por uma espécie de pânico quanto à mecânica respiratória do indivíduo que começa a desenvolver esforços desordenados de inspiração e de expiração, mais ou menos alternados com espasmos laríngeos, em uma atmosfera dramática de perigo de asfixia. Freqüentemente, o indivíduo tenta escapar dessa situação insustentável, lançando-se em uma atividade intensa, tal como correr, agitar-se, pegar o carro e sair em grande velocidade (!).

Em pé ou sentado, será útil recorrer aos exercícios de respiração abdominal e de verticalidade no contexto da atitude de projeção vocal. Geralmente, não apresentam tantos problemas quanto os anteriores.

Quanto aos exercícios vocais, limitar-se-ão durante bastante tempo, e talvez até o final da reeducação, a algumas produções sonoras no final de sessão, somente para mostrar ao paciente – aliás isto seria realmente necessário? – que não perdemos de vista seu problema vocal.

Poderão ser suspiros sonoros obtidos mais ou menos por surpresa, propondo ao paciente não emitir a voz, mas fazer vibrar ou soar os dois tempos inspiratório e expiratório de uma respiração lenta e prolongada. Por algum tempo, será conveniente contentar-se com uma única tentativa e conter energicamente o paciente em seu desejo de repetir sem um intervalo. Essa segunda tentativa resulta freqüentemente em um fracasso. Quando o indivíduo volta a se fixar na idéia de uma emissão vocal finalmente livre, acaba, com bastante freqüência, desencadeando

[27] Cf. *A voz*, Volume 4.

um espasmo. O que é mais conveniente, e pode trazer um progresso, é pedir ao paciente para que se concentre, durante alguns segundos, na lembrança do suspiro sonoro que "por acaso" ele acaba de conseguir e tentar mantê-la. Essa maneira de proceder inscreve-se em uma lei geral (freqüentemente mal conhecida) da pedagogia que diz que o momento mais importante de um exercício é constituído pelos poucos segundos que o seguem, se se deseja que eles retornem ao que se acaba de sentir. Acrescenta-se igualmente nesse caso o ensinamento de Antoine de La Garanderie que afirma que o aprendizado não se baseia diretamente na percepção, mas na representação mental.

Uma etapa muito importante, que anuncia a cura, será ultrapassada quando o paciente sair desse estado de incerteza vocal descrito anteriormente, isto é, quando lhe foi possível produzir, sob solicitação, um som simples, constatando depois que produziu efetivamente o som que pensava produzir. Enquanto isso parecer difícil, não se deve, na nossa opinião, insistir de forma alguma. Nesse campo como em outros, a obsessão em obter um resultado prematuramente compromete o resultado futuro. Uma vez tal resultado obtido, a passagem está livre para todos os exercícios vocais que se quiser, com a condição, porém, de que o paciente esteja motivado etc. o que é pouco provável! O que poderá, em contrapartida, ser necessário por algum tempo é a prática da respiração ramificada e dos exercícios de mesma ordem ou eventualmente de uma psicoterapia.

### *Psicoterapia*

Trata-se evidentemente de um tratamento que pareceria bastante lógico na medida em que não há dúvida de que nessa afecção fatores psicológicos existem (freqüentemente ocultados como no caso recém comentado), sejam enquanto fatores favorecedores, seja enquanto conseqüência das dificuldades relacionais engendradas pelo distúrbio vocal. É preciso admitir, porém, que, quando se desencadeia o processo distônico, tanto que raramente o paciente solicita tal tratamento, é ineficaz. O método da Expressão Cênica é neste caso totalmente indicado.

### *Informação*

Se até aqui não falamos sobre a informação dada ao paciente, é provavelmente porque a disfonia espasmódica é uma das raras afecções em que nos parece preferível permanecer mais discreto sobre essa questão. No final de muitos anos, terminamos por compreender que, em geral, as pessoas que sofrem de disfonia espasmódica não são muito desejosas de explicações teóricas referentes ao seu problema, nem tão desejosas em insistir em suas dificuldades, nem mesmo em seus eventuais progressos. Consideram muito bom, geralmente, quando são orientadas, sem muito discurso, na recuperação de sua função vocal por exercícios corporais que lhes são propostos e dos quais sentem intuitivamente a base bem fundamentada.

### *Tratamento cirúrgico*

Em 1975, em São Francisco, H. Dédo propôs tratar a disfonia espasmódica pela secção de um nervo recorrente; o esquerdo de preferência na medida em que, sendo mais longo, está mais exposto a uma lesão qualquer do que o direito. Essa secção do recorrente resulta evidentemente na imobilidade da prega vocal e em um desaparecimento imediato e muito surpreendente dos espasmos vocais.

Após a intervenção, entretanto, a voz está longe da perfeição. Mais freqüentemente, seu timbre é surdo e expirado, às vezes roufenho, e até mesmo bitonal.

Apesar disso, o paciente fica em geral satisfeito com o resultado: o essencial, para ele, é livrar-se dos espasmos, pouco importando a qualidade do timbre vocal.

Segundo Aranson e De Santo, o desaparecimento dos espasmos mantém-se somente por mais de três anos em um terço dos casos aproximadamente. No segundo terço, observa-se um retorno ao estado anterior e, no terceiro, um agravamento. Além disso, no caso de desaparecimento durável dos espasmos, a voz fica, na metade dos casos, com uma qualidade ruim. Mesmo que tal intervenção tenha marcado uma virada na história do tratamento da disfonia espasmódica, os resultados a longo prazo são, apesar de tudo, bastante decepcionantes, considerando ainda a mutilação definitiva realizada pela intervenção.

Em 1982, Ch. Frèche propõe uma intervenção menos destruidora que consiste em praticar uma eletrocoagulação na prega vocal das terminações nervosas do recorrente. Esta determina, fora da apófise vocal, uma cratera de 8 mm de diâmetro e de 5 mm de profundidade. Como na intervenção de Dédo, segue-se uma imobilidade da prega vocal operada e um desaparecimento dos espasmos vocais.

Durante o mês que se segue à intervenção, a voz fica muito alterada devido sobretudo ao edema da prega vocal, mas melhora progressivamente e torna-se relativamente satisfatória em mais da metade dos casos. No final de algumas semanas, nota-se no exame laringoscópico que a prega vocal operada tornou-se móvel, sendo que a estroboscopia mostra simplesmente uma assimetria da amplitude vibratória.

Essa intervenção constituía um real progresso em relação à de H. Dédo, mas parece que atualmente foi substituída pela infiltração botulínica.

### *Injeções localizadas de toxina botulínica*

A toxina botulínica produzida pela bactéria *Clostridium botulinium* é uma potente neurotoxina que provoca a paralisia do músculo, inibindo a transmissão do influxo nervoso no nível da junção neuromuscular, onde as fibras nervosas terminam nas fibrilas musculares.

A infiltração das pregas vocais era praticada inicialmente com anestesia geral e por via endoscópica. Atualmente, prefere-se a via transcutânea por meio de uma agulha especial que permite localizar por eletromiografia o músculo a ser injetado. O aspecto do sinal elétrico permite ter a confirmação do diagnóstico e, ao mesmo tempo, garantir a boa aplicação da agulha no músculo.

Hoje em dia, quando se trata de espasmos vocais, injeta-se simultaneamente nas duas pregas vocais. A dose de toxina injetada é extremamente fraca, da ordem de 1/2 a 2 nanogramas (milionésimos de gramas). O efeito da injeção não é imediato. Faz-se sentir no final de 24 a 48 horas pelo desaparecimento dos espasmos vocais, acompanhados por uma afonia transitória de alguns dias. Algumas falsas vias alimentares podem ocorrer ao mesmo tempo, depois, a voz retorna – mais freqüentemente bastante alterada – para se normalizar, dando progressivamente ao paciente a impressão de uma cura completa.

Essa impressão de cura mantém-se durante um tempo que varia de algumas semanas a alguns meses segundo a dose injetada, após isso, os espasmos retornam progressivamente, incitando o paciente a consultar para uma nova injeção.

Para que o intervalo de injeções possa ser aumentado progressivamente com o tempo e o paciente deve seguir paralelamente uma reeducação vocal e continuar praticando exercícios de relaxamento. Liberado dos espasmos, é evidente que sua motivação é menor.

Notemos que, em alguns casos, o paciente desenvolve anticorpos antitoxina, tornando as injeções cada vez menos eficazes.

A falta de eficácia está também nas disfonias espasmódicas ditas em abdução em que se trata sobretudo, como dissemos, da deficiência da musculatura respiratória e particularmente diafragmática, cuja infiltração não é tão considerada. Nesse caso, a reeducação vocal e a psicoterapia continuam sendo, contudo, muito eficazes.

## ■ Caso 1

O Senhor S., 48 anos, chefe se serviço numa grande repartição pública, consulta em novembro de 1984. Os problemas vocais remontam ao final de 1981. Caracterizam-se essencialmente por uma impressão de estrangulamento no momento da fala associada a uma contração da parede abdominal.

Uma reeducação com base na prática do relaxamento foi instituída no final de 1982 e comportou uma média de 30 sessões distribuídas em um ano e meio. Essa primeira tentativa foi interrompida pelo Senhor S. face à impressão de sua ineficácia: "Tinha a impressão de não conseguir grande coisa".

Seis meses depois (novembro de 1984), diante do agravamento de suas dificuldades, ele nos procura.

No exame, nota-se um timbre surdo e a existência de espasmos contínuos, mas pouco intensos que resultam em saltos de registros. Em alguns momentos, porém, a voz parece completamente normal.

A leitura acentua os espasmos; a voz de chamamento é normal.

A voz cantada é relativamente conservada, apesar de uma alteração do timbre e um ajuste aproximativo. O exame eletrologográfico revela que se trata de uma disfonia espasmódica moderada com 7 % de alteração.

O Senhor S. decide retomar uma reeducação do mesmo tipo que a anterior. Esta é retomada ativamente e, de modo progressivo, o Senhor S. domina cada vez melhor os exercícios de relaxamento e de respiração. No entanto, não consegue constatar nenhuma melhora no uso de sua voz. Suas dificuldades aumentam mesmo durante o início dessa retomada da reeducação para estabilizar-se em seguida.

O Senhor S. é bastante assíduo em seu treinamento, mas este é difícil para ele. Destacamos de seu relatório algumas de suas declarações que resumem bem seu sentimento: "Não consigo me interiorizar". "Não consigo concentrar-me em meu corpo". "Quanto mais penso em minha voz, menos ela funciona". Mais adiante: "Parece ser meu tórax que não tem flexibilidade". "Sempre tive tendência a fixar rapidamente um hábito e conservá-lo". Notamos ainda uma dificuldade particular em criar imagens mentais no exercício da Respiração ramificada. Embora o Senhor S. perceba que essa reeducação é importante para ele, desespera-se por não conseguir tirar proveito na fala corrente.

Em outubro de 1986, enviamo-lo ao professor Frèche que no mês seguinte realiza uma eletrocoagulação da prega vocal direita. Desde o dia seguinte, o Senhor S. sente-se aliviado. A voz está bastante roufenha, mas isso não o incomoda, tão satisfeito está por ter se libertado de seu espasmo.

No exame da laringe, no 10º dia após a intervenção, notamos que a prega vocal direita é muito espessada e inflamatória, mas que o movimento de abdução-adução foi conservado. No exame estroboscópico, a vibração das pregas vocais é bastante anárquica. O timbre vocal está muito roufenho e o Senhor S. não controla muito nem a tonalidade nem a intensidade. Está, no entanto, extremamente satisfeito e muito feliz de não necessitar mais dos exercícios. Sugerimo-lhe prudentemente que talvez não seja indicado desinteressar-se completamente da técnica reeducativa, mas tal observação não surte efeito algum em sua intenção de abandonar qualquer espécie de treinamento. Promete, porém, realizar um exame dois meses mais tarde.

Reencontramos o Senhor S. em janeiro de 1987. O timbre vocal roufenho regrediu progressivamente, mas ele nota que, paralelamente ao espasmo, reapareceu levemente. Além disso, a intensidade de sua voz não é bem controlada: reclamamo-lhe de falar alto demais.

Em dezembro de 1987, fizemos contato por telefone com este senhor que nos informou que, face ao reaparecimento progressivo dos espasmos, uma nova intervenção foi praticada pelo professor Frèche, em junho de 1987. Isso não trouxe um alívio tão espetacular quanto a primeira, mas o efeito lhe pareceu mais duradouro. Sua voz não melhorou desde esta última intervenção, mas a melhora obtida permaneceu estável. Ele não fica incomodado durante a conversação, mas deve ter cuidado para não forçar. Sente que aproveita agora o que aprendeu na reeducação. É com barulho que encontra mais dificuldade para falar. Tem muita dificuldade para cantar (notemos que este não era o caso no início do tratamento), mas pode chamar à distância sem problemas.

Na escuta, a voz do Senhor S. parece fácil, embora seu timbre esteja um pouco abafado e sua tonalidade um pouco elevada.

Diz que, para ele, uma intervenção mais precoce teria sido preferível e que a reeducação teria lhe sido útil após a intervenção.

## ■ Caso 2

A jovem L., 34 anos, professora de biologia, consulta em novembro de 1975. Suas dificuldades datam de um ano. Agravaram-se após uma decepção sentimental. A voz conversacional é entrecortada por espasmos com, em alguns momentos, profundas inspirações sonoras, espécies de soluços trágicos impressionantes. O timbre vocal é surdo. O incômodo funcional é bastante grande. A leitura, a contagem projetada, o chamamento e o canto são impossíveis.

Essa moça começou uma reeducação baseada nos exercícios vocais, mas a interrompeu face às dificuldades pelas quais responsabiliza a fonoaudióloga. "Essa reeducação cristalizou minhas dificuldades, provocou uma enorme preocupação e uma profunda desmotivação etc. Uma fonoaudióloga que fica nervosa diante de você e começa a bater o pé com seus bloqueios não pode senão lhe transmitir uma profunda angústia".

Após alguns esclarecimentos teóricos, demos início a uma reeducação orientada de maneira distinta. Essa reeducação comportou 80 sessões, de novembro de 1975 a maio de 1979.

Desde os primeiros meses do tratamento, a voz melhorou bastante regularmente. A reeducação ocorreu em um clima de confiança e, embora considere o relaxamento como uma "obrigação", L. exercita-se regularmente.

As porcentagens de alterações regridem regularmente aos diversos exames eletrologográficos praticados entre outubro de 1975 e julho de 1979, passando a 21,9%, a 17,1% e depois a 5,9% para chegar, finalmente, a 0,5%.

Todos os exercícios habituais foram propostos sistematicamente, mas é o das quatro casas que melhor reflete a evolução do tratamento. É surpreendente ver em que ponto as "casas" imaginárias, que a paciente visualiza em diferentes lugares de seu corpo, evoluem paralelamente aos progressos constatados. Por exemplo, no início da reeducação, vê em seu peito uma floresta densa, com lianas, sem clareiras nem animais. Mais adiante (em um momento particularmente difícil no plano profissional e agravamento da disfonia), esse mesmo lugar torna-se uma floresta de pinheiros cuja trama, muito fechada, lembra, para ela, grades de uma prisão. Depois, quando está melhor, os pinhos transformam-se em frondosos, a floresta torna-se menos densa, cursos de água aparecem.

No final de dois anos, a melhora obtida é muito grande, a voz permanece, apesar de todas as contrariedades. Mais adiante, seguindo-se a problemas profissionais, bloqueios reaparecem. Isso corresponde a uma época em que a paciente exprime um sentimento de fracasso profundo e de desvalorização. L. aceita a idéia de que possa haver problemas psicológicos na origem de sua disfonia, mas recusa abordá-los. Confia a nós, no entanto, suas dificuldades, pensando que isso nada vai adiantar.

Ao final da reeducação, a melhora é considerável. A voz conversacional está praticamente normal. Persistem somente algumas irregularidades bastante toleradas (voz apertada). A voz projetada e a voz de chamamento tornam-se possíveis tanto espontaneamente quanto sob comando. A voz cantada apresenta-se um pouco velada, mas bastante maneável.

Um questionário é dirigido à jovem, em 1980 (para uma pesquisa feita por H. Pomeranc para sua monografia de fonoaudiologia). L. declara que não apresenta mais do que alguns distúrbios negligenciáveis em caso de cansaço ou de nervosismo e raros bloqueios na fala prolongada. Ela sente ainda uma leve apreensão para falar em reuniões importantes, diante de um público numeroso, isso a incomoda um pouco em seu trabalho, mas de forma alguma fora desse ambiente.

Em dezembro de 1987, L. nos telefonou para conversar bastante sobre sua doença. Inicialmente, confirmou-nos sua cura completa. Apresenta desde então uma voz totalmente normal. Dirige uma escola profissional e exerce todas as suas funções sem dificuldades particulares. Chamar à distância, cantar lhe é perfeitamente possível. Garante mesmo que uma recidiva é agora totalmente impossível, pois conhece o mecanismo e a causa de sua disfonia. No último ano, quando passava por grandes conflitos com a administração, sua escola esteve ameaçada de fechar; ela ganhou a causa graças a um "grande ataque de fúria" e, diz, isso a levou a refletir sobre sua infância. Lembra-se que quase morrera com idade de 5 anos após um tratamento inadequado de um edema laríngeo. Recorda-se com emoção da angústia de seus pais. Ela quer muito bem o médico que, garante, a teria feito sucumbir sem a intervenção, dificilmente obtida pela mãe, de um outro especialista. Essa lembrança a faz chorar muito e a faz lembrar de uma outra, a da derrota, mais ou menos na mesma época, de um amiguinho de 4 anos atingido igualmente por uma afecção da "garganta". Lembra-se que queria morrer. Ao telefone, está muito contente de nos dar essa confirmação, para ela evidente, da relação entre uma ameaça de morte na infância e o surgimento de sua disfonia espasmódica: a energia de vida renovou-se para ela.

## LEITURAS SUGERIDAS


AMINOFF MJ, DÉDO HH, IZDEBSKI K. Clinical aspects of spasmodic dysphonia. *J Neurol Neurosurg Psychiatry* 1987 ; *41* : 361-365.

ARABIA-GUIDET C, MANTOY A. *Diagnostic automatisé des troubles de la phonation : analyse spectrale de voyelle.* ITBM, 1986.

ARABIA-GUIDET C. *Algorithme du traitement du signal électroglottographique dans la parole. Applications pour l'interprétation physiologique et physio pathologique.* Paris: Thèse de doctorat d'université, 1985.

ARONSON AE, BROWN JR, LITIN EM, PEARSON JS. Spastic Dysphonia I. Voice. Neurologie and Psychiatric Aspects. *J Speech Hear Disord* 1968 ; 33: 203-218.

ARONSON AE, BROWN JR, LITIN EM, PEARSON JS. Spastic Dysphonia II. Comparison with essential (voice) tremor and other neurologie and psychogenic dysphonia. *J Speech Hear Disord* 1968 ; *33* : 219-231.

ARONSON AE, DE SANTO LW. Adductor spastic dysphonia : 1 1/2 years after recurrent laryngeal nerve resection. *Ann Otol Rhinol Laryngol* 1981 ; *90, 1, 2*.

BEAUBERT C, BOBET ME. *Dysphonies spastiques et psychogènes.* Paris: Mémoire d'orthophonie, 1971.

BLE J. *Contribution à l'étude de la dysphonie spastique.* Paris: Mémoire d'orthophonie, 1971.

BLITZER A *et al.* Localized injection of botulinum toxin for the treatment of focal laryngeal dystonia (spastic dysphonia). *Laryngoscope* 1988 ; 98, 2.

BLOCH P. Neuro-Psychiatrie aspects of spastic dysphonia. *Folia Phoniatrica* 1965 ; 17: 301-364.

BOUCHE J, FRECHE CH, YANA *et al. Les dysphonies spastiques: intérêt de Dedo.* Paris: Compte rendu des séances du 75e congrès français d'ORL, sept. 1978: 12-15.

BRODNITZ ES. Spastic dysphonia. *Ann Otol Rhinol Laryngol* 1976; 85 : 210-214.

CAPELLE HENNIAUX L. *La dysphonie spasmodique : essai de définition d'une entité pathologique. Diverses approches thérapeutiques.* Lille : Mémoire d'orthophonie, 1980.

CHEVRIE-MULLER D, CERCEAU N, DORDAIN M, GUIDET C, LE HUCHE F. *Dyskinésies et tremblement touchant la phonation.* Copenhague : Proceed IALP, 1977 : 159-175.

CHEVRIE-MULLER C, ARABIA-GUIDET C, PFAUWADEL MC. Can one recover from spasmodic dysphonia ? *British journal of disorders of communication,* 1978 ; *22* : 117-118.

CONSTANDINIDIS M. *Schéma corporel et dysphonie spastique.* Paris : Mémoire d'orthophonie, 1981.

COOPER M. Recovery from spastic dysphonia by direct voice rehabilitation, in B.J. Urban (éd.) : *Proceedings of the 18 th Congress of the International Association of Logopedics and Phoniatrics American Speech Language Hearing Association.* Rockville, Md, 1980 ; vol. I : 579-583.

CORNUT G. Contribution à l'étude clinique et acoustique des dysphonies spastique. *J Fr ORL* 1965 ; *14*, 4 ; 439-447.

DAMSTE P. The changing outlook for spastic dysphonia patients, in B.J. Urban (éd.). *Proceedings ot the 18 the Congress of the Speech Language Hearing Association.* Rockville, Md, 1980 ; vol. I : 579-583.

DÉDO HH. Recurrent laryngeal nerve section for spastic dysphonia. *Ann. Orol. Rhinol Laryngol* 1976 ; *85* : 451-459.

DÉDO HH, TOWNSEND JJ, IZDEBSKI K. Current evidence for the organic etiology of spastic dysphonia. *Otorhinoloryngology* 1978 ; *86* : 875-880.

DORDAIN M, DORDAIN G. L'epreuve du « a » tenu au cours des tremblements de la voix (tremblement idiopathique et dyskinésie volitionnelle : leurs rapports avec la dysphonie spasmodique). *Rev Laryngol Otol Rhinol* 1972: *93* : 167-182.

EVENOU A. *La dysphonie spasmodique. Traitements actuels et perspectives d'avenir.* Thèse de médecine, université de Paris-Ouest, 1980.

FINITZO T *et al.* Spasmodic dysphonic dysphonia subsequent to head trauma. *Arch Otolaryngol Head Neck Surg* 1987; 113 : 1107-1110. Trad. fr. dans *J Fr ORL* 1988 ; 7, 31 : 41-48.

FRECHE C *et al.* La stéréotaxie laryngée dans le traitement des dysphonies spasmodiques. *Compte rendu des séances de la Société française d'ORL.* Paris: Arnette, 1985.

FREEMAN FJ, GANNITO MM, FINITZO-HIEZER. Classification of spasmodic dysphonia by perceptual-acoustic-visual means, in FA Gates (éd.), *Spastic Dysphonia State of the Art.* New York: The Voice Foundation, 1984.

FRITZELL B, REUER E, HAGLUND S, KNUTSSON F, SCHIRATZKI H. Experiences with recurrent laryngeal nerve section for spasic dysphonia. *Folia Phoniatrica* 1982 ; 34 : 160-167.
GARDE EJ, GUILHOT J, CHEVRIE-MULLER C. À propos de trois cas de dysphonie spastique: essai d'individualisation du syndrome. *Rev Laryngol Otol Rhinol* 1964 ; 85 : 495-514.
GUIDET C, CHEVRIE-MULLER C. *Méthode de traitement du signal électroglottographique. Application au diagnostic automatisé des troubles de la phonation.* ITBM, 1983 ; 4, 6 : 617-635.
HERBERT H, DÉDO MD. Recurrent laryngeal nerve section and post operative speech Therapy for spasmodic (spastic dysphonia). Copenhague : *Proceed IALP* 1977, 131-135.
IZDEBSKI K. Overpressure and breathiness in spastic dysphonia. *Acta otolaryngologica* 1984; 97 : 373-378.
IZDEBSKI K, SIUPP T, DÉDO H. Predicting postoperative voice characteristics of spastic dysphonia patients. *Otolaryngol Head Neck Surg* 1979 ; *87* : 428-434.
KINIL J. Le classement des aphonies spastiques. *Folia phoniatrica* 1963 ; *15* : 269-277.
KINIL J. *Recherches expérimentales de la dysphonie spastique,* XIII$^{th}$ International Congress of Logopedics and Phoniatrics. *Folia Phoniatrica* 1965 ; *17* : 241-301.
KLAP P, MARION H, PERRIN A, FRESNEL-ELBAZ E. Le traitement de la dysphonie spasmodique par la toxine botulique. *Ann Otol Laryngol* 1991 ; 108 : 477-483.
KLAP P *et al.* Indications de la toxine botulique en laryngologie. *Rev Laryngol* 1993 ; 44, 4.
LAWSON L, DÉDO MD. *Voice results after recurrent Laryngeal. Nerve section for spastic Dysphonia.* Copenhague : Proceed IALP, 1977 : 117-130.
LE HUCHE F. *Bégaiement, option guérison.* Paris: Albin Michel, 1998.
LE HUCHE F. La voix et la parole en neurologie. *Gazette médicale de France,* 1971 ; *78, 28* : 4551-4556.
POMERANC H. *Devenir de la dysphonie spasmodique.* Paris: Mémoire d'orthophonie, 1981.
RONDOT P, JEDYNAK CP. *Dystonies de fonction.* Paris: EMC, Système nerveux, 1976 ; 17007 C20 : 5-7.
ROUX E. *Contribution à l'étude clinique et acoustique de la dysphonie spastique.* Lyon : Mémoire d'orthophonie, 1970.
SALASSA JR, DE SANTO LW, ARONSON AE. Respiratory distress after recurrent laryngeal nerve sectioning for adductor spastic dysphonias. *Laryngoscope* 1982 ; 42: 240-245.
SCHAEFER SD. Neuropathology of spasmodic dysphonia. *Laryngoscope* 1983 ; 93 : 1183-1201.
STOICHEFF ML. The present status of spastic dysphonia. *J Otolaryngo* 1983 ; 12 : 311-314.
TRAUBE L. *Spastisch Forme der Nervosen Helserkeit in Gesammelte Beitrage zur Pathologie und Psychologie.* Berlin : August Hirschwald, 1871 ; vol. 2, part 2 : 677.
VAN LAURENCE. *Spastic Dysphonia : State of the Art.* New York : The Voice Foundation, 1979.
WEISS DA. Spastic dysphonia and stammering. *In:* De therapia vocis et loguelar, Actes du XIII$^{e}$ congrès de l'IALP, Vienne, 1965 ; 2: 15-18.

## DISTÚRBIOS VOCAIS NA PATOLOGIA PSIQUIÁTRICA

### Histórico

As manifestações vocais da patologia mental foram constatadas há muito tempo e tentativas de descrição sistemática foram feitas desde o final do século XIX. É a época em que se busca estabelecer correlações anatomopatológicas, comparando-se as perturbações funcionais observadas clinicamente com minúcia e a constatação de lesões cerebrais localizadas de forma precisa após a morte do doente.

Quanto à voz e à fala, é o estudo da paralisia geral – ataque sifilítico do sistema nervoso central, freqüente na época – que suscita mais interesse nos autores. Essa afecção é, de fato, um exemplo particularmente surpreendente de um ataque orgânico de origem infecciosa perfeitamente determinado, resultando em distúrbios psíquicos e em uma crise específica da expressão oral com essa dificuldade de falar característica, hesitante, trêmula, gaga, descrita especialmente por A. Voisin, em 1879. O problema, aliás, nesta época, é saber quais são, para esses distúrbios, os que dependem do mal funcionamento da inteligência e os que dependem do mau funcionamento dos "órgãos coordenadores". Mais difícil descrever do que reconhecer, esses distúrbios são considerados um elemento diagnóstico capital, até mesmo patogênico da afecção.

Nessas descrições, notemos, os distúrbios da voz e da fala se misturam muito com os da linguagem. É preciso esperar J. Séglas (1892) para que sejam claramente diferenciadas as "dislogias", referentes às desordens intelectuais, as disfasias, referentes aos distúrbios da linguagem e as dislalias, que designam os distúrbios da fala onde, naturalmente, incluem-se os caracteres da voz.

Além das descrições referentes à paralisia geral, são abordados, nessa época, os distúrbios da fala nos estados de excitação maníaca e nas depressões. Mais recentemente, voltou-se a atenção a esses mesmos distúrbios nos estudos de esquizofrenia e de histeria. Autores como H. Ey ou Pj. Moses contribuíram para a descrição e a compreensão desses distúrbios. Moses, particularmente, observa que eles devem, com efeito, ser compreendidos no contexto da comunicação.

## Manifestações vocais específicas de certos distúrbios psiquiátricos

Pode-se observar modificações características da voz ou principalmente do comportamento vocal, em certos distúrbios psiquiátricos, tais como a esquizofrenia, os estados depressivos, a agitação maníaca ou a histeria.

As relações existentes entre os sinais acústicos que caracterizam a voz dos doentes mentais e a sintomatologia psiquiátrica foram demonstradas de maneira experimental, colocando um júri para escutar alguns registros de pacientes. Cada membro do júri anota, após a escuta da voz, sua impressão subjetiva, utilizando uma "escala semântica" constituída por pares de adjetivos, tais como hiperemotivo-frio, expressivo-fechado, cooperativo-hostil, nos quais os dois termos estão em oposição. Esses dois termos são separados por níveis e devem marcar nessa escala onde, entre esses dois adjetivos, melhor situa-se a voz do indivíduo. Por outro lado, tendo sido o paciente objeto de um exame psiquiátrico aprofundado, é possível constatar correlações muito importantes entre a impressão subjetiva do júri com a escuta da voz do paciente e os resultados do exame psiquiátrico.

Se nos prendemos à análise dos caracteres acústicos, a voz dos *esquizofrênicos* não é bem definida. Freqüência fundamental mais elevada em certos casos, mais baixa em outros. Monotonia ou, ao contrário, variabilidade dessa freqüência. Pausas mais recorrentes ou, ao inverso, mais raras. No entanto, ao ouvido, a voz indica mais freqüentemente "que você está diante de uma pessoa que não funciona como todo mundo" (C. Chevrie-Muller).

O que o interlocutor percebe, na verdade, é que ele foi excluído pelo esquizofrênico. Este último manifesta em seu comportamento vocal sua dependência mais ou menos marcada em relação ao seu mundo interior. Isso aparece em seu comportamento motor, relacionado diretamente com suas pulsões inconscientes, o resulta em tiques de balanço, risadas aparentemente imotivadas, atitudes de retraimento repentinas. O que chama a atenção do interlocutor é a ausência de ação na emissão vocal do esquizofrênico, de sua presença para ele, interlocutor. Perdido em sua introversão, o esquizofrênico permanece mais ou menos insensível, e às vezes totalmente, a essa presença. Esta não exerce mais, na voz do indivíduo, o efeito inibidor habitual, o ajuste esperado, gerando assim a impressão de estranhamento.

Um caso particular diz respeito ao adolescente esquizofrênico no momento da muda em que a voz apresenta freqüentemente saltos de registro consideráveis e incontroláveis, passando a voz do registro grave ao de cabeça e vice-versa, de forma completamente anárquica, sem que o indivíduo tenha consciência.

Os *estados depressivos* se manifestam vocalmente pela fraca intensidade da voz, chegando, às vezes, ao sussurro, pela monotonia, ao caráter surdo e às vezes roufenho do timbre vocal e pela moleza da articulação. O fluxo é, na maioria das vezes, relentado e a fala apresenta dificuldades para sair. Paradoxalmente, às vezes, o fluxo é acelerado, mas a emissão vocal se apresenta então como um pequeno fio de voz que desfia-se sem contenção e sem fim.

As variações desses caracteres da voz acompanham muito fielmente as variações do estado depressivo, tanto é assim que é possível, para um especialista experiente, avaliar ao telefone a gravidade de uma recaída. Paralelamente, o enriquecimento do timbre caracteriza de forma notável o retorno à normalidade.

A *excitação maníaca* se traduz, ao contrário, pela intensidade forte e irregular da voz que aparece alta e sonora, com em alguns momentos um caráter explosivo e enfático. O esforço vocal resultante chega a alterar o timbre que se torna rouco e fraco e termina mesmo por se apagar. O fluxo verbal acelerado testemunha também a desordem que impera no indivíduo na administração de sua energia psíquica.

Quanto à *histeria*, caracteriza-se classicamente pela afonia, a tal ponto que a afonia, quando não explicada por alguma deficiência maior do órgão vocal, constitui freqüentemente – e injustamente como dissemos na p. 146 – o único diagnóstico de histeria.

Evidentemente que a afonia pode ser o sinal de histeria de conversão, como no célebre caso de Dora descrito por Freud, em 1905.

Lembremos, no entanto, que a histeria de forma alguma esconde-se atrás de toda afonia e que esta significa mais freqüentemente uma inibição vocal, cuja origem, como dissemos anteriormente, é diversa.

## LEITURAS SUGERIDAS

CHEVRIE-MULLER C, DODART F, SEGUIER-DERMER N, SALOMON D. Étude des paramètres acoustiques de la parole au cours de la schizophrénie de l'adolescent. *Folia phoniatrica* 1971 ; *23* : 401-428.

EY H. *Études psychiatriques* (étude nº 22, mélancolic). Paris : Desclée de Brouwer, 1954.

GAYDA. Le moi et les dysphonies. *Bull Audiophonol* 1991 ; *7* : 4 ; 511-521.

MEYER G. *Quand la voix prend corps.* Paris : L'Harmattan, 2001.

MOSE PJ. *The Voice of Neurosis.* New York : Grune and Stratton, 1954.

SÉGLAS J. *Troubles du langage chez les aliénés.* J. Rueff et Cie, 1892.

SÉGUIER-DERMER N. *Contribution à l'étude des paramètres acoustiques de la parole au cours de la schizophrénie.* Paris: Thèse de médecine, 1970.

VOISIN A. *Traité de la paralysie générale des aliénés.* 1879.

# Iconografia

A maioria das imagens das páginas seguintes foi feita durante um exame *fibrolaringoscópico com endoscópio oral* rígido (tubo reto). Nessas imagens, a prega vocal direita está no lado esquerdo da imagem, e a prega vocal esquerda, do lado direito. A comissura anterior está orientada para baixo na imagem.

Trata-se de documentos de qualidade média, mas obtidos instantaneamente, o que permite manuseá-los rapidamente no dossiê ou fornecê-los ao paciente no término do exame.

As imagens 8, 9, 14, 16 e 19 foram feitas em um exame em decúbito, o que explica a orientação para cima da comissura anterior e a ausência de inversão direita/esquerda.

A melhor definição da imagem deve-se à utilização de um aparelho fotográfico reflexo ligado a um microscópio operatório.

## Comentários

➤ 1. Observar: 1, a epiglote; 2, a parede posterior da faringe; 3, a comissura posterior; 4, a aritenóide direita; 5, o conduto faringo-laríngeo direito; 6, a prega vestibular direita; 7, a prega vocal direita; 8, a fenda glótica; 9, a saliência da apófise vocal esquerda. O fato de que as pregas vocais não estejam absolutamente retilíneas não representa aqui nenhuma patologia. As manchas brancas visíveis no ápice da aritenóide direita e na vertente posterior da aritenóide esquerda correspondem a reflexos luminosos sem nenhuma significação.

➤ 2. Há nesta imagem uma falha de contato longitudinal que faz com que a fenda glótica apareça na forma de um traço preto espesso. Esse aspecto não é patológico e corresponde somente ao desconforto do exame laringoscópico.

➤ 3. A abertura forçada dá à glote um aspecto pentagonal por abdução da ponta das apófises vocais (principalmente para a prega vocal direita). Além disso, apesar da ausência de membrana, o ângulo da comissura anterior aparece aqui atenuado.

➤ 4. A glote começa a se abrir na figura à direita. A abertura atinge seu máximo na terceira figura. A da esquerda mostra um fechamento completo.

➤ 5. A irregularidade das bordas livres que aparece aqui denteada corresponde, na realidade, a um artifício de origem eletrônica.

➤ 6. O nódulo é mais marcado na prega vocal esquerda (à direita na imagem).

➤ 7. Na mesma laringe, mas dessa vez em fonação, observar o aspecto de glote em forma de ampulheta, a união dos nódulos dividindo a glote em uma pequena parte anterior e uma parte posterior maior.

➤ 8. A melhor definição permite aqui ver com minúcia as dilatações tanto nas pregas vocais quanto no pseudocisto seroso da prega vocal direita (à direita na imagem). O nódulo da prega vocal esquerda face ao pseudocisto parece levemente subglótico.

➤ 9. A dilatação vascular (ectasia) levanta a suspeita de um cisto na prega vocal esquerda (à direita na imagem), cuja borda livre está, por outro lado, irregular.

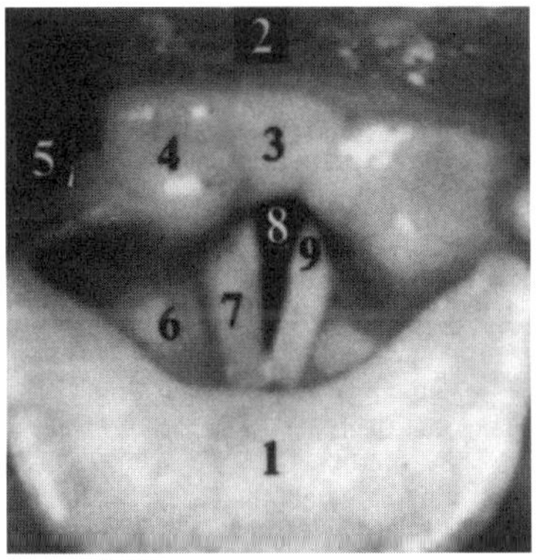


➤ 1. Laringe normal (em respiração).

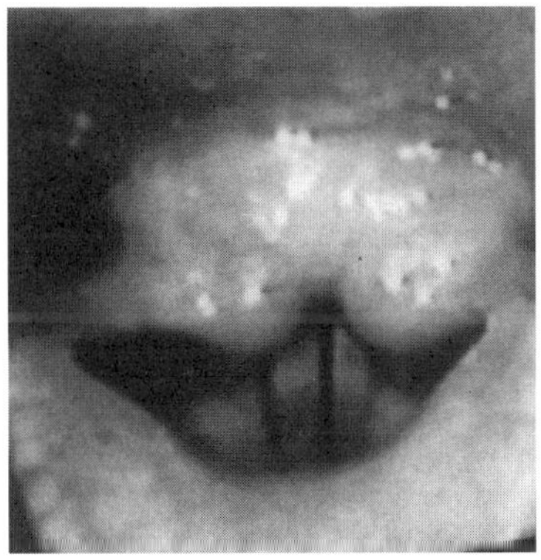

➤ 2. Laringe normal (em fonação).

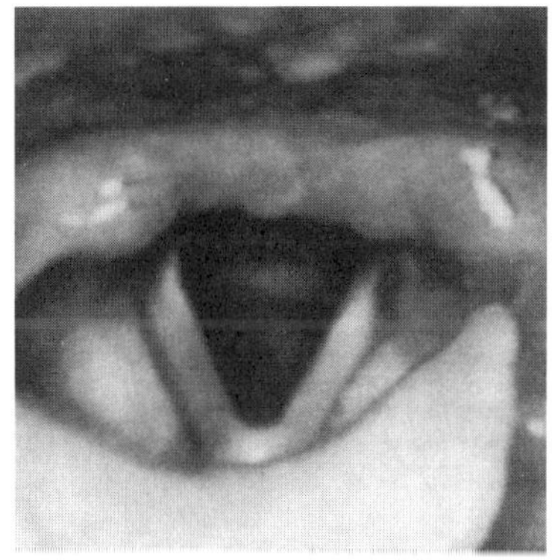

➤ 3. Laringe normal (em inspiração forçada).

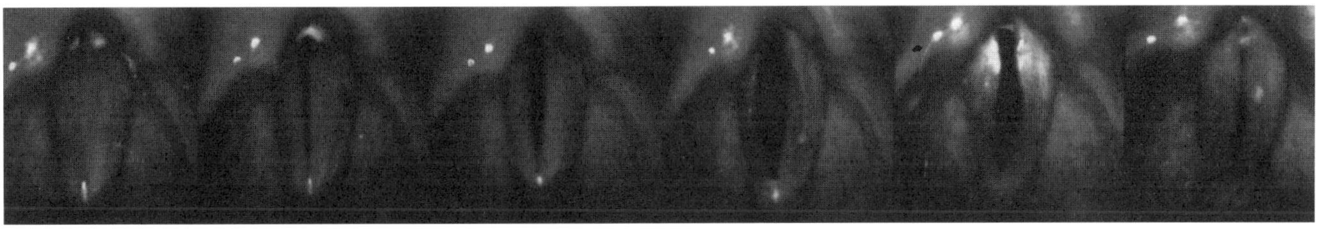

➤ 4. Fases sucessivas de um ciclo de aberturas glóticas observadas através do exame estroboscópico (imagem Brüel e Kjaer).

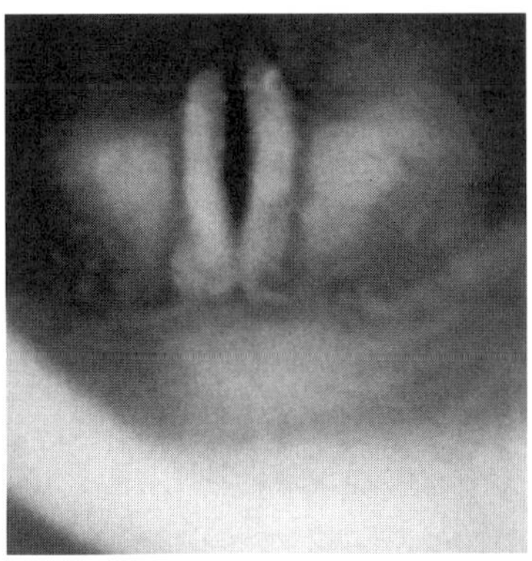

➤ 5. Glote ovalada.

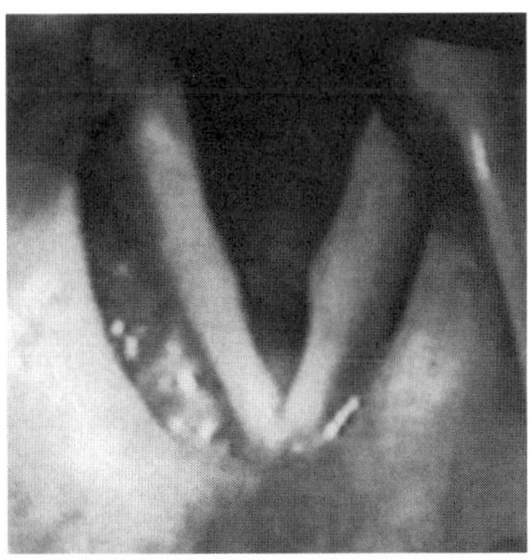

➤ 6. Kissing nodules (em respiração).

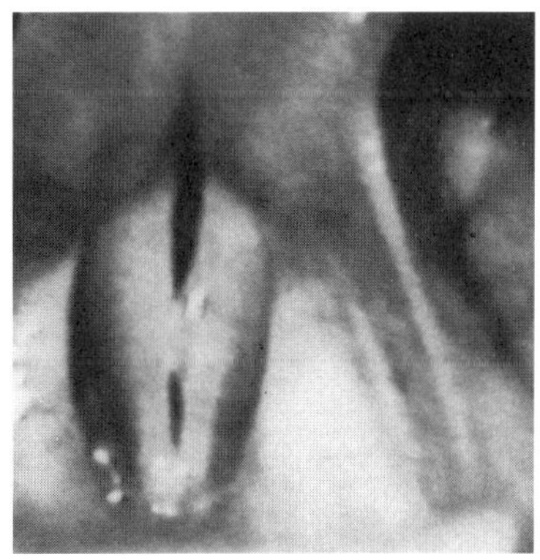

➤ 7. Kissing nodules (em fonação).

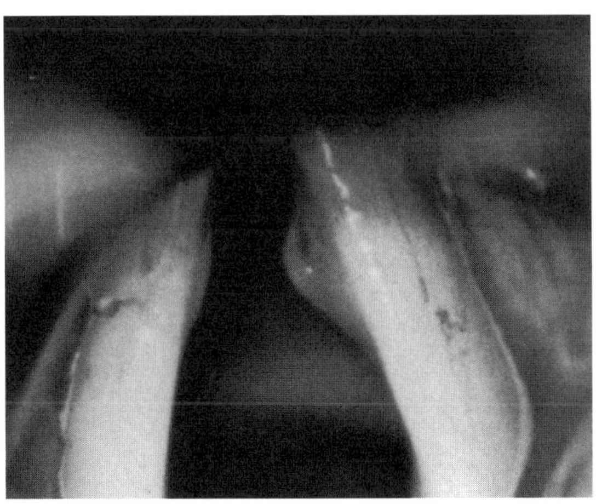

➤ 8. Pseudocisto seroso e nódulo.

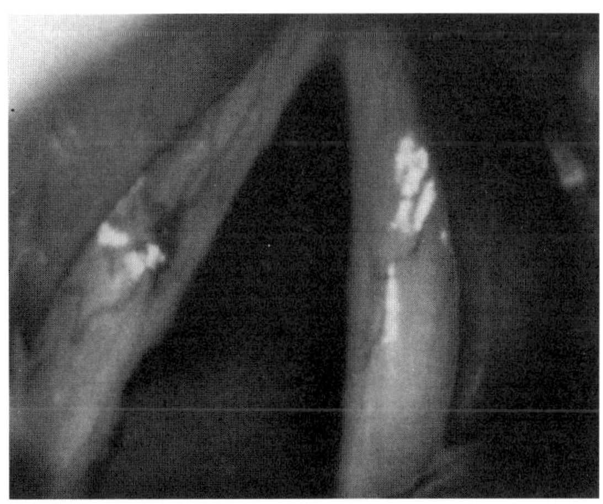

➤ 9. Ectasias vasculares.

## **Comentários** (continuação)

➤ 10. O aspecto translúcido desse pseudotumor da prega vocal é característico. Observe um filamento de muco que liga o pseudocisto seroso à prega vocal em que se nota uma discreta reação inflamatória.

➤ 11. O pequeno pólipo angiomatoso está situado na face superior da prega vocal esquerda (à direita na imagem) e atrapalha um pouco a fonação. O aspecto translúcido do edema da prega vocal direita é bastante sintomático, mas é o exame estroboscópico que permite eliminar aqui o diagnóstico de *kissing nodules* (nódulos em espelho), apesar do espículo da prega vocal esquerda.

➤ 12. Esse pólipo séssil angiomatoso está amplamente instalado em mais de um terço da prega vocal.

➤ 13. A hemorragia submucosa da prega vocal direita está aqui associada a uma irregularidade da borda livre das duas pregas vocais, lembrando um início de nódulos em espelho.

➤ 14. O espessamento inflamatório da mucosa se traduz, na prega vocal esquerda (à direita na imagem), pela ondulação da borda livre desta.

➤ 15. O pólipo, bloqueado na fenda glótica, atrapalha consideravelmente a fonação.

➤ 16. Nessa imagem focalizada na comissura anterior, vê-se que esse pólipo em badalo está implantado, na verdade, na parte bem anterior da prega vocal direita.

➤ 17. Esse granuloma está aqui associado a um aspecto de sulco bilateral das pregas vocais (*sulcus glottidis*).

➤ 18. Diante desse volumoso cisto mucoso por retenção da prega vocal direita, observa-se um espessamento nodular da prega vocal esquerda. A parte mais clara observada na parte posterior da glote corresponde a um anel traqueal.

➤ 19. O pequeno pólipo angiomatoso da prega vocal está situado próximo à comissura anterior. Percebe-se embaixo o destaque de um anel traqueal. As manchas brancas são reflexos luminosos sem significação alguma.

➤ 20. As massas edematosas não atingem a parte cartilaginosa das pregas vocais e deixam livre a parte bem posterior da glote. A parte anterior da glote está aqui escondida, embaixo na imagem, pelo relativo movimento de báscula para trás da epiglote.

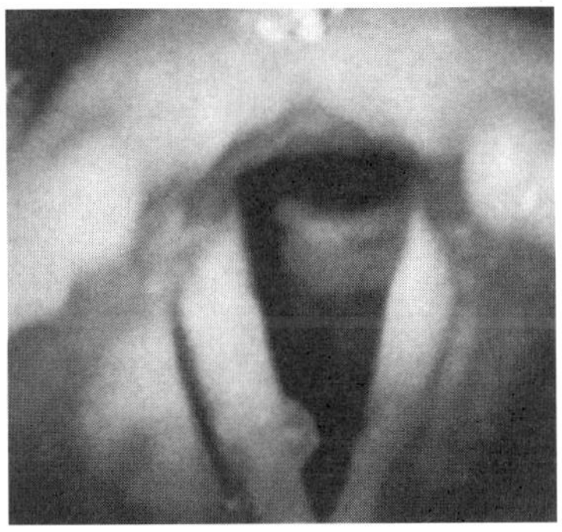

➤ 10. Pseudocisto seroso.

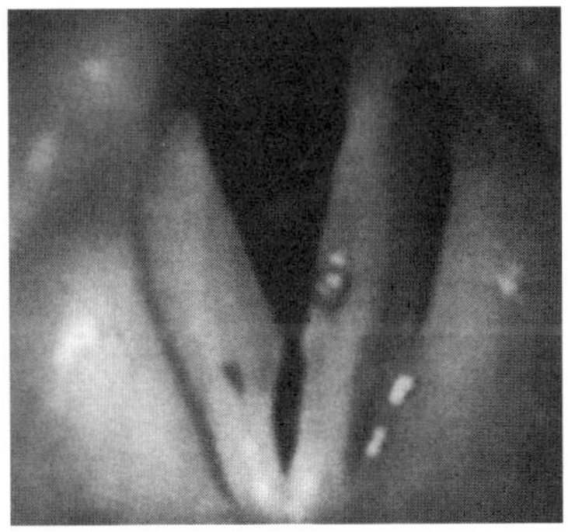

➤ 11. Pequeno pólipo angiomatoso.

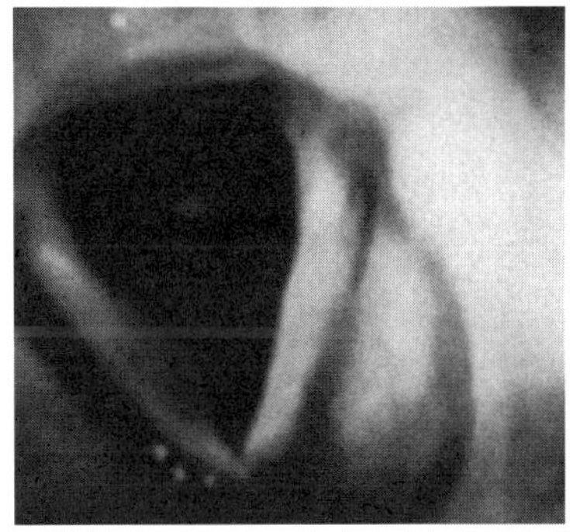

➤ 12. Pólipo séssil.

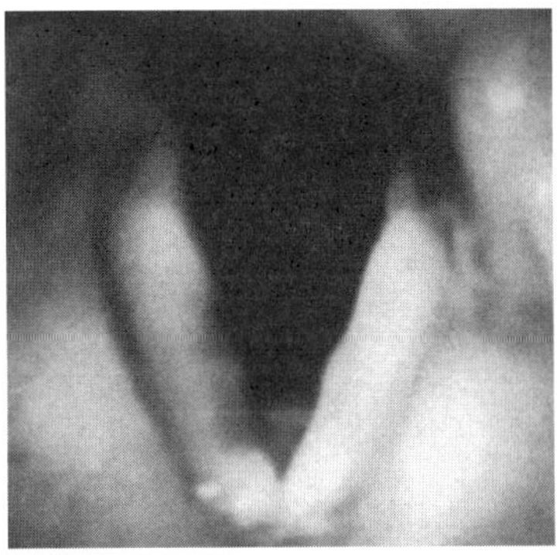

➤ 13. Hemorragia submucosa.

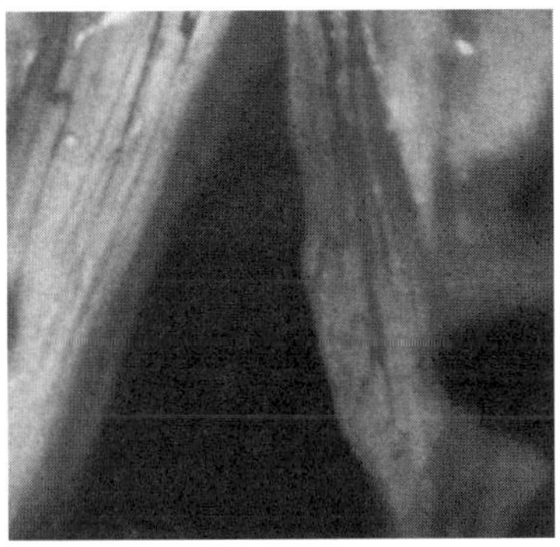

➤ 14. Aspecto congestivo e dilatações vasculares.

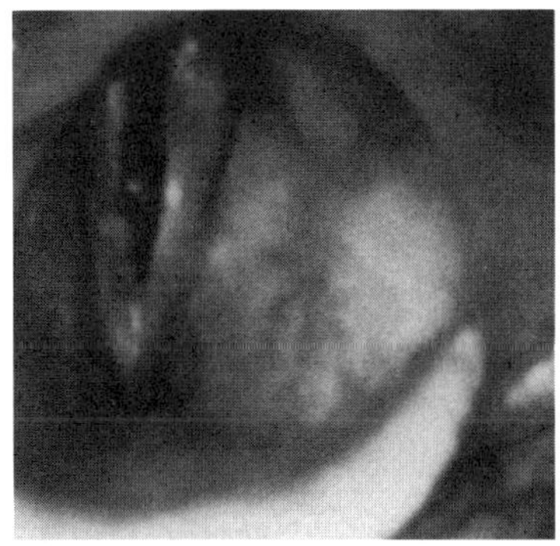

➤ 15. Pólipo angiomatoso (em fonação).

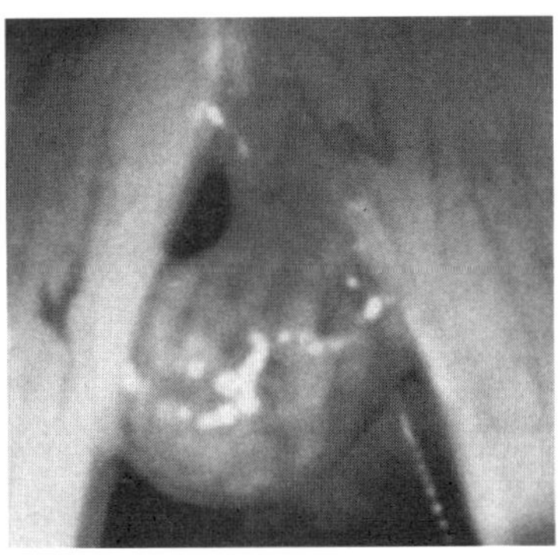

➤ 16. Pólipo da comissura anterior.

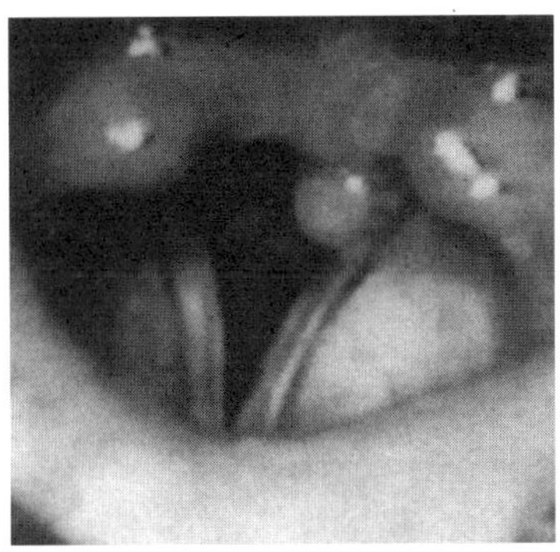

➤ 17. Granuloma da aritenóide.

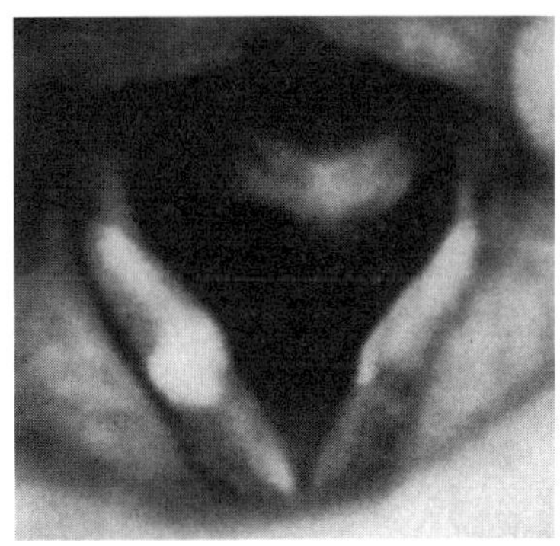

➤ 18. Cisto mucoso por retenção.

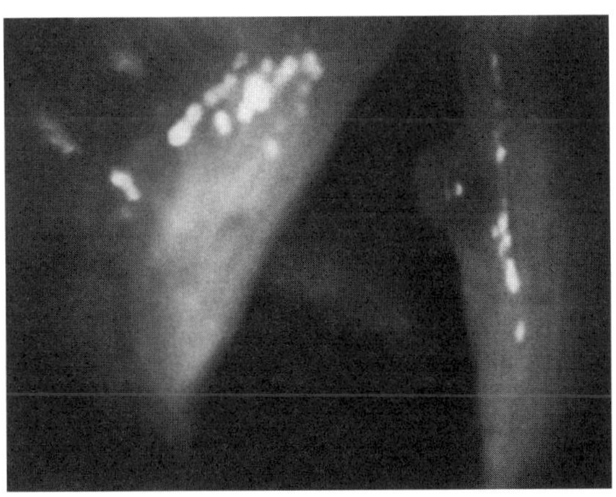

➤ 19. Pequeno pólipo angiomatoso.

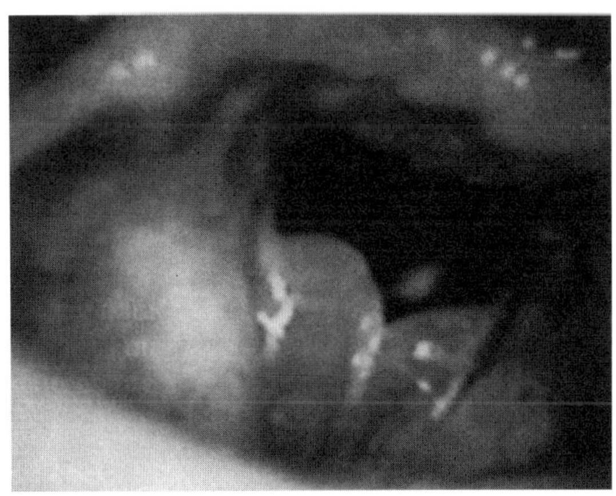

➤ 20. Edema crônico bilateral.

# Índice

Neste índice, os nomes de autores encontram-se em caracteres maiúsculos.
Os números em **negrito** indicam as páginas onde se encontra o essencial de cada assunto.